教育と出会い なおすための 教育思想

間篠剛留 [編著]

教育開発研究所

はじめに　教育との出会いなおし
　　　　　――教育思想を手掛かりに「そもそも」を考える
1. 出会い損ねと出会いなおし ………………………………………… 8
2. 「教育について改めて考える」――そもそもを問う ……………… 9
3. 本書の扱う内容――近代の教育思想を歴史的に …………………11
4. 本書の構成と多様な出会いなおし …………………………………12
5. 学びを広げていくために ……………………………………………13
   さらに考えてみるために ………………………………………………15

第1部　近代教育の成立

第1章　コメニウスの教育思想――「近代教育思想」の始まりと「内的自然」
1. はじめに――「近代教育思想の祖」としてのコメニウス ………18
2. コメニウスの教育思想 ………………………………………………19
3. 教育は人間を「思い通り」にできる／していいのか？ …………24
4. 一斉授業と個性 ………………………………………………………26
5. おわりに――教育における「おそれとつつしみ」 ………………27
   さらに考えてみるために ………………………………………………29

第2章　ロックの自由主義教育――市民社会における理性的な人間の形成
1. はじめに――与えられたものに我慢して取り組む？ ……………34
2. 自由をどう考えるか …………………………………………………35
3. 市民社会の形成のために ……………………………………………37
4. 自由への導き方 ………………………………………………………38
5. ロックに対する評価 …………………………………………………44
6. おわりに――ロックが現代に投げかけているもの ………………45

さらに考えてみるために ………………………………………………… 46

第3章　ルソー『エミール』——自然と社会の葛藤
　1．はじめに——ひねくれ者ルソー？ ……………………………………… 50
　2．消極教育——誕生から12歳頃まで …………………………………… 52
　3．好奇心と有用性——12歳〜15歳頃まで …………………………… 56
　4．他者、そして社会へ——思春期・青年期以降の教育 ………………… 59
　5．おわりに——ルソーの遺産 ……………………………………………… 61
　　さらに考えてみるために ………………………………………………… 62

第4章　ペスタロッチとフレーベル——世界を認識するための教育
　1．はじめに——世界をどう認識するのか ………………………………… 66
　2．ペスタロッチの教育思想 ………………………………………………… 67
　3．フレーベルの教育思想 …………………………………………………… 72
　4．おわりに——現代の課題と関連させて ………………………………… 79
　　さらに考えてみるために ………………………………………………… 80

第5章　ヘルバルトの教育思想——「学問としての教育学」と教員養成
　1．はじめに …………………………………………………………………… 84
　2．ヘルバルトの教育思想 …………………………………………………… 85
　3．おわりに——あらためて「教育学」とはどのような学問か ………… 93
　　さらに考えてみるために ………………………………………………… 95

第6章　コンドルセの公教育論——人権と進歩のための教育
　1．はじめに——個人と国家のあいだで「公教育」を考えること ……… 100
　2．コンドルセの生きた時代——啓蒙から革命へ ………………………… 101
　3．人類の進歩と人権 ………………………………………………………… 102
　4．コンドルセの公教育論 …………………………………………………… 104
　5．「進歩」の果てにいる私たちがコンドルセを読みなおすために …… 111
　　さらに考えてみるために ………………………………………………… 112

第7章　ホーレス・マンと公教育制度の展開
——教育における「民主性」と「専門性」を問いなおすために
1. 序——公教育思想・制度の歴史におけるマンの位置 …………… 116
2. 公教育制度改革の歴史的文脈——教育の伝統と19世紀前半の社会変革 …………………………………………………………………… 118
3. マンの公教育制度改革とその評価——「民主性」と「専門性」の相克 ………………………………………………………………………… 124
4. 結語——現代を生きる私たちがマンと出会いなおす意味 ………… 127
さらに考えてみるために …………………………………………………… 128

第2部　近代教育の問いなおし

第8章　教育思想家としてのジョン・デューイ
——連動する「個人」と「社会」のダイナミズムを支える教育
1. 序——「個人」と「社会」のバランスをいかにとるか ……………… 134
2. 「新教育」のなかで——デューイ教育思想の基本的性格と位置づけ ……………………………………………………………………… 136
3. デューイ教育思想や実験室学校をどのように評価するか——「民主的な教育」を再度アップデートするために ………………………… 141
4. 近代教育批判の出発点としてのデューイ——結語にかえて ……… 147
さらに考えてみるために …………………………………………………… 147

第9章　シュタイナーの教育思想——スピリチュアリティと教育
1. はじめに——「新教育」と神智学 ……………………………………… 152
2. 「現実」としての「スピリチュアリティ」 ……………………………… 154
3. シュタイナーの教育思想 ………………………………………………… 156
4. 「見えないもの」を考慮する教育 ……………………………………… 158
5. 学校教育におけるスピリチュアリティ ………………………………… 160
6. おわりに——センス・オブ・ワンダーと教育？ ……………………… 162
さらに考えてみるために …………………………………………………… 164

第10章　フーコー『監獄の誕生』——近代教育批判について

1. はじめに——近代教育を問いなおす ……………………………… 168
2. 近代教育の特徴——提示と代表的提示 …………………………… 169
3. フーコー『監獄の誕生』を読む——身体刑の消滅から ………… 171
4. 見せる権力／見せない権力 ………………………………………… 173
5. 規律・訓練（discipline） …………………………………………… 174
6. パノプティコン（一望監視施設） ………………………………… 176
7. おわりに——規律権力の終焉？ …………………………………… 178
さらに考えてみるために ……………………………………………… 179

第11章　ノディングズによるケアの思想と教育
　　　　——看過されてきた価値から学校や社会を変える

1. はじめに ……………………………………………………………… 184
2. 女性の抑圧とケアへの注目 ………………………………………… 185
3. ノディングズによるケア …………………………………………… 186
4. ケアに基づく学校教育の可能性 …………………………………… 187
5. ケア論を生み出したノディングズの経験 ………………………… 191
6. ケアに関する誤解や、ケア論に対する批判 ……………………… 192
7. おわりに——複雑さを引き受けて考え続けるということ ……… 195
さらに考えてみるために ……………………………………………… 196

第12章　ベル・フックスの関与の教育学
　　　　——中立と安全に隠れた抑圧の構造への挑戦

1. はじめに ……………………………………………………………… 200
2. ベル・フックスの生い立ちと教育への関心 ……………………… 201
3. 現代社会の抑圧の構造 ……………………………………………… 202
4. 教育を再構築する手掛かり ………………………………………… 204
5. 教育の可能性——関与の教育学 …………………………………… 208
6. 教室外の可能性 ……………………………………………………… 211
7. おわりに ……………………………………………………………… 212

さらに考えてみるために ………………………………………………… 213

◆コラム◆

❶ 近代以前の教育思想──古代ギリシャの伝統 …………………… 32
❷ 発達と教育──近現代日本における展開と問いなおしをめぐって …… 48
❸ 《現職教員はこう読んだ①》生徒を「自由」にすること──学校教育の限界を乗り越えるために …………………………………………… 64
❹ 古典的な人間形成論──ドイツにおけるBildungという理念 ……… 82
❺ 仏教・儒学と教育 ……………………………………………………… 98
❻ 《現職教員はこう読んだ②》小学校で育つ未来の市民──空間づくりと話し合い活動を通して ………………………………………… 114
❼ 《現職教員はこう読んだ③》現代における教師の専門性──社会の変化による影響とは ……………………………………………… 130
❽ 日本における公教育の成立──前近代から近代へ ……………… 150
❾ 「戦後教育」の変遷──ポツダム宣言受託から「逆コース」まで … 166
❿ 学校と教室の歴史 …………………………………………………… 182
⓫ 《現職教員はこう読んだ④》担任の仕事を再考する──ケア論にふれて ………………………………………………………………… 198
⓬ 戦後の日本における学力観の変遷 ……………………………… 214

おわりに …………………………………………………………………… 216

文献案内 …… 222
索引 …… 230
編著者・著者紹介 …… 234

教育との出会いなおし
——教育思想を手掛かりに「そもそも」を考える

> 吟味のない生は人間にとって生きるに値しないものです。
>
> プラトン『ソクラテスの弁明』
>
> 他人が人間であるかぎり自分もまた人間なのだということを感じ、知ることができなければ、そしてそうすることはとても難しいのだ、ということがわからなければ本来の意味で他者と出会うということはできないのだと思う。このような出会いの場には、まったく無知な人もいないし、なんでもすべてを知っている人というのもいない。そこには、より深い共感を求めて、よりよくお互いを知ろうとする人間が存在するだけだ。
>
> パウロ・フレイレ『被抑圧者の教育学』

1. 出会い損ねと出会いなおし

　私たちは日々、様々な人やものに出会っている。しかし、出会ったつもりになって出会えていないかもしれない。そんなことを言われたらどう思うだろうか。言ってみれば私たちは、日々「出会い損ね」を経験し続けている。

　たとえば筆者には、怖くて苦手な先生がいた。初対面の時にたまたま怖い印象を持ってしまったのかもしれないが、その印象で次回以降もその先生を見るため、怖い印象はしばらくぬぐえなかった。しかし、しばらくたったある時、ふいにその先生のしぐさや言葉が、思いやりと知性による温かいものだと感じられた。きっかけが何だったかは今となっては覚えていない。ただ、その先生のしぐさや言葉自体は、怖いと思っていた時のものとそう変わらないはずなのに、筆者はそれを温かいと感じられるようになった。だとしたらそこには、筆者自身の変化があったのだろう。ひょっとしたら、後輩指導の

経験等を通して、年下の人に対する態度への私の目線が変わっていたのかもしれない。私は当初その先生に出会ったつもりだったが、出会い損ねていた。それがある時、ふとしたきっかけで出会いなおせたのである。

こうした経験は人に限らない。調理法を変えたら苦手だった人参をおいしく食べられるようになったとか、まるで興味の無かった音楽ジャンルをライブ演奏の形で聞いたらのめりこむようになったとか、ものやことにも出会いなおしはある。短時間での出会いなおしもあれば、長い時を経ての出会いなおしもある。そしてそれらは、単に人や物事の別の側面を見つけたということにとどまらず、その人や物事を理解できていなかった自分の認識の不十分さに気づき、自分自身が変化したということを意味している。

出会ったつもりで出会えていなかったこと、つまり自分自身の変化なしに相手や対象を一方的に決めつけていたことを、ここでは出会い損ねと呼ぼう。そして、出会い損ねていた対象への理解の不十分さに気づき自己変容が起こり、相手や対象との関係が変化することを出会いなおしと呼んでみよう。

本書のタイトルは、こうした出会いなおしを目指してつけられた。そこには、教育に対しても私たちは出会い損ねているのかもしれない、という考えがある。教師や教育学者でなくても、多くの人は、自分自身が教育を受けてきた経験や、後輩指導の経験、子育ての経験等を通して、教育とはこういうものだという考えを持っていることだろう。明確に意識していなかったとしても、各人はそれぞれに教育の捉え方を抱いており、それによって教育への向かい方も異なってくる。その教育についての考え方を教育観と呼ぶとすると、自身の教育観を改めて確かめ、別の在り方を模索するためのヒントを提供するのが、本書のねらいである。教育について、一度立ち止まってゆっくり考えてみようというのである。

2.「教育について改めて考える」——そもそもを問う

では、「教育について改めて考えてみよう」と言われたとき、どのようなことを考えるだろうか。多くの人が抱くのは、「どうするか（どうすべきか）」という類の問いだろう。教育方法をどう改善したらよいか、とか、こ

の教育問題を解決するためにどうすればよいか、といった問いである。これは英語で言えばshouldを用いるような問いで、何らかの価値判断を伴った、直接的に実践的な問いである。これも重要な問いではあるが、問いにはもう一種類ある。「何であるか（〇〇とは何か）」という問いである。こちらは価値判断を極力排して、そもそもそれは何なのか、ということを問う（村井1976）。本書はこの「教育とは何か」という問いを大事にしている。その意味で本書は、教育思想の本であるとともに、教育哲学の本でもある。

「教育とは何かを考えることに何の意味があるのか」と疑問に思う人もいるかもしれない。「それは辞書を引けばわかるではないか」と思うかもしれない。しかし、一般的な捉え方で果たして良いのだろうか。何か見落としていることはないだろうか。その枠組みや用語の使用に偏りや限界はないだろうか。このように問いを立てて、「何であるか（〇〇とは何か）」が見直されれば、それを前提としていた「どうするか（どうすべきか）」の議論は根本から覆ることになる。「どうするか（どうすべきか）」の議論が硬直してどうにも前に進めないとき、この「何であるか（〇〇とは何か）」という問いは大きな力をもってくる。たとえば、「アクティブラーニングを推進するにはどうすべきか」を問うとき、「そもそもアクティブとは何か」、「そもそもラーニングとは何か」といった別の問いが設定できる。「アクティブラーニングの前提となっている教師—生徒関係はどのようなものか」、「学びの空間として私たちは何を自明の条件としているのか」、「そもそも私たちは『教育』をどのようなものと考え、アクティブラーニングを取り入れようとしているのか」といった問いも可能だろう。それによって議論の前提が覆るなら、これまでとは全く異なる「アクティブラーニング」を構想することができる。

先に「出会いなおし」について説明したが、「どうするか（どうすべきか）」という問いは、自分自身の教育観を疑わずに、つまり自分自身が変わることなく、問題に対処しようとする態度が前提にあるとも言える。一方で、「教育とは何か」は、教育を考える際の最も根本的なところを問うものである。本書では、私たちが無意識に前提としている教育に関する理解や考え方について反省的に考える。また、教育を論ずる際の様々な基本的概念、たと

えば自由とか、自律とか、専門性といった概念についても検討を行う。それによって、「どうするか（どうすべきか）」だけを考えていたのでは見えてこなかった、新たな可能性が拓けてくる。

3．本書の扱う内容——近代の教育思想を歴史的に

このような意図のもと、本書では、近代教育史上重要な思想家を、歴史的に概観していく。本書で扱う教育思想家は、教育の根本を辿り、「そもそも教育とは何か」とか、教育を構成する基本的概念について「そもそもそれはいったい何なのか」といったことを考えていた。その結果、それまでの一般的な回答とは異なる「どうするか（どうすべきか）」を生むことができた。それを追体験することは、読者が教育と出会いなおす手助けとなるだろう。また、本書では単にその思想について扱うだけでなく、それらの思想の日本における受容や、現代日本において持つ意味も適宜説明している。それによって現代日本と関連付けてそれらの思想を考えることができるだろう。

教育について根本的に考えるのであれば、近代以前から考えてもよいのではないかと思われるかもしれない。確かに、子どもに何をどう学習させるべきかという議論は近代以前にもあった。たとえば教育を考えるうえでの古典の一つと言われるプラトン（BC427-BC347）の『国家』は、市民を育成することについて論じている。しかし、それはすべての人々を対象としたものではなく、支配階級を対象としたものだった。個人の自律や社会階層間の流動性についても論じていない。これに対して近代教育の特徴の一つは、人権や個人の理性を前提としてあらゆる人を対象にしていることにある。また、近代教育は国家や社会制度とのかかわりを特徴としており、この点でも近代以前とは異なる。もちろん、現代に生きる私たちの目から、教育的なものを近代以前に見出すことは可能である。しかし、やはりそれは近代以降の教育とは異なる。現代日本に生きる私たちが当たり前のように経験してきた教育制度や教育理論の基本的な枠組に対して、近代教育思想は大きな役割を果たしている。それがどのように立ち上がってきたのかを見ていくことで、現代において教育を考える手助けが得られるだろう。

はじめに　教育との出会いなおし

　その際本書が重視するのは、その思想を歴史的な文脈において理解することである。それは一つには、現代が歴史上の頂点にあると考えてしまいがちだからである。確かに、教育の方法も制度も様々な点で進歩してきた。しかし、思想家が提起した問題が現代でも解消されていないことはたくさんあるし、歴史上の様々な実験的な取り組みが現代の一般的な教育制度よりもはるかに先進的だったということもある。歴史的な流れの中において考えてみることによって、現代は優れているという素朴な思い込みを再検討できるだろう。第二に、教育思想家たちの議論は、その歴史的背景についての知識が乏しければ、極論や誤解を招きやすいということもある。私たちはどうしても、自分たちの在り方に目を向けずに、一方的に他者を理解しようとしてしまいがちである。しかし、私たちの文脈と思想家たちの文脈は違うのだから、その違いを認識しなければ、彼らの思想や行動の意味は十分に理解できない。彼らを理解しようとすることは私を理解しようとすることであるし、それは私が変わろうとすることでもある。私の時代にどかっと座って思想家を読むのでなく、私の時代を問いながら思想家を読む。それによってこそ出会える思想家がいるのである[1]。

4．本書の構成と多様な出会いなおし

　第一部「近代教育の成立」では、近代教育思想の祖とされるコメニウスをはじめとして、近代教育思想の巨人たちが描かれる。個別の思想を理解するだけでなく、近代的な教育制度がどのように成立してきたのかという大きな歴史の流れを理解することもできるだろう。第二部「近代教育の問いなおし」では、20世紀への転換期に当時の旧教育を批判したデューイをはじめとして、近代教育がどのように批判されていったのか、そして現在どのように再構築されようとしているのかが描かれる。

　そこで読者は、出会いなおしのための多様な記述を目にすることだろう。そこには「出会いなおし」という言葉のもつ広がりや可能性がある。本書をつくりあげるにあたって、執筆者は各章の内容や「出会いなおし」の意味について議論を行った。編者は当初、教育学におけるオーソドックスな理解を

わかりやすくまとめれば、それで十分出会いなおしのきっかけになるだろうと考えていた。実際、そうしたオーソドックスな理解は各章の主要な内容でもある。しかし議論の中で、それとは異なる新たな解釈や論争的な解釈について書いてもよいのではないかという意見も出てきた。そこには、オーソドックスな理解だけを示すことで「正解」のようなものを暗に提示してしまうのではないかという懸念もあった。あるいは、執筆者自身の出会いなおしの経験を各章に書いてみたいという欲求もあったのかもしれない。執筆者は教育思想や教育哲学を専門としており、言ってみれば教育との出会いなおしをライフワークとして行っている。その姿を見せることは、確かに本書の目的にかなう。執筆者自身が、各章の思想家に出会って、教育の捉え方を改めていっているのだから。そこで本書では章の内容に応じて、いわゆるオーソドックスな理解を描くだけでなく、そこからの広がりも描くことにした。

　その際本書で気を配ったのは、教育の基本的用語を章をまたいで用いることである。教育の専門家であれば解説もせずに使ってしまう言葉というのはいろいろとある。たとえば、陶冶、発達、自由などがそれにあたる。「〇〇とは……」といった形で辞書的に説明されだけでは、なかなかその意味は掴みにくい。そこで本書では、こうした基礎的概念を文脈の中で理解できるように工夫し、必要に応じてコラムを設けた。同じ言葉を複数の章やコラムで見ることによってその語の理解は豊かになり、近代教育を貫く重要なテーマに気づくことができるだろう。

5．学びを広げていくために

　そして、各章には「さらに考えてみるために」という項目を設けた。本書を大学の授業や読書会で扱っているなら、その問いについて受講者同士、参加者同士で議論してみてほしい。一人で読んでいる場合にもそれについて考えてみてほしいし、それについて他の人と話してみてほしい。ふと思い出したときに誰かに話を振ってみるのもよいだろう。本書は、何か固定された知（正解）を提供するというよりも、新たな知へのきっかけを示すものである。

　実を言うと、編者は学生の頃、この手の問いが書籍に書かれている意味が

はじめに　教育との出会いなおし

分からなかった。別にそれをやってもやらなくても、誰がチェックするわけでもない。答えもないから自分が考えたことが合っているのかもわからない。だからこの手の問いに意味はないと考えていたのである。

　しかし、今になって思うと、そう考えていたのは当時の編者が非常に狭い範囲でしか学びを考えることができていなかったからなのだろう。当時の編者にとって、学ぶ対象には明確な答えがなければならず、学びは一つ一つ完結していなければならなかった。そしてそれは、今の学生（社会人を含む）にもある程度当てはまるようにも思う。大学で学生を教えていると、国立・私立にかかわらず、「正解の呪縛」のようなものを感じることがある。というのは、小レポートを学生に課すと、「自分の書いたことが合っているのかわからない」、「この考え方で合っているか教えてほしい」といった言葉を頻繁に見かけるからである。「正解」だと言ってもらえないのであれば居心地が悪い。他の人がどうであれ自分個人がその「正解」を知っていれば安心。そのような態度があるように思われる。しかし、正解に安住することは、呪縛でもある。そこから先に進めなくなってしまう。もちろん、だからといって「なんでもあり」にはならない。他の人が言っていることを無視して「私はこう考える」だけを言い続けていても仕方ないだろう。相手の解釈を聞き、自分の解釈はこうだと伝え、さらに議論していく。その中でこそ生まれる理解もあるし、そのための手掛かりとしてこうした問いは重要なのだろう。

　とはいえ、執筆者から問いを投げかけて終わりでは、なかなか考えられないということもある。そこで本書では、現職教員によるコラムを4本収録した。本書のいくつかの章を読んでもらい、それを踏まえて自身の教育実践を振り返ったり、意味づけたりしてもらった。いわば、現職教員が本書を通して教育とどのように出会いなおしたかについての事例紹介である。教育思想や教育哲学がどのように教育実践につながるのかを考える手掛かりになるだろう。さらに言えばこのコラムは、執筆者に対して教育との新たな出会いなおしを喚起するものでもあった。この点についてはまた「おわりに」で書くことにしよう。

　本書が目指す「出会いなおし」は、おそらく完結することがない。本書を

書いた私たちも、きっとまだ出会い損ねている。それでも私たちは、教育思想家を手掛かりに、こんなことを考えた。読者の皆さんはそれを受けて、何をどう考えるだろうか。

[間篠剛留]

さらに考えてみるために
- あなたは教育をどう捉えているだろうか。「教育とは何であるか」、「教育とはどうあるべきか」について現時点での考えを、ぜひ記録しておいてほしい。手帳やスマホにメモするのでも、録音しておくのでもよいだろう。そしてそれを、本書を読み通した後に、再度確認してみてほしい。本書を通した教育との出会いなおしの結果が、そこから見えてくるはずである。

注
1）こうした意味で、本書は教職課程コアカリキュラムのうち、「教育の理念並びに教育に関する歴史及び思想」に掲げられた目標に適合することも視野に入れている。同科目の目標は、教育の基本的概念、教育に関する歴史、教育に関する思想の３項目で構成されているが、本書は、教育思想を学んでいくなかで、教育の基本的概念や、教育の歴史、学校の歴史が理解できるように配慮している。また、現代日本に生きる読者が近代教育思想の価値を理解できるよう、日本の教育の思想や歴史についても、適宜説明を加えている。

参考文献
・プラトン（2012）『ソクラテスの弁明』納富信留訳、光文社古典新訳文庫。
・プラトン（2008, 2009）『国家（上）・（下）』藤沢令夫訳、岩波文庫。
・村井実（1976）『教育学入門（上）』講談社学術文庫。
・フレイレ, P.（2018）『被抑圧者の教育学』50周年記念版、三砂ちづる訳、亜紀書房。

第1部

近代教育の成立

第1章 コメニウスの教育思想
――「近代教育思想」の始まりと「内的自然」

理性の明かりはすべての人に与えられている。しかしながら、すべての人が所有していても、教えられないと使い方は誰も分からないものだ。だから教えられないといけない。[…] 私たちは天賦の才能が備わった者（すべての人がそうなのだが）を無益にしておくのを望むのだろうか。

コメニウス『パンパイデイア』

1. はじめに――「近代教育思想の祖」としてのコメニウス

　みなさんが「教育」という営みをイメージするとき、そこにはどのような場所やものが思い浮かぶだろうか。おそらく、それぞれの目指す将来の夢や、これまでに受けてきた教育によって、その像はさまざまだろう。体育館やピアノ教室、絵の具や包丁、あるいは、自分の両親が用意してくれた絵本やおもちゃが浮かぶという人もいるかもしれない。しかし、そのなかでも多くの人に共通しているのが、「**学校**」、そして「**教科書**」ではないだろうか。

　ただ、今でこそ私たちになじみ深い学校も教科書も、これから後の章で見ていくように、近代以降の歴史のなかで整い、現在のような形で浸透していった。つまり、きわめて「近代教育的な」要素なのである。本章では、とくに学校・教科書との関係から「近代教育思想の祖」と呼ばれている**コメニウス**（Johannes Amos Comenius, 1592-1670）に注目してみたい。

　確かに、コメニウス自身が人生の大部分を過ごした時代は、（「近代」ではなく、それよりも前の）「近世」に区分される17世紀にあたる。しかし彼は、①その学校構想が、後の国民国家において制度化された公教育の端緒として

評価されたこと、②その著作が、体系的・合理的に世の中のことを示す「教科書」の起源として理解されたこと、このおもに二点から、近代教育思想の源流として位置づけられているのである。

もちろん、こうした評価は、あくまで後世の目から見て判断されたものである。このため、そこでは、背景にある宗教的な世界観や、17世紀当時の、現代の目から見れば「前時代的」「非科学的」と見えてしまうような人間観が削ぎ落されてしまっていることには注意を払わなければならない（北詰2015）。つまり、今の私達の目から見える「近代教育的な」要素だけに注目して、ある意味、都合よくコメニウスの思想を切り取ってしまっているかもしれないのである。

しかし、それでもコメニウスが、今日の私達の教育において「当たり前」となっているものの見方に強い影響を与えた思想家であることには変わりない。次節ではコメニウスの教育思想をより詳しく紹介し、それを見た上で、教師として目の前の生徒の「**内的自然**」をどう考えるのか、という問題についてのヒントを探っていきたい。ちなみに、本章のサブタイトルにもなっている、この「内的自然」という言葉は、人間が生まれながらにもっている本性（ほんせい）を指す。「本性」とは、遺伝された性質のような、物質的な次元のものではなく、「そのものとして当然もつべき本来の性質」を指している。つまり、教育を考える上で、感覚によって捉えられる部分を超えて、子どもの内奥の性質にどのように向き合うべきかを考えてみることが、本章の目的である。

2．コメニウスの教育思想

コメニウスは、1592年、現在のチェコ共和国で生まれた。彼は、ギムナジウムでの教職歴をもつとともに、現地の小さな宗教団体であるチェコ兄弟教団（プロテスタントの一宗派）の牧師としても活動した。牧師となった翌年に、後に「三十年戦争」（1618年～48年）と呼ばれることになる戦乱が勃発、信仰上の理由による迫害を受けたことで亡命を余儀なくされ、さまざまな国を転々とした。

この三十年戦争による甚大な被害を目の当たりにしたことが、コメニウス

の教育思想にも影響を与えている。この戦争を経て、現在のチェコ共和国にあたるボヘミアとモラヴィアの人口は、約300万人から90万人にまで激減したと言われており（井ノ口1998、24-25頁）、また個人的にも、コメニウスは亡命生活のなかで妻と二人の息子を疫病で失うこととなった。コメニウスは、上記のような戦争体験から、すべての子ども達が、教育を通じて「**知識**（＝学問）・**徳行**（＝道徳）・**敬神**（＝宗教）」を身につけることで社会の害悪から守られること、また教育を起点に、よりよい社会、平和な社会を再建していくことを願った。

これより前の時代、子ども達は、各家庭や徒弟見習いのなかで、生活に必要な事柄を直接的に身につけていた。教育機関はあったが、その多くは聖職者のための教会附属学校や、貴族や富裕層のための学校に限られており、一般庶民は字を読むことすらほとんどできないのが普通だった（広田2009、12-14頁）。こうした状況に対しコメニウスは、戦争を繰り返さない社会を実現するため、教育を広く開放していく方向性を模索したのである。

以上のような背景から、コメニウスは、「**すべての人に、すべての事を、すべての面にわたって**」教育することを目指すべきと主張した（『パンパイデイア』第1章）。この主張について、一つずつ確認していこう。

まず、「すべての人に」について。上にも触れたように、当時の教育は一部の人間だけに限られたものだった。これに対しコメニウスは、すべての人が教育によって「完全な人間らしい存在へと完全に形成されること」を理想とし、「いつの日か最後に、全人類がすべての年代、身分、性、民族にわたって教育された状態になること」（コメニウス2015、10頁）を求めた。

その基盤にあったのが、人間が「**神の似姿**」[1]であるというコメニウスの確信だった。当時は、学校の事柄に口を出すのは神学者の職務に反すると考える人達もいたようだが、それに対しコメニウスは、人間は全知を特性とする「神」に似せて作られたのだから、すべての人間が事物の知識を得るように生まれついているはずだ、という論法で、キリスト教徒としての視点から、すべての人の教育の可能性を主張したのである（井ノ口1998、44頁）。

では、こうした「全人類」のための教育を担う「学校」とはどのようなも

のなのだろうか。コメニウスは、「揺りかごから墓場までの全生涯が学校である」という考えに基づき、人間の生涯を、⑴受胎と、胎内で過ごす時期、⑵誕生から幼児期、⑶児童期、⑷青年期、⑸若年期、⑹壮年期、⑺老年期の7段階に分けた。またその最後に、(老年期だけに結びつくとは限らない、どの年代にも関わり得る)死の段階を加え、それぞれに対応する8つの学校(⑴誕生期の学校、⑵幼児期の学校、⑶児童期の学校、⑷青年期の学校、⑸若年期の学校、⑹壮年期の学校、⑺老年期の学校、⑻死の学校)を構想した(『パンパイデイア』第5章、第15章)。

ただし、すべてに「学校」という言葉は使われているものの、「幼児期の学校」のように、家庭で行われるべきと考えられている教育もあった(「母親学校」[2])。しかしいずれにしても、この8つの学校の構想からは、コメニウスが「すべての人」の教育に向けて、「学校」というものに大きな期待を寄せていたことがうかがえる。

次に、「すべての事を」について。教師としても働いていたコメニウスは、実際に学校で使用される教科書も具体的に考え、作成した。そのなかでももっとも有名なのが、1658年に出版された『世界図絵』である。これは、「世界」の内容を150の項目に分類して絵とともに説明したもので、「世界初の絵入り教科書」として高く評価されてきた。

もちろん、本当の意味で「世界」の「すべての事」を150の項目として整理し、一冊の書物に収めることは不可能である。しかしコメニウスは、「世界」のあらゆる事柄を凝縮して網羅的にまとめ、完成されたひとまとまりとして体系化しようという「パンソフィア(汎知学)」の考え方に基づき、「世界」の略図を示そうとした。そうすることで、子ども達が理性だけでなく感覚を通じて、(ヴァーチャルな)「世界」を経験し、言葉だけでなく、言葉と事物(絵)の両方から知識を得ることを目指したのである。

ちなみに、次ページに示しているのは、「這う虫」の項目である。『世界図絵』では、同時代に流行していたエンブレム・ブック(寓意画集)と呼ばれる大衆本にならって、各項目が、「項目名と図絵と説明文」という形式で作成されていた(北詰2009、97頁)。また、図絵と説明文の言葉には、一対

一対応の形で数字がふってあり、読者は、その数字を媒介にして、絵と言葉とを結びつけて理解することができるようになっている。ここで取り上げられている虫の種類や説明は、現代の目から見れば限定的であったり偏りがあったりするように見えるかもしれない。しかし、こうした方法で、虫のような「見えるもの」についても、また、勇気や忍耐のような「見えないもの」についても、コンパクトにまとめて示そうとした試みからは、世界の「すべての事」を何とか一冊の書物にしようとしたコメニウスの強い意志を感じ取ることができる。

這う虫

（コメニウス 1996、88-89頁）

虫はものをかじります。

ミミズ$_1$ は地面を、毛虫$_2$ は植物を、バッタ$_3$ は果実を、

こくぞう虫$_4$ は穀物を、船食虫$_5$（木食虫）は木材を、蛾$_6$ は衣服を、しみ$_7$ は書物を、うじ$_8$ は肉とチーズを、だには毛を。

跳ねるのみ$_9$、しらみ$_{10}$、悪臭を出すなんきん虫$_{11}$ は私達をかみます。

羊しらみばえ$_{12}$ は血を吸い出します。蚕$_{13}$ は絹をつくります。

あり$_{14}$ は働きものです。くも$_{15}$ は、はえを取る網であるくもの巣を織ります。

かたつむり$_{16}$ は自分の殻をもってまわります。

最後に、「すべての面にわたって」について。コメニウスはこの点に関して、教師論と教育方法論を述べている。上に見た「すべての事」を、部分的・断片的にではなく完全な形で（＝「すべての面にわたって」）教えられるようにするためには、教師は、教える技術と教える熱意をもつ人でなければならない（教師論）。また、そのような難しい仕事を限られた時間のなか

で成し遂げるための方法としては、(1)着実で確実に、(2)楽しくそして喜びをもって、(3)敏速に、何でもどこでも思慮深く教える、ということが求められる（教育方法論）（『パンパイデイア』第7章）。

　この観点は、「**一斉授業**」の構想へとつながっていった。コメニウスは、以下に述べるような技術の力を借りることで、「一人の教師が百人もの生徒を管理する」ことさえできると考えていた。またそれは、単に「そのようなことも可能だ」というだけでなく、むしろ積極的に実現されなければならないとされた。なぜなら、教師は、採掘人が豊富な鉱山を見つけると歓喜するように、少ない人数よりも大人数を相手にする方が喜んで仕事をするものだからであり、また、生徒にとっても、競争したり励まし合ったりする仲間が大勢いた方が有益だからである（『大教授学』第19章）。では、このような難しい仕事はどのようにすれば実現できるのだろうか。

　コメニウスは、自然の事例から模倣できる、次のような技術を勧めていた。例えば木を観察してみれば、その幹は、すべての葉の先端まで一気に樹液を送っているわけではない。幹が樹液を送るのは、直接つながっている太めの枝までで、それらの枝がまた別の、もう少し細い枝に樹液を送り、それがまたさらにその次の枝に……という具合に、バトンを渡すように末端の枝まで続いている。こうしたプロセスを人間の教育に当てはめて考えることによって、コメニウスは、小集団を通した全体の管理を提案したのである。それは、生徒達を10人くらいのグループに分けて、それぞれのグループに「**十人組長**」を置き、各グループの管理や質問の取りまとめなどをその組長に任せることで、教師が百人もの生徒の一人ひとりにまで教育を行き届かせることができるという仕組みだった（『大教授学』第19章[3]）。

　ここには、イギリスの**産業革命**期に誕生した**モニトリアル・システム**の源流となる構想が見て取れる。（モニトリアル・システムとは、イギリスの教師ランカスターと、スコットランドの牧師であり教師であったベルが同時期に考案した授業法のことである。比較的勉強のできる生徒が、モニター（監督生）として、教師から習得したことを他の生徒達に教えた（ラフテリー 2018、46-47頁）。）また、小グループや生徒同士の相互学習を通じた一斉

授業の仕組みは、モニトリアル・システムに限らず、現代の私達の学校教育にも通じていると言うことができるだろう。

3．教育は人間を「思い通り」にできる／していいのか？

こうした形での一斉授業を提案したコメニウスは、教育を、「印刷術」のように確実なものにすることを求めている。コメニウスは次のように述べる。

> 「紙が生徒であり、生徒の精神に知識の文字が印字される。
> 　活字は教授用図書とこのために用意されたその他の道具であり、それらの助けで学ぶべき内容が簡単に精神に刻まれる。
> 　インクは教師の生きた声であり、事物の意味を書籍から受講生の精神に移動させる。
> 　圧力機は学校の訓戒である。それが、教えたことを吸収するようにと全員を促し励ますのである」（コメニウス 2022、149頁）

コメニウスは、世の中の事象を、類比（アナロジー）を通して理解しようとしたことで知られるが（相馬 2017、95-97頁）、ここでも、生徒を紙に、知識を文字に、教科書を活字（活版印刷に使われる、個々の文字のハンコのようなもの）に、教師の声をインクに、生徒をほめたり叱ったりする訓戒を、印刷の仕上げに用いる圧力機に、それぞれ喩えている。

こうした「**教育印刷術**（discographia）」の考え方は、しばしば「詰め込み教育」のイメージで語られてきた。確かに、生徒を紙に見立ててそこに知識という文字を印刷していこうとする教育観は、生徒一人ひとりが教師の「思い通り」になるように、画一的・効率的に知識を注入することをよしとしているように見える。

しかし、相馬伸一によれば、こうした「詰め込み教育」のイメージは、コメニウスの思想を解釈する上では誤りであるとされる。そして、このことを考えるにあたっては、コメニウスが「教育印刷術」のことを、「生ける印刷術」であると述べていたこと、つまり、その技術が、「生きた人間」を相手

にしていると考えられていた点に目を向けなければならないという（相馬2020、49頁）。

　この点を詳しく考察するには、コメニウスが、「**生得説**」の立場に立っていたことを確認しておかなければならない。これは、人間には生まれつきもっている本性、すなわち「内的自然」がある、と考える立場を指す。先ほども見たように、人間を「神の似姿」と捉えていたコメニウスは、教育によって身につけるべきとした「知識・徳行・敬神」について、そのそれぞれを得ていくための基盤となる「素質」を、すべての人間が生まれつきもっているということを前提としていた（『大教授学』第5章）。また、その前提があるからこそ、それが、際限のない教育への「歯止め」になっているのだと相馬は述べている（相馬2020、24頁）。

　ここで先ほどの「教育印刷術」の喩えに戻ってみる。するとコメニウスは、『大教授学』では「知識」が書き込まれると言っていたのだが、後の「生ける印刷術」という論考になると、書き込まれるのは「思慮深さ」だと述べるようになる。ここで言う「思慮深さ」とは、健全なものを選んだり、有害なものを避けたりする「巧みさ」のことで、自由で、強制されることのない習性のことを指している（相馬2017、118-119頁）。つまり、外からどこまでも教育しようとされることに対して対抗できるような力こそが、上述の「内的自然」に「印刷」されるべきであるとされたのである。

　コメニウスが生徒を紙に見立てるとき、そこでは、「何でも同じように印刷できる同じ性質の紙」が想定されているのではない。コメニウスはわざわざ「紙はどんなものでもかまわない」ことを強調している。確かに、綺麗な紙であればそれだけ美しく印字を再現するだろうが、そのような違いはあれど、「この方式はたしかにどんな才能の持ち主も受け入れる」と述べる（コメニウス2022、349頁）。つまり、教育を印刷に喩えたからといって、生徒一人ひとりの「内的自然」を無視して、どこまでも教師の「思い通り」にしようとすることが求められているわけではなく、むしろ、そうした外からの意図に対抗できるよう、それぞれの「内的自然」を鼓舞するような発想だったと言えるのである。[4]（⇒さらに考えてみるために❶）

4．一斉授業と個性

　さて、ここからは、生徒の「内的自然」と教育の関係について、現代の私達の視点からもう少し考えてみたい。確かに、コメニウスの文脈での「内的自然」は、キリスト教の「神」を前提としていた。しかし、この言葉を、それぞれの生徒の内奥の「本性」＝「個性」と捉え直してみるならば、特定の宗派の信仰を前提とすることなく、検討してみることができるだろう。

　一般的に、「一斉授業は、生徒の個性をつぶすので避けるべきだ」と考えられがちである。しかし、コメニウスのように、一人ひとりの生徒に「内的自然」がある、という前提に立ってみるとき、そうとは言い切れなくなってくる。むしろ、一斉授業だからこそ、個性が見え、尊重されるという場面もあるのではないだろうか。相馬は、こうした問いを示した上で、「同じように教えられても決して同じにはならない人間の他者性とそれに起因する教育の不確実性を、コメニウスはよく理解していた」（相馬 2017、148-149頁）と述べ、その理由を次のように説明している。

　人がもつ個性の多様性は、望ましいとされるものであれ、周囲から「短所」とみなされてしまうものであれ、「普遍性」に照らされることで初めて明らかになる。なぜなら、皆で一斉に同じことをやってみるからこそ、周囲と比較して「これが好きだ」「これが得意だ」「これが苦手だ」「これに興味がもてない」など、それぞれの個性が本人にも周りの人達にも見えてくるものだからである。（そして、だからこそ私達は、同じように教えても決して教える側の「思い通り」にならない、生徒の「他者」としての分からなさ（＝「**他者性**」）と、確実な結果を事前に定めることのできない教育の「**不確実性**」を感じざるを得ない。）

　そうであるならば、例えば、現在重視されている「**個別最適な学び**」[5]を推し進めていくことは、行き過ぎれば、生徒同士がバラバラに学習することになり、自分が何に向いているのかや、何に向いていないのかを判断しにくくなることにつながってしまうかもしれない。そうだとすれば、一斉授業を解体したからこそ、かえってそれぞれの生徒の個性が隠され、つぶされてしまうことにもなりかねないのではないだろうか。（⇒さらに考えてみるために

❷)
　確かに一斉授業は、やり方によっては生徒全員を教師の意図に同化し、すべての生徒が画一的に同じことを言ったり考えたりするよう仕向けることにも転じ得る。(このような場合、その授業はもはや「教育」ではなく、「洗脳」と呼ぶべきものであるかもしれない。)しかし、コメニウスの「教育印刷術」の喩えを詳しく検討してみれば、教師がそれぞれの生徒の「内的自然」を信頼しつつ行う一斉授業の場合、その信頼が、生徒を「思い通り」にしようとすることへの「歯止め」となり、そこで、かえって生徒の内的な個性がうまく展開していくと考えることができるのである。

5．おわりに——教育における「おそれとつつしみ」

　以上、本章の後半では、コメニウスの教育観から得られる視点に基づき、とくに一斉授業と個性の関係を検討してきた。ただし、ただ生徒のうちに「内的自然」があると考えるだけでは、人間を教育によって「思い通り」にしようとすることへの「歯止め」としてはまだ不十分である。この点について考えるために、本章の最後に、今井康雄によるコメニウス論を参照してみよう。
　今井の指摘によれば、コメニウスは、「目的論的な自然観」をもっていたとされる。第2節で確認したように、牧師としても活動したコメニウスは、聖書の教えに従って、自然は、神の創造行為に発する「精気」というエネルギーによってすみずみまで満たされていると考えていた。このため、このエネルギーを通じて、例えば植物は、地に飾りを提供する「ために」、あるいは、食糧や薬などを動物に提供する「ために」産み出されるというように、自然のすべてが神的な目的に貫かれていると考えられていた（今井2022、41-44頁）。
　この自然観のもとでは、人間が、例えば教育のような人為的な「技術」を用いることも、他の動物や植物、鉱物と同じように「精気」に満たされた自分自身の精神や身体を使う行為であって、「自然」の延長上にあるものとみなされる。つまり、教育もそこに含まれる「技術」は、神に由来する「精

気」という共通の基盤を通じて、「自然」と連続したものと捉えられることになるのである（今井 2022、45-46 頁）。先に、第 2 節で、コメニウスが木の樹液の送り方との類比によって、「十人組長」を説明していたことを見たが、このエピソードからも、「技術」と「自然」が連続的に捉えられていたことが確認できるだろう。

　ただ、教育をこのように「自然」と連続したものとみなす場合、場合によっては、教育によって生徒を「思い通り」にしようとする教師の意図が、どこまでも暴走してしまうことにも道を開きかねない。なぜなら、この自然観のもとでは、そうした極端な教育さえも、神による目的に満たされた自然の秩序の一部として、際限なく許されることになるはずだからである（今井 2022、46-47 頁）。（教師としての自分の技術の背後に、大いなる「自然」に満ちる神の目的を果たすという大義名分があると想定すれば、生徒の「内的自然」を変えようとすることに対して抵抗を感じにくくなるかもしれない。）こう考えてみるとき、単に生徒それぞれに「内的自然」があると考えるだけでは、それが直ちに生徒を「思い通り」にしようとすることに対する「歯止め」となるとは言えないことが分かる。

　おそらく、ここで大切になってくるのが、教育学者の村井実が示した、教育への「**おそれとつつしみ**」（村井 1977／吉田 2022、127 頁）をもって教育にあたることだろう。村井は、近代学校が存在するようになる前、「教育という仕事の前に少なからぬ人々がおそれつつしむ習慣をもっていた」と述べる（村井 1977、334 頁）。教育とは、「若い世代を善くすること」であるが、教師は、その「善い」状態が何であるかを知らないまま、それでも子ども達を善くしようとして働きかけるという、矛盾に満ちた困難な仕事を行う存在である（村井 1977、340-341 頁）。そうである以上、自分が準備する教材も、教育の仕方も、どんなに最善のものであると思っても、その子どもにとっては適切なものではない可能性がある。「おそれとつつしみ」とは、こうした難しさに目をつぶることなく向き合って謙虚な姿勢をもつことであり、本章の言葉を使うならば、子どもの「内的自然」そのものに対する畏敬の念をもつことである。（これは上述の相馬の言葉を使えば、「人間の他者

性」や「教育の不確実性」を意識することとも言うことができる。）村井はこの言葉によって、教師の思い上がりやひとりよがりを戒めたのである。

　しかし、そのような姿勢はどのようにすれば可能になるのだろうか。ひとまず本章では、生徒の「内的自然」への畏敬の念をもつことが教育の見え方にどのような変化をもたらすのかを確認するに留め、この問いについては、第9章で改めて考えてみることとしたい。

［河野桃子］

さらに考えてみるために

❶皆さんは、教育が人間を「思い通り」にすることについてどのように考えるだろうか。仮に、「教育印刷術」をよくあるような仕方で「詰め込み教育」の勧めと理解し、教師が教えたい内容を、印刷機で紙に印刷するように子ども達に注入していくことだと考えるとするなら、そこには問題があるだろうか。問題があるとするなら、それはどのような問題だろうか。また、問題がないとするなら、予想される反論に対し、どのように応答できるだろうか。

❷「個別最適な学び」は、ICTの活用とセットで推進されている。学習履歴（スタディ・ログ）や、生活・健康面の記録（ライフログ）などさまざまなデータを可視化し、それを、全国の他の生徒達のデータと比較することができるならば、一斉授業の場合と同様、全体のなかの自分自身の個性を、（しかも教室よりも何倍も大きな規模で）確認することも可能であるかもしれない。皆さんは、「個別最適な学び」が、生徒の個性を尊重する教育につながると考えるだろうか。

注
1）旧約聖書の「創世記」第1章26-27節に次のような記述がある。「神は言われた。「我々にかたどり、我々に似せて、人を造ろう。そして海の魚、空の鳥、家畜、地の獣、地を這うものすべてを支配させよう」。神はご自分にかたどって人を創造された。神にかたどって創造された。男と女に創造された」。このように、動物とは異なり、神に似

せて造られた人間だからこそ、どのような人間にも教育の可能性があるとコメニウスは考えたのである。

2）コメニウスが使用している「母親学校」という言葉について、相馬伸一は、当時のヨーロッパでは家庭の権利を父親が握っていたため、あえて母親が教育に関わるべきことを主張したのは、女性の地位を高める発言だったと指摘している（相馬 2020、35 頁）。

3）ただし、十人組長はコメニウスのオリジナルのアイデアではなく、16 世紀からすでに類似したシステムが存在した。例えば、イエズス会の学校（コレージュ）では、生徒達がローマ組とカルタゴ組に分かれて激しい競争下に置かれており、その各組が、十人の生徒からなる十人組に分かれて組織されていた（デュルケーム 1981、519-521 頁）。

4）次の第 2 章では、生得説を否定したロックの説が扱われる。ただし、ロックもコメニウスと同様、教育が万能で、どこまでも可能であるとは考えていない。両者の主張の異なるところと重なるところを比較検討してみよう。

5）「個別最適な学び」は、中央教育審議会の答申「「令和の日本型学校教育」の構築を目指して〜全ての子供たちの可能性を引き出す、個別最適な学びと、協働的な学びの実現〜」（令和 3 年 1 月 26 日）のなかで示された概念である。この答申のなかで、「個別最適な学び」は、「「個に応じた指導」を学習者視点から整理した概念」と説明されており、「協働的な学び」と組み合わせながら、「全ての子供たちの可能性を引き出す」ことを目指すとされている。

参考文献

コメニウス（1995）『世界図絵』平凡社。

―――．（2015）『パンパイデイア』東信堂。

―――．（2022）『大教授学』東信堂。

井ノ口淳三（1998）『コメニウス教育学の研究』ミネルヴァ書房。

今井康雄（2022）『反自然主義の教育思想―〈世界への導入〉に向けて』岩波書店。

北詰裕子（2009）「コメニウス―近代学校の構想」『教育思想史』今井康雄編、有斐閣、85-104 頁。

―――．（2015）『コメニウスの世界観と教育思想―17 世紀における事物・言葉・書物』勁草書房。

デュルケーム（1981）『フランス教育思想史』行路社。

広田照幸（2009）『ヒューマニティーズ　教育学』岩波書店。

眞壁宏幹（2016）「「教育的世界」の誕生―コメニウス教育思想」『西洋教育思想史』眞壁宏幹編、慶應義塾大学出版会、78-91 頁。

村井実（1977）「教育の自律性と教育者の課題」大河内一男、海後宗臣、波多野完治監修『教育学全集　増補版 13』小学館、331-346 頁。

相馬伸一（2017）『ヨハネス・コメニウス―汎知学の光』講談社。
———．（2020）『オンライン教育熟議 オン・コメニウス』晃洋書房。
吉田敦彦（2022）『教育のオルタナティブ―〈ホリスティック教育／ケア〉研究のために』せせらぎ出版。
ラフテリー（2018）『ヴィジュアル版　教師の歴史』国書刊行会。

近代以前の教育思想
──古代ギリシャの伝統

　近代以前の教育のルーツは、メソポタミア、エジプト、ギリシャ、ローマ、中国などの古代文明にまで遡る。これらの社会では、書記や司祭といった、統治機構や宗教機関での管理職に必要な実用的なスキルを授けることを目的として最も初期の学校が発展した。

　そのなかで西洋教育思想の伝統として重視されるのが紀元前5世紀から4世紀頃の古代ギリシャの思想である。その代表的思想家として知られるソクラテスは自らの著作を残さなかったが、問いと対話という手法を通じて教育思想に多大な影響を与えた。ソクラテスの弟子プラトンは、ソクラテスを主人公とする対話形式の著作の多くを通じて、師の教育思想を記録し、自らの思想を展開した。プラトンは『国家』をはじめとする著作の中で、教育が善良で理性的な市民を育成する上で中心的な役割を果たす理想社会を概説している。彼は、個人の知性と人格の両方を育成し、最終的には哲人王の創出につながる体系的な教育システムを提唱した。プラトンの弟子のアリストテレスはその考えを発展させ、『ニコマコス倫理学』のなかで、身体的、道徳的、知的な発達のバランスのとれた教育を提唱した。また、『政治学』のなかで、教育は善き市民を育成し国家の体制を維持するためにあると説いた。

　古代ローマにおいては、哲学的な探究と倫理的修養を重視するギリシャ思想に強く影響を受けながらも、国家繁栄への貢献を意識し、実用性に重点を置いた思想が展開された。例えばキケロは『修辞学』において、政治や法廷での成功に向けた実践的なスキルの重要性を強調した。

　ローマ帝国の崩壊後、中世ヨーロッパ（5世紀から15世紀）では、キリスト教の教義が教育の中心となり、神の意志を理解し、信仰に基づいた生活を送ることが重視された。特にアウグスティヌスの『告白』は、人間が神とどのように関わるべきかを深く考察して、個人の魂の成長を教育の中心に据

える思想を示し、キリスト教教育の精神的な基礎を築いた。

　この時期のヨーロッパでは、聖書の教えを基にした教育が行われ、学問と宗教の融合が進む一方、古代の思索は公の場では影を潜めた。しかし、この時代に古代ギリシャの学問が断絶したわけではない。8世紀〜13世紀には、イスラム世界において学問や教育が大きく発展し、アル＝ファーラービーをはじめとする学者たちが、古代ギリシャの古典について豊かな研究や注釈を生み出した。そこでは宗教的教義と世俗的学問の両方が重視されていた。たとえば、アル＝ガザーリーはアリストテレス哲学を学びながらも、その合理主義を批判して理性の限界を指摘し、宗教的直観の重要性を説いた。こうしてイスラム世界で受け継がれた古代ギリシャの哲学は独自の発展を遂げ、やがて12世紀にヨーロッパへと伝わり、スコラ哲学の形成に大きな影響を与えた。スコラ哲学とは、キリスト教神学を哲学的に整理し、論理的に体系化しようとする学問であり、特にアリストテレスの哲学が重要な役割を果たした。

　ルネサンス時代（14世紀〜17世紀）には、古代ギリシャ・ローマの知識と文化が再評価され、人間の理性や創造性、個性を重視する人文学（ヒューマニズム）が開花した。例えば、エラスムスは、『子供たちに良習と文学とを惜しみなく教えることを出生から直ちに行なう、ということについての主張』（『幼児教育論』という訳もある）において、子どもを一人の人間として扱うべきだと主張し、人間を奴隷化するような非人間的な教育方法を否定した。

　こうした伝統が全て直接的に近代教育につながっているわけではない。しかし、西洋の近代教育を支える見えない基底を考えることにも意味はあるだろう。コラム5のように、日本には儒教や仏教の伝統もある。近代教育が形成され受容された土台に何があるのか、目を向けてみるのもよいだろう。

［間篠剛留］

参考文献
エラスムス，D.（1994）『エラスムス教育論』中城進訳、二瓶社。
Palmer, J. A.（Ed.）(2001). *Fifty Major Thinkers on Education*. Routledge.
※本コラムで触れたエラスムス以外の著作については、そのままのタイトルで各社から訳書が出版されている。

第2章 ロックの自由主義教育
——市民社会における理性的な人間の形成

自分の心を自由にして、真理を求めて世界を歩もうとする者は、必ず決然とした考えですべての思考を行い、他人の著作や言説から受け取るすべてのものを自分で判断し、公平に判断することを怠ってはならない。

ロック『知性の正しい導き方』

1. はじめに——与えられたものに我慢して取り組む？

　学校教育や家庭教育に限らず、教育に携わっていると子どもからの問いに困ることは少なくない。そのなかでも多くの人を困らせる問いの一つは、「なんで、他の人からやれって言われたことを、やりたくもないことを、我慢してやらなきゃいけないの？」といったものだろう。このような問いに、どうこたえられるだろうか。教師として子どもの前に立とうとする人であれば、これに対してある一定のこたえを用意しているだろう。おそらく、それによって子ども本人にとってどんないいことがあるのか、逆にそれがないとどんな悪いことがあるのか、そんなことが語られることが多いように思う。その子個人にとって教育の目的とは何か、ということがそこでは問題となる。

　では、少し問いを変えてみよう。「なぜあなたは、子どもがやりたいと思わないことを、我慢を強いてやらせているのか」。今度は問いを大人からのものに、そして、子ども個人でなくより広い社会に対しての意味も考えられるようなものにしてみた。問いをこのように変えてみると、子どもに対する応答とは異なったものが含まれるのではないだろうか。教育には私的な側面

だけでなく公的な側面もある。教育の目的を考えた場合、この公的な視点を看過するわけにはいかない。もちろん、私的な側面を無視してよいわけでもないため、やりたくもないことを強いることだけでは教育は成り立たない。

本章では、この問いについて考えるために、啓蒙思想家として有名な**ジョン・ロック**（John Locke, 1632-1704）の教育思想を取り上げてみたい。ロックは学問や教育を、「権威がそう決めたから引き受ける、苦痛を伴う義務」から解放した人物だからである（Hicks 2019）。ロックは上記の問いに対して、おそらく次のようなこたえを示してくれるだろう。一つは「自由に考え判断し行動できるようになるため」、もう一つは「市民社会の形成のため」、そして「そもそも我慢を強いることがよくない」である。こたえのそれぞれについて、次節以降で見ていくことにしよう。

2．自由をどう考えるか

お菓子を食べたいと思ったときに誰からも制限されずにそれを食べる。一見するとこれは自由かもしれない。しかし、それはお菓子を食べたいという欲望をコントロールできずにいるという点で自由ではないかもしれない。教育の一つの目的は、「自由に考え行動できるようにするため」だと言われる。しかしそこでの「自由」とは、制限や束縛がないという意味ではないだろう。それは、自分の人生をコントロールし、自分自身の根本的な目的を実現するために行動できるという意味である。制限や束縛がないという前者の意味の自由を**消極的自由**と呼ぶのに対して、後者は**積極的自由**と呼ばれる（バーリン 1969）。

ロックの生きた時代は絶対王政からの転換期だったが、王権の絶対性を説き人々の生まれながらの自由を否定する主張も強かった。これに対してロックは、人間の生来的な自由を主張した（Locke 1689／1947 = 2010）。絶対王政を批判し、自分自身や、労働によって生み出した価値は自分の所有物であり、いかなる存在によっても奪われてはならないと主張したのである。個人の権利や自由を尊重し国家の干渉を排除しようとするこのような考え方は**自由主義**と呼ばれ、ロックはその祖と位置づけられている。このことを考

えると、ロックは制限や束縛がないという意味の消極的自由を擁護しているように見える。実際ロックは、自由とは「他者からの拘束や暴力を免れること」(Locke 1689/1947=2010, 359) であると明言している。しかし、彼の人間観、教育観をよくよく見てみると、積極的自由の側面も見られ、そのことが彼の教育論を考えるうえで重要なポイントとなる。

人間の知性や教育というものを考えたとき、ロックは消極的自由に対して慎重な見方をとる。上で筆者が示したお菓子の例のように、自分の行動が自分の選択によってではなく、その瞬間の欲望や衝動によって決定されてしまうのだとしたら、その人は自由ではないとロックは考える。「すべての人間は、知能ある存在者(もの)として、自分の思考と判断によって、自分にとって何が最善であるかを決定されなければならない。そうでなければ、自分以外の何者かによって決定されることになり、それは自由の欠如である」(Locke 1690/2019=1974, 二 181)。

自分の行動を決定できることが自由だと、ロックは考える。「自由の最初のたいせつな使い道は、盲目的軽率を防ぐことだ。自由の主要な行使は、じっと立って、目を開け、見廻して、自分の行おうとすることの帰結を、事がらの重さの要求するだけよく眺めることだ」(Locke 1690/2019=1974, 二 214)。そしてこのような自由の行使こそが、人が真の幸福を追求することを可能にする。また、人が正しい判断を下せるようになるには、他の多くの見解が必要であるとロックは言う。自由とは、自分の意見を貫き通すことではない。自分の知性を過信し、多様な見解を吟味することを怠り、性急に決定しようとすると、誤りに導かれてしまう。一つの見解にこだわって自分の意見を決めるのではなく、自分の心を広げることで、理解に適切な自由を与えることができる (Locke 1706/1966=2015, 47-48)。そうなると、自由とは、行動できることである一方で、行動や決定を遅らせることでもある (Locke 1690/2019 = 1974, 二 133-138, 185-192)。

このように、その瞬間だけの欲望を否定し、自分自身で決定することができることを、ロックは自由であると考えた。そしてそれが教育の目的でもある。次のロックの言葉は、積極的な意味での自由の価値を端的に示している。

人々は、自分の身体の自由の価値を知っているので、足枷や鎖が自分に付けられることを自分から許すことはない。心を囚われの状態に置いてしまうことは、さしあたり、確実にこれよりも大きな悪である。私たちはこれに細心の配慮をして然るべきであり、私たちのより優れた部分としての心の自由を保全するために最大の努力をすべきである。〔中略〕もし私たちが通常反対のことをしていて、それを習慣化してしまっていれば、最初はこのような事は難しいかもしれない。しかし、たゆまぬ努力は徐々に効果を発揮し、最終的には、これを容易に行うことができるようになる。〔中略〕最終的には、自分の心に完全な支配力をもち、自分自身の思考の完全な支配者となる。〔中略〕このような心の自由は、仕事(ビジネス)においても研究においても大いに役立つものであり、それを手に入れた人は、自分の知性を自分で選んだ仕方で有益に使用し、そのすべてにおいて、少なからぬ利益をえることになる。(Locke 1706/1966=2015, 183-184)

3．市民社会の形成のために

では、そのような自由はなぜ必要とされたのか。上の引用箇所では仕事や研究への役立ちという個人の利益に焦点が当てられていたが、実は自由な思考は冒頭の二つ目のこたえ、「市民社会の形成のため」にもつながる。

近世の社会では、絶対王政の形態がとられることが多かった。絶対王政の下では君主が国家の最高権力を持ち、その力は制約を受けない絶対的なものだった。君主は神から授けられた王権を主張し、国家の全ての決定権を握っていた。一方の人々（臣民）は君主に対して主従関係にあり、君主の意志に従うことが求められた。市民は君主に対して忠誠を誓うものとされ、国家の政策や税金などに関してほとんど発言権を持っていなかった。

これに対して近代社会では、人民主権が支配的原則となる。これは、政府の権力は人々（国民）から派生し、人々が政府を選出し、政府は人々の代表であるという理念である。近代の市民社会においては、絶対王政の国家とは異なり、政府の制約と市民の自由の重要性が強調される。

第2章　ロックの自由主義教育

　こうした近代の自由主義的な思想の先駆けとなったのがロックであった。中学校の社会科や高校の世界史でも登場するロックは、彼が『統治二論』で示した自然権や人民主権、抵抗権で有名である。すなわち、人間はみな法的な規定以前に生まれながらの権利（自然権）を持っている。しかし自然状態は他の人々から権利が侵害される危険と隣り合わせであるため、人々は互いに契約を結んで政府を作りあげている。人々は政府に権力を与えているが、それは人民が政府を信頼して自然権の一部を任せただけであって主権はあくまで人民にある（人民主権）。そのため、政府が契約に反して権力を乱用し人民の自然権を侵す場合、人民はそれに抵抗できる（抵抗権）。

　そして、このようなロックの政治思想は、政治的主体を理性と道徳的責任を持つように教育された成人として捉えることを前提としている。絶対王政の下では、人々は自己管理できない存在として扱われていたが、人々がその状態のままでは、市民社会が真っ当に築けないのである（Parry 2006）。上記のような自由が求められたのはそのような背景からであった。

　近代初期には、絶対王政や封建制度から国民主権のもとでの国家体制への移行が起きた。そのなかで、国家の役割と市民の権利と責任が再定義されていった。貴族や平民といった身分性が崩れ、政治的な主権が一人ひとりの人民のものとなる中で、それを行使する自由が求められたのである。ロックが理想とする市民社会の形成のために、自由に思考する人々は不可欠の要素だった。個々人が自由に思考できてこそ、望ましい社会が築かれるのである。

4．自由への導き方

4－1．ロックの考える心と経験

　では、このような自由に人々をどのように導いていけばよいのか。いや、そもそも導いていけるのか。絶対王政を信じる当時の人たちは、自由そのものを否定し、自由へと導く可能性を否定していた。これに対してロックは「白紙（white paper）」という言葉でこれを覆す。

　　そこで、心は、言ってみれば文字をまったく欠いた白紙で、観念はすこ

しもないと想定しよう。どのようにして心は観念を備えるようになるか。人間の忙しく果てしないが心想がほとんど限りなく心へ多様に描いてきた、あの膨大な貯えを心はどこからえるか。どこから心は理知的推理と知識のすべての材料をわがものにするか。これに対して、私は一語で経験からと答える。(Locke 1690/2019=1972, 一 133-134)

ロックは、個人が学ぶ唯一の方法は**経験**であると考えた。生得的な観念の存在を否定し、私たちの心が獲得した観念はすべて一生の間に経験から得たことに由来するのだと主張したのである。心を白紙にたとえたロックの主張は、彼の著書の要約がフランスに渡った際、ラテン語で何も書きこまれていない書字版を意味する「**タブラ・ラサ**（tabula rasa）」として広く知られるようになった（冨田 2017）。

とはいえ、「白紙」のメタファーは誤解も招きやすい。心が外から書き込まれるだけの受動的なものだと捉えさせかねないからである。ここで誤解を解いておく必要があるだろう。ロックにとって心は受動的なものではない。ロックの『**人間知性論**』によれば経験とは、感覚（外界と接して観念の元となる知覚を心にもたらす作用）と反省（心の中にある観念に向けて作用するもので、考える、疑う、信じる、推論するなどが含まれる）によって構成される。観念（アイデア）には、外部から受動的に受け取るだけの単純なものもあるが、複雑な観念はそうした単純な観念を結合したり並置したりして能動的に生み出されていく。ある観念とある観念が結びつき、新たな観念が形成されていくのである（Locke 1690/2019=1976, 三 67-78）。ロックはこのような**観念連合**（association of ideas）の考えによって、人間の思考過程の複雑さに光を当て、認識や心のダイナミックな性質を強調したのだった。

ロックが「白紙」というメタファーを使ったのは、むしろ自ら考え判断する存在としての人間を強調するためであった。ロックの白紙説とは異なり、当時根強かったのは、生まれながらにしてある真理を心の中に持っているという説である。そのような説を支持する人々は、しばしば自分が信じていることを他の人に押し付けるために、それが生まれながらのものであることを

主張しようとする。ロックは人間の自由な思考を守るために、こうした生得原理を退けようとしたのである（冨田 2017, 125）。そしてこの考え方に基づけば、貧しい田舎の出身であっても、教育を受けて出世する幸運な機会を得られれば、自分の才能を無限に伸ばすことができる（Ｌｏｃｋｅ 1706/1966=2015, 44）。ロックが示した白紙のメタファーは、あらゆる人間に教育の可能性を開くものであった。

　ただし、生まれた後の経験によってすべてが決まると言っているわけではないことにも注意が必要である。私たちが出会うすべての人のうち、9割はその教育によって、そのような人間になっているのだとロックは言う（Locke 1693/1910=2011, 5）。残りの1割まで全て教育によって制御しようというのは傲慢だろう。ロックによれば、人間の心には神によって一定の性格が刻印されており、これらの性格は少しは変えることもできるが、完全に変えてしまうことはできない（Locke 1689/1910=2011, §66）。教育は万能だと考える傲慢さを、ロックは戒めてもいる。

4－2．幼少期の習慣形成

　とはいえ、ロックが教育の可能性を大きく開いたことは間違いない。では、具体的にどのような方法を用いればよいのか。近代的な市民社会にふさわしい自由な個人を育てる教育とはどのようなものか。

　ロックの教育論は1693年に出版された**『教育に関する考察』**と、ロックの死後出版された**『知性の正しい導き方』**（1706）にまとめられている。ロックの教育論の重要なポイントは、一言で言えば**習慣形成**にある。ロックは、多くの親が不摂生や悪徳を知らず知らずのうちに子どもに教え込んでしまっていることを指摘する。たとえば、親が子どもを小さい頃から衣装で飾り立てることで、子どもは自分の衣服を自慢し、上辺だけの流行りで自分を評価することを学んでしまう。また、不機嫌な子どもに対して「何か食べたいの？」と言って食べ物を与えることで、食欲に身を任せることを教えてしまう。悪い習慣を大人が子どもに与えてしまっているのである（Locke 1693/1910=2011, §37）。このような習慣は幼い頃に身に着くと成長とと

もに育っていき、やがて手に負えなくなってしまう（Locke 1693/1910＝2011, §35）。だからこそ、子どもが幼いころからの習慣形成が重要なのである。私たち人間が生きていくうえで、習慣の影響力は非常に大きい。そこでロックがとった戦略は、「習慣の影響力を不可避なものと認めた上で、そのことを逆手に取り、言わば習慣それ自身を改善する」ことであった（中神 2003, 204）。つまり、上記のような悪い習慣を教え込まないように意識しつつ、**理性**によって自ら考え判断し行動するという良い習慣を身に付けさせようというのである。

　ロックによれば理性とは、人間が知識を得て物事を理解し、真理と虚偽を見分け、道徳の原則に従って行動するよう導く能力である。人間に自分の行動を導くべき知性を与えた神は、意志の自由と行動の自由とを許した。しかし、「人間が、自らの意志を導くべき知性をもたない状態にある間は、彼は従うべき自らの意志を何一つもつことはない。その場合には、彼に代わって知性を働かせてくれる者が、彼の代わりに意志せざるをえず、また、彼の意志に指示を与え、彼の行動を規制しなければならない」（Ｌｏｃｋｅ 1689/1947＝2010, 360）。つまり、子どもが理性によって自らの意志を導ける知性を持つまでは、親の理性に自分の意志を委ねることが求められるということである。

　ロックの挙げた例ではないが、次のように考えてみるといいだろう。子どもの歯を親が磨く。その後自分で磨かせたあとに親が仕上げをするようになり、やがては自分一人で磨けるようになっていく。歯磨きをしないことには何か居心地が悪くなり、歯を磨くことは習慣として定着していく。これと同じことが、理性に従うことについても言える。小さい頃から親が理性によって子どもを導き、やがて子どもは自らの理性に従うようになっていく。

　自分の意志を親に委ねるだけで理性が育つのかという疑問も生じるだろう。ここで重要なのは、理性に従うことに慣れさせるということと、理性を模倣させるということである。自由な人に求められるのは、自分の欲望を理性によって支配することである。しかし、理性が発達していない子どもは欲望を理性で支配することができない。そこでまず、自分の意志を他人の理性に従

わせることを学ばせるのである（Locke 1693/1910=2011, §36）。理性に従うという習慣を、まずは身に付けさせる。そしてそれと同時にその理性を模倣させていく。当初は親に従い、やがて自分の理性に従うように、子どもは育っていく。言ってみれば、消極的自由を制限することによって、積極的自由を獲得させていくのである。これがロックの教育の構想であった。

4-3．子ども理解に基づく教育

そしてその作業は、子どもに我慢を強いるものであってはならない。冒頭の問いへの第三のこたえ、「そもそも我慢を強いることがよくない」である。ロックは子どもに無理に教え込むことを批判し、子ども理解に基づいた教育が必要だと考えた。

人の身体が暑さ寒さに慣れることを例に挙げ、ロックは、「わたしたちの身体は、はじめから慣らしてしまえば、何にでも耐えられるようになる」と言う（Locke 1693/1910=2011, 6-7）。同じように、大人の理性に従うことについても、早いうちから習慣化させてしまえば苦ではなくなる。「精神がもっとも柔軟で、もっともたわみやすい時期に、規律に従い、理性によく従うようにする」ことによって、手に負えないような悪癖が育たないようにするのである（Locke 1693/1910=2011, 33）。

より積極的には、子どもが進んで学び理性に向かうようにしようとロックは考えている。ここでロックは子どもが称賛を好むことを指摘する。「子どもというものは（おそらく我々が考えるよりも早くから）、ほめられること、賞賛されることに対してきわめて敏感」であり、「彼らはとりわけその両親と、彼らが頼りにしている人たちに尊敬され、たいせつにされることを喜ぶもの」である（Locke 1693/1910=2011, 53-54）。この喜びは、親によって巧みに活用され、「子どもの欲望が徳の助けとなる」ようにすることができる（Locke 1693/1910=2011, 54）。このような態度は、当時一般的に行われていた鞭打ちによるしつけとは大きく異なる。ロックによれば、体罰によるしつけは、快楽におぼれて苦痛を避けようとする傾向を助長するに過ぎない。奴隷的な躾は奴隷的な気質を生んでしまうのである（Locke

1693/1910=2011, §47-55, 60)。

　また、ロックは子どもの好奇心を重視している。子どもは遊ぶことを許されるべきであり、学習そのものを遊びやレクリエーションにすることで、積極的に教えられたいと思うようになるのだとロックは考える。たとえばロックは、子どもたちが遊びながらアルファベットを学べるように、文字が描かれたサイコロを提案している（Locke 1693/1910= 2011, §148）。学びと遊びを融合させようとする現代の工夫は、ロックが提唱したものを発展させたものだと言えよう。ただ、ロックの工夫はここで終わらない。逆に、子どもに何かを学ばせようとしたときの一番の失敗は、それが仕事(ビジネス)であるかのように言うことだとロックは言う（Locke 1693/ 1910=2011, §128）。それが仕事となれば、そこには不安が生じてしまう。学校での苦痛と書物にまつわる叱られたこととが結び付き、人は書物を嫌いになってしまう（Locke 1690/2019=1976, 三 74-75）。逆に、やめさせたい習慣は仕事のように扱えばよい。もし子どもが書物に対して嫌な気持ちを起こしたら、そのときの子どもの一番の遊びを仕事として課して、飽きさせ、書物に気が向くのを待てばよいと、ロックは提案する(Locke 1693/1910= 2011, §128）。
　さらにロックは、子どもをある意味で大人のように扱うことを提案する。

　　機会を与えて生徒の言い分に耳を傾けてやり、提案されていることについて理性的に考える習慣をつけさせると、様々な規則は一層容易に受け容れることができるようになり、しかも、さらに深く心に刻むことができるようにもなり、勉学や教育にも親しむようになるだろう。（Locke 1693/1910=2011, 122）

子どもと理性的に話し合うということは、当時も驚かれるようなことだった。しかし、それが必要なことだとロックは言う。ロックによれば、子どもたちは大人が思うよりも早くから理性を理解できるからである。ただし、子どもと理性的に話し合うと言っても、「子どもの年齢と理解力が及ぶ範囲の道理にしたがって、常に簡単明瞭な言葉で語らなくてはならない」（Locke

1693/1910=2011, 92)。上記の二点のどちらにも言えることだが、ロックは子どもがどのようなものかを丁寧に観察したうえで、その性質を活用しながら、子どもを理性に導くにはどうしたらよいかを考えたのである。

5．ロックに対する評価

　ロックが生き、上記の教育論を構想したのは、英国社会が大転換を迎えた時代であった。ピューリタン革命、王政復古、名誉革命と、政治体制は何度も覆り、さらに1665年にはロンドンでペストの大流行も起こっている。現代は技術革新やグローバル化によって「先の見えない時代」と言われることが多いが、ロックの生きたのはそれに勝るとも劣らない激動の時代だった。

　社会が変化し、16世紀から17世紀へと移り変わるにつれて、英国社会の価値観や基準は変化していった。しかしその一方で、支配的な教育論はなかなか変化しなかった。そうした中で発表されたロックの『教育に関する考察』は、非常に人気があった。18世紀だけで英語、フランス語、イタリア語、ドイツ語、オランダ語、スウェーデン語で出版されている（Axtell 1968）。それまでの時代には、教育といえば既存の価値観や知識を教え込むものであったが、これに対してロック以降の時代には、批判的で自律的であることを若者に教えることに、より自覚的に関心が持たれるようになった。ロックの教育論はまさに自由主義的な教育の嚆矢であった。

　しかしながら、ロックは後世の教育思想家に批判されることもあるし、現代の私たちの目からすると不十分に映るところもある。

　最も有名なのは、第3章で扱うルソーによる批判であろう（Smith 2001）。ロックは遊びを用いて子どもが自ら理性の道に向かうよう仕向けた。しかし、子どもが自然に学ぼうとすることを信じようとしなかった。また、遊びそのものに価値を見出したというよりも、大人による巧妙な働きかけとして遊びを採用しているにすぎない。そしておそらくこのこととも関連するだろうが、ロックは創造的思考について積極的に検討することはなかった。ロックの想像力に関するコメントは概して否定的で、想像力を主に危険な力、人を誤解させ衰弱させる迷信に導くものと見ていた（Grant & Hetzberg

2015)。遊びや創造性の積極的評価は、次の時代を待つことになる。

　また、限界としてもう一つ指摘されるのは、社会の支配階級であるジェントルマンのための教育と、被支配階級として想定される貧民や労働者のための教育という二重性である。これはロックに限らないが、18世紀の教育哲学は、普遍主義的な認識を含んでいた一方で、その具体的な提案は社会の最貧層の教育には最低限のレベルを超えて及ばないことも多かった（Parry 2006）。ロックは自由主義的な教育の嚆矢であったが、時代的な制約も大きかったのである。とはいえ、上記の二重の教育には、理性が通底している。自ら考え判断し行動するという理性を育むことをジェントルマンにも労働者にも求めたことは、画期的なことだったと言えよう（岩下2016）。

6．おわりに──ロックが現代に投げかけているもの

　最後に、ロックを通して現代の教育について改めて考えてみよう。

　まずは、学校についてである。実はロックは、学校を肯定的には見ていない。当時の学校の環境が劣悪な状況にあったこともあるのだろうが、学校よりも家庭教師による教育を重視する。それは、学校では教師の目が行き届かないところがあるため、子ども達が悪い習慣を身に付けてしまうことを止められないからである（Locke 1693/1910＝2011, §70）。学校教育をあらゆる人にという考え方には、ロックとは別のロジックや理念、社会状況が必要だったのである。それについては第6章・第7章で見ていくことになるが、それを読む前に、何が必要だったのかと考えてみるのもよいかもしれない。さらに、ロックが習慣形成という点で否定した学校教育を、現代の学校が乗り越えられているのか、乗り越えるにはどうしたらよいか、そもそも乗り越えられるのか（学校教育は一人ひとりに家庭教師をつけることができないことによる妥協でしかないのか）といったことを考えてみてもよいだろう。

　もう一点、現代に続く問題を挙げておこう。自律をめぐるパラドックスである。ロックは、教育の目的を、欲望に抵抗し、理性に耳を傾けるようにすることだと考えた。しかし、評判を重んじるように育てられた子どもは、自分が生きる社会の一般的な社会的・政治的慣習に異議を唱えるほど理性的な

大人になれるのだろうか（Grant & Hetzberg 2015）。この問いに対して、他律はあくまで自律へと導く過程で必要なだけなのだと言うことはできる。では、他律が不要になるのはいつなのだろうか。「あなたが自律できるようにするために今は他律が必要」という言葉を使い続けていたら、子どもはいつまでたっても自律に至ることはできない。結局のところ他律にとどめる論法でしかなく、ロックの望んだ社会は達成できないだろう。

　理性的で自律的な人間は自由な市民社会を築いていくために必要であり、その教育は子どもに我慢を強いるものでなく、子どもが自ら進んでそれを行おうと思えるようなものであるべきである。このような思想は現代の教育思想の枠組みの基礎を提供している。その一方でロックは、教育に関する、現代まで続く根本的な問いを投げかけているのである。

[間篠剛留]

さらに考えてみるために
- 現代の学校教育は、子どもの消極的自由を制限して積極的自由に導くということについて、どのような貢献（正負どちらの面でも）をしているだろうか。負の面があるとしたら、それをどのように克服していけるだろうか。
- ロックは、医学、物理学、経済学、政治学にわたる当時の最先端の知見を総合して人間や社会を徹底的に考え、そこから教育を論じた。学問が専門分化した現代にロックと同じことを望むのは難しいかもしれないが、教育論や教育学以外の知見に目を向けることの重要性をロックは示してくれている。では、現代において、狭い意味での教育の外に目を向けることで、たとえばどのような可能性が開かれるだろうか。

注
1) 本章のロックのテクストからの引用は、原則として参考文献に挙げた邦訳によるが、必要に応じて訳文を修正した。その場合も訳書のページ数やセクション（§）を記した。なお、出典表記のカッコ内の最初の数字は初版の年、スラッシュ（/）の後の数字は参照した版の出版年、イコール（＝）の後の数字は対応する邦訳の出版年を指す。

2）ここでは知的な習慣に焦点を当てたが、『教育に関する考察』は子どもの知性や道徳よりも先に身体について論じている。「健全な肉体に宿る健全な精神」という言葉は、身体と知性の両方があってこそだということだろう。

参考文献

Axtell, J. L. (Ed.). (1968). *The Educational Writings of John Locke*. Cambridge, Cambridge University Press.

バーリン，A. (1997)『自由論』新装版、みすず書房。

Grant, R. W., & Hertzberg, B. R. (2015). Locke on education. In M. Stuart (Ed.), *A Companion to Locke*. (pp. 447-465). John Wiley & Sons.

Hicks, S. R. C. (2019). Liberal Education and Its Postmodern Critics, *Academic Questions*, 32 (3), 361-371.

岩下誠 (2016)「イギリス啓蒙主義期の教育思想」『西洋教育思想史』眞壁宏幹編、慶應義塾大学出版会、96-117 頁。

Locke, J. (1689/1947). Two Treatises of Government. Edited by T. I. Cook, Hafner. 加藤節訳 (2010)『完訳　統治二論』、岩波書店。

―――. (1690/2019). *An essay concerning human understanding*. Global Grey e-book. 大槻春彦訳 (1972-1977)『人間知性論』、岩波書店（全4巻）。

―――. (1693/1910). *Some thoughts concerning education*. In C. W. Eliot (Ed.), *The Harvard Classics: Volume 37, English philosophers of the seventeenth and eighteenth centuries* (pp. 5–183). Collier. 北本正章訳 (2011)『ジョン・ロック「子どもの教育」』原書房。

―――. (1706/1966). *Of the conduct of the understanding*. Edited by Francis W.Garforth, Teachers College Press. 下川潔訳 (2015)『知性の正しい導き方』、筑摩書房。

中神由美子 (2003)『実践としての政治、アートとしての政治――ジョン・ロック政治思想の再構成』創文社。

Parry, G. (2006). Education. In K. Haakonssen (Ed.), *The Cambridge history of eighteenth-century philosophy* (pp. 447-465). Cambridge University Press.

Smith, R. (2001). John Locke, *Fifty Major Thinkers on Education: From Confucius to Dewey*, Palmer J. A. Ed, Routledge, 45-49.

冨田恭彦 (2017)『ロック入門講義――イギリス経験論の原典』筑摩書房。

発達と教育
―― 近現代日本における展開と問いなおしをめぐって

　発達ということばから、どのようなことをイメージするだろうか。大学の授業で発達のイメージを絵に描いてみよう、と投げかけると、すくなくない学生は、赤ちゃんからはじまって、ランドセルを背負った姿、制服を着た姿、やがて成長して大人になった姿を順に描いたり、あるいは、植物が種から芽生えて花が咲くまでの経過を描いたりする（なかには、花が枯れて土にかえるまでを描く学生もいる）。また、ある学生は、階段のそれぞれの段に赤ちゃんから大人になっていく姿を描いていた。発達が、あるところから発してある状態へと達することだというイメージは、すくなからずもたれているようだ（このイメージの背景には、「発達」という訳語の問題もある）。

　しばしば、発達（段階）に応じた教育ということがいわれる。階段の二段目にいる子どもと三段目にいる子どもとでは、必要なことや可能なことが異なっていて、三段目の子どもにようやく教えられることを二段目の子どもに教えようとしても、ふつうはうまくいかないし、ともすればわるい影響をおよぼしかねない（ある時期を境に発達上の質的で不可逆な転換が生じることは、「発達の節」とよばれてきた）。これは、きわめて重大な発見であった。国民国家のもとで成立した近代教育においては、子どものありようをふまえていない教育内容や方法が要請される場合がすくなくないが、発達に応じた教育という視点によって、教育内容を精査し、一方向的な教授を排して、それぞれの子どもに応じる教育への可能性がひらかれたからである。

　この国の教育と教育学をふりかえってみると、発達という見方自体は明治期にすでにみられるけれども、大正期の新教育運動のなかで強調され、戦後には、子どもの発達の過程をあきらかにしながら、発達する権利を保障する教育が模索された。発達教育学とよばれるこうした動向においては、子どもは学習をとおして可能性を開花させる権利をもっているとされ、その権利を

保障する教育がもとめられていった。学習指導要領に法的拘束力がともなうといった状況のなかで、発達教育学の議論は、重要な意義をもっていた。

だが、1980年代以降、発達教育学はかずおおくの批判をうけた。学校教育の外に要因をもつ問題（貧困による不就学など）にたいして、学校教育の内に要因をもつ問題（たとえば学校への不適応を原因とする不登校）が前景化するなかで、発達に応じるという名目のもとでの教育的な介入や、発達の規範性（発達をものさしとした優劣）が問題にされはじめたのである。

このような背景のもと、1980年代以降、発達観や教育観がさまざまに問いなおされていった。教育思想史研究においては、発達概念（それは、しばしば普遍的なものとして提示される）の歴史性があかるみにだされ、教育人間学においては、発達概念にたいする生成概念が提示され、有用性にとどまらない人間の変容がみいだされていった。あるいは、生涯発達心理学においては、発達の完成体（階段を一番上までのぼった姿）が否定され、発達が歴史的文化的な影響をうけることや、中年期や老年期をふくめての発達観――ときには、生まれることや死という視点をも織りこんで――が提示された。

また、障害児教育の領域においては、発達を保障するという名目のもと通常児と障害児との分離がすすめられていることへの批判がなげかけられた。ある発達の段階に達しているか否かで優劣や適応・不適応がきめられていくこと、いいかえれば、発達概念に暗に内包されていた価値が問いなおされた。

翻って、今日の状況をふまえると、発達という視点を手放すことには多分に問題があるが（たとえば学校スタンダードによる画一化）、他方、かつてのような発達教育学に安住することもできない。今日もとめられているのは、発達とその問いなおしとのあいだでの思考であり実践であろう。

［桑嶋晋平］

参考文献
堀尾輝久 1991『人間形成と教育』岩波書店
矢野智司 2000『自己変容という物語』金子書房
やまだようこ 2021『やまだようこ著作集7 人生心理学』新曜社
小国喜弘編 2019『障害児の共生教育運動』東京大学出版会

第3章 ルソー『エミール』
——自然と社会の葛藤

自然の秩序のもとでは、人間はみな平等であって、その共通の天職は人間であることだ。（中略）両親の身分にふさわしいことをするまえに、人間としての生活をするように自然は命じている。生きること、それがわたしの生徒に教えたいと思っている職業だ。

ルソー『エミール』

1. はじめに——ひねくれ者ルソー？

ジャン＝ジャック・ルソー（Jean-Jacques Rousseau, 1712- 1778）は、私たちの教育に対する考え方に対して、最も大きな影響を与えた人物の一人である。

ルソーの思想は、通例、以下のように要約されることが多い。人間は生まれながらにして善いものであり、すべての悪は社会によってもたらされる。したがって、私たちは自然に帰らなければならない。そのため、教育は社会の悪からできるだけ子どもを遠ざけ、自然にかなった状態にする必要がある。このような教育のコンセプトは、ルソーの著作『エミール』において展開された。そして彼の発想が、大人による介入を極力避け、子どものいきいきとした活動を目指す子ども中心主義的な教育に影響を与えたのだ…。

いずれにせよ、まずはルソーの基本コンセプトを「自然＝善／社会＝悪」の二項対立で把握しておくことは、決して間違いではない。

だが、ルソーという人物は大変ひねくれており、その思想は上記の要約に収まりきらない矛盾（と思えるもの）や葛藤に満ちている。そして、このひ

ねくれこそが、私たちが教育と出会いなおす上で大変重要な問題になると考えられる。どういうことか。

例えばルソーは、実は「自然に帰れ」とは一度も言っていない。彼は『人間不平等起源論』（1755年）において、「自然の状態（l'état naturel）」を「もはや存在せず、恐らくはかつて存在したことがなく、多分これからも存在しそうにもない一つの状態」としている（PLDⅢ, 123 = 27）。自然に帰ることは、そもそも不可能なのだ。

そしてルソーは、「自然状態（l'état de nature）」を、人間たちが孤立して生きており、なおかつ共同の必要性を感じていない状態として描いた。人間たちは、森などで「自然人」として生活しており、個人もしくは家族などの狭い範囲で自己充足して生きていた。それにもかかわらず、私たちは社会を作ってしまったのである。

上記のように、一方でルソーは、自然あるいは個人の自由を称揚する、文学的でロマン主義的な思想家として知られている。

しかし他方で、ルソーは社会そして法の重要性を主張する思想家でもある。読者の皆さんは、むしろルソーを『社会契約論』（1762年）の著者、つまり、人民の意思を反映する近代民主主義の基礎理論（一般意志など）を準備した思想家として把握しているのではないだろうか。

これは一見すると矛盾しているように思える。実際、哲学者のエルンスト・カッシーラーは、『ジャン=ジャック・ルソー問題』という著作において、個人主義的なルソーと、個人の意志を全体に委ねてしまうルソーとの二面性について論じている。このルソーの矛盾については、さまざまな学者がさまざまな説明を試みている。

しかし本章では、ルソー自身のひねくれや矛盾や葛藤（ルソー自身が直面した問題）こそ、現代において教育を考える私たちが直面している問題だと考えて議論をはじめたい。

つまり、どれだけ子どもたちを自然に適した存在、すなわち、いかなる不平等から無縁な存在として教育しようとしても、いずれ彼らは、私たちがつくってしまった不自然なこの社会の一員にならざるを得ないのだ。

ルソーの『エミール』は、ただ単に子どもを自然に任せて育てればよいと主張した著作ではなく、「社会に生きる自然人」（PLDⅣ, 483＝上479）を模索する試みであった。そして同時に、その試みは様ざまな困難や葛藤に直面している。

この困難や葛藤は、どのようにして子どもたちを私たちの社会（世界）に導き入れるのかを考えなくてはならない私たちが抱える問題でもある。本章では、『エミール』の概要を示すことで、皆さんが上記の問題について考えるきっかけをつくることを目指している。

ルソーのひねくれに注目して、考えてみよう。

2．消極教育——誕生から12歳頃まで

『エミール』は、家庭教師のジャン＝ジャックによる、架空の生徒エミールの誕生から結婚までのつきっきりの教育を描いた、小説のような著作である。著作の構成としては、全5篇からなっており、ざっくりいえば、前半3編（岩波文庫版の上巻）が「子ども」の教育、後半2編（岩波文庫版の中・下巻）が「青年」および「人間」の教育ということになる。

まず本節では、第1篇および第2篇の内容を確認しておこう。

2−1．自然の秩序における子ども：『エミール』第1篇：乳児期

『エミール』第1篇の書き出しは、あまりにも有名である。「万物を作るものの手をはなれるときすべてはよいものであるが、人間の手にうつるとすべてが悪くなる」（PLDⅣ, 245＝上27）。まずはこの文章だけでも、なんとなく覚えておくべきだ。

そして、この文章にも見られる通り、「自然＝善／社会＝悪」というルソーの基本コンセプトは『エミール』でも展開されている。

本章では冒頭で、「自然の秩序のもとでは、人間はみな平等であって、その共通の天職は人間であることだ」というルソーの文章を紹介している。この引用文が示しているのは、裏を返せば、「社会の秩序」において人間は不平等だ、ということである。

とりわけ、ルソーが活躍した18世紀のフランスは、革命以前の身分制社会であった。貴族の子どもは貴族になることを前提に教育を受けているし、職人の子どもは職人になるべく徒弟となる。つまり当時の社会は、現代のように、フレキシブルな進路（将来）を容易に考えられるものではなかった。

そのためルソーの功績は、まずは特定の身分や職業によらない平等な存在として、抽象的な「**人間**」を想定したことにあるだろう。

さらにいえば、そのような人間へと成長する段階にある存在としての「子ども」そして「子ども期」について考察したことも極めて重要である。ルソーは、**子どもの発見**を行った思想家として知られているのだ（第10章の注2、アリエス『〈子供〉の誕生』に関する記述も参照のこと）。

それでは具体的に、ルソーは教育についてどのように論じたのか。

『エミール』においてルソーは、まずは子どもに**自己保存**、すなわち、生きるのに必要な欲望を満たすための能力を養わせることを目指す。自分の欲望（したいこと）と、それを満たす能力（できること）のバランスが保たれている状態を、彼は幸福だと考えていた。私たちは、単純に「生きること」のみを考えていれば、余計な欲望を抱くことはない。

そのため、架空の生徒エミールは、余計な欲望を生み出す社会、具体的には都市から隔離され、田舎で育てられることになる。

そして、自己保存に必要な能力としては、まずは「**感官**」を鍛えること（うまく五感を働かせられるようになること）が挙げられる。そのため『エミール』第1篇では、まずは乳児期の子どもについて、「感覚」と「それを引き起こすもの」との関係を学ばせるべきだという。つまり、「子どもはすべてのものにふれ、すべてのものを手にとろうとする」。「そういうふうにして子どもは物体の熱さ、冷たさ、固さ、柔らかさ、重さ、軽さを感じることを学び、それらの大きさ、形、そしてあらゆる感覚的な性質を判断することを学ぶ」のである（PLDⅣ, 284 ＝上 95, 96）。

2-2. 子どもと議論してはいけない？：『エミール』第2篇：「幼児期」

子どもは、まずは自己保存について学ばなければならないが、未だ生きる

のに必要な欲望を満たすだけの十分な能力が彼らにはそなわっていない。

　そのため、子どもは他人に頼らざるを得ないが、ここで重要なことは、「事物への依存」（＝自然に基づくもの）と「人間への依存」（＝社会に基づくもの）を区別することである。

　例えば、子どもが何かを欲しがる場合、「自然の必要」に基づき「必要な場合にこそ」それを与えるべきである。そして無分別な要求に対しては、私たちは単に「物理的な障害」のみを子どもに与えて阻止するべきである。要求を何でも叶えていると、子どもの欲望はどんどん大きくなる。そして彼らは「自分を宇宙の所有者」と考え、あらゆる人を「自分の奴隷」とみなすようになる。「支配と圧政の観念」を芽生えさせるような「人間への依存」は避けなければいけない（PLDⅣ, 311-315 ＝上 148-156）。

　つまり、子どもは「人間からではなく、自然から教訓を学びとる」必要があるのだ（PLDⅣ, 361 ＝ 246）。

　そのためルソーは（前章で扱ったロックとは異なり）、子どもと議論することの価値を認めていない。「子どもと議論すること、これはロックの重要な格率だった。これはこんにちではひじょうに流行している。（…）そして、わたしには、人といろいろ議論をしてきた子どもくらい愚かしい者はないようにみえる」（PLDⅣ, 317 ＝上 160）。

　例えば下記のやりとりを見てみよう。

　　先生　　そういうことをしてはいけない。
　　子ども　なぜこういうことをしてはいけないのですか。
　　先生　　それは悪いことだから。
　　子ども　悪いこと。どういうことが悪いことなのですか。
　　先生　　とめられていることです。
　　子ども　とめられていることをすると、どんな悪いことがあるのですか。
　　先生　　あなたはいうことをきかなかったために罰をうける。
　　子ども　ぼくは人にわからないようにします。
　　先生　　だれかがあなたを見はっているでしょう。

子ども　ぼくはかくれてするでしょう。
　　先生　　あなたはたずねられるでしょう。
　　子ども　ぼくはうそをつきます。
　　先生　　うそをついてはいけない。
　　子ども　なぜうそをついてはいけないのですか。
　　先生　　それは悪いことだから…
　（PLDⅣ, 317-318＝上160）

　ルソーによれば、大人は、以上で見たやり取りのように命令や権威を用いるのではなく、あたかもそれが物理法則であるかのように振る舞わなければならない。物理法則は自然に由来するものであり、それに従う限りは社会における不平等から離れることができるのだ。

　そのため、「なんの説明もしないで、議論もしないで、それをするのをさまたげるがいい」。続けてルソーは述べる。「ことばによってどんな種類の教訓も生徒にあたえてはならない。生徒は経験だけから教訓をうけるべきだ」（PLDⅣ, 320, 321 上164-167）。

２－３．消極教育：子ども期の教育方針

　ルソーの教育方針は、「**消極教育**」という言葉でまとめられる。教育学において、ルソーといえばこの語句なのでぜひ覚えておこう。

　　初期の教育はだから純粋に消極的でなければならない。それは美徳や真理を教えることではなく、心を不徳から、精神を誤謬からまもってやることにある。（…）こうして、はじめにはなにもしないことによって、あなたがたはすばらしい教育をほどこしたことになるだろう（PLDⅣ, 323, 324＝171, 172）。

　読み書きの教育を例に見てみよう。ルソーは下記のエピソードを挙げる。エミールは、しばしば家族や友人から昼食会や遠足などの招待状を受け取

る。だが、彼は文字を読むことができない。そのため、代わりに文字を読んでくれる人を探さなければならない。その試みは必ずしも上手くいくわけではなく、エミールは招待の時刻が過ぎてから手紙の内容を知ることになる。「ああ、自分で読むことができたなら！」。エミールは「差し迫った利害」から多くを学び、手紙をなんとか判読しようと努力する。読み書きについて積極的に教えずとも、子どもはきっとそれを習得することになるだろう（PLD Ⅳ, 358＝上239, 240）。

だが急いで付けくわえておくと、ルソーの消極教育は、すべてを自由放任にすればよいというものではない。むしろ、それはもの凄く過保護であるようにすら見える。どういうことか。

「よく調整された自由」という言葉をルソーは用いている。子どもは、放っておけば社会の悪によって堕落してしまう。だからこそ大人は、子どもが自然にしたがって発達できるように頑張ってお膳立てする必要があるのだ。「生徒がいつも自分は主人だと思っていながら、いつもあなたが主人であるようにするがいい。見かけはあくまで自由に見える隷属状態ほど完全な隷属状態はない」（PLDⅣ, 362＝上248）。

ここで隷属状態とは穏やかではないが、ルソーのいう自然の秩序が、あたかも物理法則にしたがうかのようなものであったことを思い出してほしい。自然にしたがっている限り、私たちは物理法則に従うのと同様に平等であり、そこに支配の観念は生じないのだ。

だが、子どもが自然の秩序に従うためには、大人が一生懸命お膳立てして環境をつくりあげる必要がある。ルソーの『エミール』には、このようなひねくれた論理、ある種フィクションとしての自然（つくられた自然）を再現するようなエピソードがいくつも差し込まれている。具体的に、次節以降で見てみよう。

3．好奇心と有用性── 12歳〜15歳頃まで

『エミール』の第3篇（岩波文庫版の上巻の後半）では、「少年期」（12歳〜15歳頃）の子どもが考察の対象となる。

ルソーは、この時期を「仕事、勉強、研究の時期」と呼んでいる。後に訪れる思春期・青年期、つまり情念（感情的なもの）に惑わされる時期とは異なり、少年期は欲望に対して子どもの能力が優っている。この状態は、人生において「唯一の時期」とされる（PLDⅣ, 426＝上367, 368）。

この時期に問題になるのは、「**好奇心**」と「**有用性**」である。

まず、好奇心は学習の重要な動機ではあるものの、「けっしていそいでそれを満たしてやってはいけない」。例えば教師は、なぜ太陽が昇り沈むのだろうと問うだけで、それ以上は言わない。「かれがなにか質問しても、答えてはいけない。ほかの話をするがいい。かれの勝手にさせておくがいい。そうすれば、きっとかれはそのことを考えるだろう」（PLDⅣ, 430-432＝上375-379）。これは、先ほどの消極教育の考え方に基づいている。

また、学習が進んでくると、子どもは「それがなんの役に立つのですか」という、有用性を問う厄介な質問をしてくることだろう。

そこでルソーは、下記のエピソードを記している。

ある日、エミールが、天文学に関して「それがなんの役にたつのですか」と言う。そのため翌朝、ジャン＝ジャックは「朝飯まえにひとまわり散歩してこよう」と言ってエミールを森へと連れて行く。最初は喜んで出かけたエミールだが、気づいたら道に迷っており、なかなか帰りの道を見つけることができない。ついにエミールは泣き出してしまう。そこでジャン＝ジャックは、心配そうな顔でこう言うのである。「エミール、ここから抜け出るにはどうしたらいいだろう」。

それから二人は、今の時刻が昼過ぎであることを確認した上で、以下のやりとりを行う。

　　ジャン＝ジャック　（…）わたしたちはちょうどこの時刻に、きのう、モンモランシーから森の位置を観測していた。もし、それと同じように、森からモンモランシーの位置を観測することができたらねえ……。

　　エミール　そうですね。でも、きのうは、ぼくらには森が見え

	たけど、ここからは町は見えません。
ジャン＝ジャック	だから困る。(…) 町が見えなくても、町の位置を知ることができたらいいのだが……。
エミール	ほんとうに！
ジャン＝ジャック	わたしたちはこう言ってましたね、森は……
エミール	モンモランシーの北にある、って。
ジャン＝ジャック	するとモンモランシーは……
エミール	森の南にあることになる。
ジャン＝ジャック	正午に北をみつける方法をわたしたちは知ってたかしら。
エミール	ええ、影のさす方向でわかります。
ジャン＝ジャック	では、南は？
エミール	どうしたらいいでしょう。
ジャン＝ジャック	南は北の反対です。
エミール	ほんとうだ。影と反対の方向を見ればいい。ああ、こっちが南だ。南だ。たしかに、モンモランシーはこっちの方向にある。こっちのほうへ行ってみましょう。
ジャン＝ジャック	それがいいかもしれませんね。この木立のなかの細道を行ってみましょう。
エミール	(手をうち、喜びの声をあげながら) あっ、モンモランシーが見える。ほら、ぼくらの真正面に、すっかり見える。さあ、朝飯を、昼飯を食べにいきましょう。いそいで駆けていきましょう。天文学ってなにかの役にたつもんですね。(PLDⅣ, 448-450＝上412-415)

　以上のように、あれこれと言葉を用いて知識の効用を説くのではなく、実際にその知識が必要になる状況を経験させることが学習の動機につながる。

子どもは自然の摂理にしたがい、状況に応じて有用な／必要となる知識を活用している。だが、彼が置かれている状況自体は、教育者が用意したものであり、お膳立てされたものである。

この点からも、ルソーの消極教育が単なる自由放任ではないことがよく分かるだろう。

4．他者、そして社会へ──思春期・青年期以降の教育

ルソーは、『エミール』の第1～第3篇において、だいたい15歳頃まで（少年期）の教育について論じていた。そして残りの第4篇・第5篇で、ルソーは思春期・青年期から、エミールが結婚し、父親になるまでを描くことになる。これまでエミールは、自然に基づき、自分自身と自然法則のことを中心に学んできた。だがこれから彼は、他者との関わり、そして社会との関わりについて学んでいかなければならない。

4－1．他者への共感──『エミール』第4篇：思春期

先述した通り、ルソーは、欲望（したいこと）と能力（できること）のバランスを重要視していた。だが、思春期・青年期を迎えるとこのバランスに対する危機が訪れる。

人は誰しも一人では生きられず、人間関係が広がるにつれて、恋愛や友情、競争心や嫉妬心といったさまざまな情念（感情的なもの）に左右されることになるだろう。私たちは、それらの情念を避けることはできない。「そこで、これからは方法を変えなければならない」（PLDⅣ, 494＝中16-17）。

実はルソーは、自然に基づく人間の情念として、自己保存（生命を保全するための欲望）の他に、**あわれみ**の感情が存在するとしている。他者との関わりにおいては、このあわれみという感情が重要になる。彼は『人間不平等起源論』（1755年）で既に、あわれみの心について論じていたが、『エミール』においてもその概念が登場する。「わたしたちに共通の必要は利害によってわたしたちを結びつけるが、わたしたちに共通のみじめさは愛情によってわたしたちを結びつける」（PLDⅣ, 504＝中34, 35）。

したがってルソーは、あわれみの感情に基づく共感により「自分の外へ自分を移す」ことで「感じやすい人間」になること、そしてその上で「感受性」を育んでいくことが必要だと述べる。ここで私たちは、子どもの「親切な心、人間愛、同情心、慈悲ぶかい心」といった情念を刺激する必要がある。反対に私たちは、「羨望の念、憎悪心」などの情念を呼び起こさないようにしなければならない（PLDⅣ, 506, 507＝中37-39）。

　そして、他者への感情を一般化し、人類全体に対するあわれみの感情へと広げていく必要がある。それにより、私たちは社会の基礎となる公正さの概念について考えることができるようになるのだ。

4－2．エミールの結婚──『エミール』第5篇：青年期

『エミール』の終幕は、エミールが父親となり、自身の子どもを持つことにより訪れる。ということは、ジャン＝ジャックが、その時まで相変わらずエミールに介入し続けるということである。

　ジャン＝ジャックは、理想の女性を「ソフィー」と名づけた上で、エミールと共に彼女を探す旅に出る。『エミール』第5篇の大部分は、このソフィーにまつわるエピソードが占めることになる。

　この文脈でルソーは、女子教育に関する議論を展開することになり、これが現代から見るとなかなか問題含みではあるのだが（男女は同じ教育をうけるべきではない、女性には従順さが求められる、など）、いろいろと考察を重ねたのち、いよいよエミールとソフィーの出会う時が訪れる。

　ジャン＝ジャックとエミールは、都会を散々旅してきてソフィーを見つけられず、田舎に戻ってくる。ある日、二人は山の中で道に迷う。そこで出会った一人の農夫が、親切にも家に連れていってくれる。ひどく腹を空かせた訪問者たちは、食卓に着く幸運を得る。農夫と、その妻と、もう一席空いている。「ソフィー、お座りなさい」。ソフィー？「ソフィーという名に、エミールがはっとした様子を、あなたがたも見ることができたろう。（…）ソフィー、ああ、ソフィー、わたしの心がもとめているのはあなたなのか。わたしの心が愛しているのはあなたなのか」（PLDⅣ, 772＝下166, 167）。

実は、この出会い自体が「いつわりの探求」であり、ジャン＝ジャックはわざと都会でエミールを疲弊させ、田舎に戻りソフィーに会わせたのだ（なぜジャン＝ジャックはこんなことをしているのか。これは私の考えでは、運命の出会いは「つくられた自然」、つまりフィクションにおいてしか存在しないという、ルソーの文学的メッセージではないかと思う）。

　さらにジャン＝ジャックは、無事恋仲になったエミールとソフィーに対し、試練を突きつける。「ソフィーと別れなければならない」。エミールは、ソフィーにふさわしい者になるために、2年の修行に出ることになる。

　ジャン＝ジャックとエミールは、諸外国を渡り歩き、社会について学ぶ。「かれに残されていることは、同じ市民たちとの社会的な関連において自分を考察することだ」（PLDⅣ, 833＝下287）。ここでルソーは、『社会契約論』の要約のようなパートを『エミール』に挿入している。

　だが結局のところ、エミールは理想とする統治を行っている国を見つけることができず、故郷で暮らすことを決意する。

　2年の修行を終えたエミールは、晴れてソフィーと結婚することになる。エミールは自分の情念を克服し、「有徳な人間」になった。父になったエミールは言う。「あなたはあなたの役目を果たした。あなたを見ならわせてください。そして、休息してください。もうその時が来たのです」（PLDⅣ, 868＝下354）。

5．おわりに──ルソーの遺産

　以上で確認した通り、ルソーの『エミール』は、単に「自然に帰れ」と主張した著作でもなければ、自由放任の教育を推奨するものでもない。むしろ教師は、子どもが誕生から結婚して親になるまで、つきっきりで教育を行うため過保護だとすらいえる。子どもが自然にしたがって育つために、教育者は徹底して「つくられた自然」をお膳立てするのだ（しかも、前項で見たとおり、結婚相手との出会いまでそれが続く）。

　このような、『エミール』で展開されたような教育をそのまま行うことは、難しいことだろう。だが本章で述べた通り、ルソーの思想の意義は、まずは

第3章　ルソー『エミール』

不平等から離れた抽象的な「人間」を想定し、「人間」を育成するための教育を、自然にかなった教育として提示したことにある。この発想は、本書の後の章で扱う思想家の多くにも大きな影響を与えた。また、とりわけ戦後日本の教育学が注目した、子どもの発達や人権の保障といった重要な主題を考える上で、彼の思想は幾度となく参照され続けている。

そして、やはり私たちは、子どもたちを社会へ導き入れるという課題について考え続けなければならないだろう。私たちが子どもたちを平等な存在と捉えて教育を行う限り、そこには葛藤が残る。ましてや、私たちはルソーの時代から遠く離れている。変化が多い（そして平等とはいい難い）現代社会において、私たちはいかにして上記の課題に取り組むのか？――今一度、ルソーの直面した問題に立ち戻り、『エミール』を紐解いて考えてみることには価値があるだろう。

もちろん、本章で取り上げた『エミール』の内容はごく一部にすぎない。読みなおす度に、さまざまな発見があることだろう。

ぜひ、皆さんも一度は手に取って読んでみてほしい。

[堤優貴]

さらに考えてみるために

- ルソーは子どもを自然に適した存在にするため、社会の害悪から子どもを遠ざけるべきだと考えていた。ところで、現代にはSNSと呼ばれるバーチャルな社会が存在する。この新たな社会は「害悪」と言ってよいものだろうか。また、私たちは子どもたちをそれから遠ざけるべきだろうか。
- もしも、ルソーが『エミール』で描いたように、現代人のあなたが家庭教師として子どもの誕生〜結婚までをつきっきりで教育できることが可能だったとして、どのような望ましい教育プランを考えることができるだろうか。現代版『エミール』を思い描いてみよう。

参考文献

※ルソーの原著については、プレイヤード版全集を参照の上、下記の記号を用いて示す。

なお、訳語は、翻訳を参照しつつ一部改めた。

PLD Ⅲ：Rousseau, Jean-Jacques（1964）. Œuvres complètes Ⅲ, Paris : Gallimard, Bibliothèque de la Pléiade. =（1972）『人間不平等起源論』本田喜代治・平岡昇訳、岩波書店。

PLD Ⅳ：Rousseau, Jean-Jacques（1969）. Œuvres complètes Ⅳ, Paris : Gallimard, Bibliothèque de la Pléiade. =（1962）『エミール（上）』今野一雄訳、岩波書店。（1963）『エミール（中）』今野一雄訳、岩波書店。（1964）『エミール（下）』今野一雄訳、岩波書店。

綾井桜子（2020）「第5章 啓蒙主義期の教育思想 第3節 フランス啓蒙主義期の教育思想」眞壁宏幹編『西洋教育思想史（第2版）』慶應義塾大学出版会、146-171頁。
カッシーラー, E.（2015）『ジャン＝ジャック・ルソー問題［新装版］』生松敬三訳、みすず書房。
坂倉裕治（2018）『〈期待という病〉はいかにして不幸を招くのか：ルソー「エミール」を読み直す』現代書館。
ド・マン, P.（2022）『読むことのアレゴリー』土田知則訳、講談社学術文庫。
西研（2016）『ルソー『エミール』（100分 de 名著）』NHK出版。
室井麗子（2023）「ルソー」教育哲学会編『教育哲学事典』丸善出版、313-314頁。
吉澤昇・為本六花治・堀尾輝久（1978）『ルソー エミール入門』有斐閣。

現職教員はこう読んだ①

生徒を「自由」にすること
——学校教育の限界を乗り越えるために

秋野遼太郎（私立高等学校教諭）

　先日、私の勤務校における年間の2大学校行事のうちの2つ目が無事に終了した。1つが学校祭、もう1つが近隣の野球ドームを1日借り切って行う体育祭のような行事である。これらはどちらも生徒会の主催行事である。

　皆さんは自分が高校生の時に、生徒会主催の学校行事はあっただろうか？学校により中身に違いはあるだろうが、たいてい生徒会主催行事は生徒会が主体的に企画と運営を行う。これは教職課程では特別活動として学ぶ学校教育の一部である。私は勤務校の生徒会の顧問教員をしている。学校教員になれば分かるが、一見生徒会で自由にやっているように見える活動も、程度の差こそあれ、すべて裏では教員が内容を把握し、指導している。

　ところで高校生はすでに小学校や中学校でも生徒会活動を経験してきている。彼らは小中学校での経験をもとにして行事に対するイメージをそれぞれに持っている。その多くは、教員の指導に従順に従い学校空間で歓迎されそうな出し物を行うというものだ。

　例えば彼らに対して「もう高校生なのだから、もっと自由に発想してごらん？」と問いかけてみる。すると彼らの口から出てくるのは、他校に通う友人たちから聞いた面白そうな企画や、SNS上で発信されている、やはりどこかの学校で行われている取り組みである。自由に発想せよと言われても、彼らは自然と学校空間のルールをわきまえようとする。自分たちの欲望をコントロールしている点でこれはロックの章で言われていた積極的自由を達成している状態だろうか。どこか違う気がする。

　実は冒頭の野球ドームの行事は、以前は学校で行っていた体育祭に代わる新しい学校行事として、新たに始まったものだった。そこでドームという非日常的な空間でなら日ごろとは違う挑戦が出来るのではという思いから、教

員の方から1日の行事の最後に全校が参加出来る斬新な企画を考えてみないかと生徒会の生徒たちに投げかけた。しかしながら、なかなか目新しいものは出てこなかった。そもそも彼らにとって、学校行事とは学校や教員から与えられた条件の中で、つかの間の消極的自由（普段の教室では許されない空間の装飾や友人たちとの談笑を楽しむなど、制約からの解放）を楽しむという程度の位置づけなのかもしれない。私自身も含めた教員による学校教育の、これが結果である。

そこで私は思い切って彼らにいくつかの条件を出した。ドーム全体にマイムマイムの曲を流す。時間は10分間。踊っても良いし、歌っても良い。すると生徒達からいまどきマイムマイムなど誰も恥ずかしくて踊らないと盛大に反発が出た。しかし私は譲らず、他の曲を追加でかけても良いが出した条件は守ってもらうと突き返した。これは大変なことになったと生徒たちは青ざめていたが、話が急に進展したのはここからだった。生徒達は当日、臨時の応援団という組織を結成し、彼らがマイクを握って全校生徒を見事に動かし、1,200名が巨大な円を描きながら場内に交互にかかるマイムマイムとアップテンポな流行の曲に合わせて飛び跳ねつつ周回する、というねぶた祭りとロックフェスを組み合わせたような唯一無二の空間が創り出された。参加した生徒たちは叫び、踊り、歌いながら心の底から楽しそうにしているように見えた。事後に行った生徒へのアンケートでも、これを新たな伝統にしてほしいという声が多く上がっていた。

同僚教員の中にはこの企画に苦い顔をした人もいた。およそ学校空間に相応しい内容ではないのではないか、と。おそらく現役の学校教員の過半数は、この企画の教育効果や指導目標が何なのか分からないと否定的な反応をするだろう。私に言わせればそんなものは、ない。ないところに意味を見出している。ただし、教育的意味は大いにある。

もしもロックやルソーが私と生徒とのやり取りや、行事当日のあの空間を見たらなんとコメントするだろうか。事前の部分ではロックから、当日の部分ではルソーからそれぞれ肯定的な反応が返ってきそうだ。今回このテキストを読んで私はそう考えたのだが、どうだろうか。

第4章 ペスタロッチとフレーベル
——世界を認識するための教育

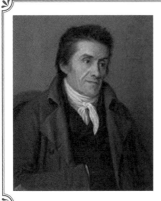

私たちの認識はすべて数・形・語から出発するという考えが、突然、私の求めてきた事柄に新しい光を与えてくれるように思われました。

ペスタロッチ『ゲルトルートはいかにその子を教えるか』

1. はじめに——世界をどう認識するのか

　ルソーの影響を受けた人物として、**ペスタロッチ**（Johann Heinrich Pestalozzi, 1746-1827）の名前を挙げることができる。彼はルソーと自然の歩みを重視しつつも、「**直観**」というものに着目して、「**メトーデ**」という具体的な教育方法を構想し、教授の段階について考えた人物である。また、ペスタロッチの影響を受けた人物の一人として、**フレーベル**（Friedrich Wilhelm August Fröbel, 1782-1852）を挙げることができる。フレーベルは、ペスタロッチの影響を受けつつも、乳幼児期の教育に注力し、「**恩物**」という教育遊具を用いた教育を考案し、「**幼稚園**」と名づけて設立した人物である。そこで本章では、ペスタロッチとフレーベルの教育思想について検討してみることにしたい。

　さて、本題に入る前に、みなさんが受けてきた学校教育を振り返ってみてほしい。学年ごとに学ぶ内容が決まっており、ある順序に従って学んできたことだろう。それでは、どのような順序で学ぶのが適切であると考えられてきたのだろうか。また、幼児教育の段階では、みなさんはどのように活動し

てきたのだろうか。たとえば、積み木のような遊具を使うなど、**遊び**を通じた教育を思い浮かべる人も多いだろう。

　本章では、ペスタロッチやフレーベルの教育思想を手がかりに、これらの問いについて考えてみたい。ここで考えるために重要な視点が「世界をどのように認識するのか」という点である。なぜならば、その捉え方の違いによって教育のあり方が変わってくるといえるからである。それでは、彼らがどのような思想を展開したのか、次節以降で検討していくことにしよう。

2．ペスタロッチの教育思想

2-1．民衆の救済のために

　ペスタロッチにとっては、民衆の悲惨さの源泉をせき止めることが青年時代からの願いであった（ペスタロッチー、1987）。そこで、ペスタロッチはノイホーフで農場経営を試みたが、経営能力が欠けていたことなどの原因で失敗に終わる。その後、彼は不幸な生活を強いられていた貧民の子どもたちを救済するために貧民学校を開設したのだが、この事業も失敗に終わる（長尾・福田、1991）。

　しかし、ペスタロッチはこの失敗を契機に、多岐にわたる文筆活動を展開することになる。最初の作品『隠者の夕暮』（1780）では、冒頭で「玉座の高きにあっても、木の葉の屋根の陰に住まっても、同じ人間、その本質から見た人間、一体彼は何であるか」（ペスタロッチー、1993）と述べているように、旧約聖書の書き方にならった文体を用いて、人間の本質とは何かと自問自答していった。ペスタロッチは、学生時代に読んだ『エミール』などのルソーの作品の影響を受け「自然の歩み」に沿った教育のあり方を探究した。ただし、ルソーにおける道徳教育は思春期・青年期の課題とされ、家庭教師による教育方法も変化する時期とされたのに対して、ペスタロッチの場合は、「人類の家庭的関係は最初のかつまた優れた自然の関係」（ペスタロッチー、1993）にあるとして、生活の基盤としての家庭における人間関係が子どもの道徳を育むものであった。そして、家庭に始まる子どもの生活圏が、学校、地域社会、職業生活の場、国家へと次第に同心円的に広がるという見方が重

要視されたのである（長尾・福田、1991）。

また、小説『リーンハルトとゲルトルート』(1781-1787) では、農村を舞台に石大工リーンハルトとその妻ゲルトルートを中心とした物語を描いた。学校はゲルトルートの居間を手本として、生活と一体化して子どもたちの健全な発展を保障するように整えられ、村の行政もまた、家政にならって、人々の生活に内的な安らぎをもたらすように改革される（村井、1986）。つまり、母の愛に満ちた「居間」を理想の環境とした学校改革を求めたのである。

さらに、『**人類の発展における自然の歩みについてのわたしの探究**（以下、『探究』と記す）』(1797) では、「わたしは何か、また人類は何か、わたしは何をなしたか、また人類は何をなすか」（ペスタロッチー全集第6巻）と問いながら、人類の発展史を描きながら理論的な探究を行った。

ペスタロッチは、自然状態、社会的状態、道徳的状態という三つの状態を想定し、これらは、人間が個体発生（個人の発達）的にも系統発生（人類の発展の歴史）的にも通過する発達段階であると同時に、個々の人間のうちに重層的に存在するという。ペスタロッチは、自然状態を「純粋な自然状態」と「堕落した自然状態」に分け、「純粋な自然状態」はほんの一瞬しか存在しないが、「道徳的状態」に相通じる性格をもつと捉える。「堕落した自然人」は自らの動物的な欲求を充足させるために、法的協定に基づく規制をする「社会的状態」へ移るとされるが、それが道徳的な原理に基づくものではなく、自分が完成されていないと気づくことで、道徳的な存在へ向かっていくとされる。このように、人間は自然状態から社会的状態を経て、道徳的状態へと発展していくのだが、人間は動物的かつ社会的存在であり、純粋に道徳的な存在であることはできず、それらが常に混在する三重の存在として矛盾を抱えているとされるのである（長尾・福田、1991）。

このように文筆活動を展開する一方で、ペスタロッチは、1798年からシュタンツの孤児院で教育実践を行い、『**シュタンツだより**』を教育実践の記録のような形で残した。そこでは「わたし自身が彼らと一緒に学んだ。孤児院では万事があまりにも技巧のない素朴な状態であったが、わたしのよう

に教えたり学んだりすることを潔しとする教師は一人もいなかったろう」（ペスタロッチー、1993）と回想するように、孤児院は望ましい環境ではないけれども、家庭的な愛情関係を重視しつつ、子どもとともに学び、自分自身も学び続けるという姿勢を大切にしたのである。

2－2．メトーデ

ペスタロッチは『探究』での理論的探究やシュタンツでの実践的探究を通じて、民衆を救済するためには、外的な制度を改革するだけでなく、民衆そのものが自らの力で生きる能力を持つように発達させることができるという確信をもつ。それゆえに、彼は諸力の発達を援助する技術として「メトーデ（方法）」を構想したのである。

ペスタロッチは『ゲルトルートはいかにその子を教えるか（以下、『ゲルトルト』と記す）』（1801）において、「直観がすべての認識の絶対的な基礎であること」（ペスタロッチー、1987）と主張する。「直観」とは考察もなく、感覚で物事を捉える「直感」とは異なり、ある事物についての概念を学校などで学ぶ前に、家庭生活などを通じて、その事物の様々な印象などを認識しているものである（広田、2009）。彼は「直観が不完全で、偏しており、そして未熟の場合には、その結果はいつも不明瞭で、不確実で、そして不真実である」（ペスタロッチー全集第8巻）ために直観を明確なものへと整える必要があり、「複雑なものに進むまえに、まず第一にあなたの直観を整え、単純なものを完成する」（ペスタロッチー、1987）ことを求めたのである。

ペスタロッチは、自然や事物を正確に認識するために、冒頭で紹介したように「認識はすべて数・形・語から出発する」（ペスタロッチー、1987）と考えた。つまり、人間の自然や事物に関する認識は、対象が「どのような形をしているのか」「いくつあるのか」を整理し、「何と名づけられているのか」と言葉にするといった点から発達すると考えたのである。このようにして、世界を認識するための「出発点」が示され、認識を「基本的な要素」に分解し、これらの観点から事物を把握することによって、「曖昧な直観から

明晰な概念へ」と隙間なく連続的に構成された教授段階を展開することができると考えたのである（鳥光、1999）。

　それでは、ペスタロッチは教育内容をどのように配列するのが望ましいと考えたのであろうか。彼が提示した教育内容と教授段階はその発展系列が言語表現や言語技術の発展にそったものであることを示唆するように展開される（鳥光、1994）。すなわち、人類における言語の発展の歴史に沿うように教育内容と教授段階が配置されるのである。最初の段階は対象物を形や数に即して他の対象物と区別して見分け、名前をいうことができるように「数・形・語」で認識することが目的である（鳥光、1999）。この最初の段階において、主となる教育者は母親であり、子どもの聴覚の訓練から始まり、アルファベット文字の言語音を、全範囲にわたって反復して読み聞かせなければならないとされる（鳥光、1994）。たとえば、a、ab、bab、gabといったように「母音から出発し、さらに子音をその母音の前後に徐々に付け加える」（ペスタロッチー、1987）ことなどが提示される。

　それでは、ペスタロッチはなぜこのような無意味なアルファベットを読み聞かせる必要があると考えたのだろうか。なぜならば、身振りや音の模倣といった段階から人が作り出した音（言語音）といった段階へと進展し、アルファベットという表音文字を作り出したといった、人間の言語の起源を段階的に通過して教えるべきと考えたからである。また、表音文字の発達によって、単に事物の名づけだけでなく、その事物の特徴や特性、動作の違いなどを表現できるようになると捉えた（鳥光、1994）。そのため、それ以降の教育内容と教授段階においては、たとえば「円い」という形容詞が球、帽子、月、太陽といった名詞と結びつけられて、事物の特徴が教授されるように（ペスタロッチー、1987）、言語の教授と対象となる内容の教授が結びつけられて展開されることになる。

　しかし、ペスタロッチが注目した表音文字は、漢字のような表意文字と異なり、自然の事物とのあいだに何らかの関連性やつながりを見つけ出すことが難しい。言語を習得することによって、世界について認識することは、その一方で、子どもと世界のあいだの豊かな交感関係を失う過程にもなる（鳥

光、1994)。ペスタロッチ自身も『ゲルトルート』から数年後に書かれた論考において、世界との生き生きとした連関の感情が失われる危険性を意識し、「動物的な見方から、事物の人間的な見解への移りゆきの出発点は、明らかにあなたの愛と、あなたの言語のうちにある」(ペスタロッチー全集第10巻)と述べている。つまり、言語の獲得を通じて生じた子どもと世界の間に入り込む裂け目は、母の言語と愛によって埋める必要があると考えたのである(鳥光、1994)。それゆえに、母親の発する音が子どもの心の育成に重要な役割を演じることとされる。ペスタロッチは「直観と言語と愛の三重の結合」によって道徳的に完成されると捉えたため(ペスタロッチー全集第10巻)、音の教授が子どもの「心の教育」とみなされるのである(広瀬、1996)。つまり、ペスタロッチの場合、世界をどのように認識するかということは、自然や事物の認識過程の問題であるだけでなく、道徳教育の側面も関連させて考えることが要請されるのである。

　このように、ペスタロッチにとって道徳教育とは、言葉や教訓を用いて「感謝」や「信頼」などの徳目を説いて教えるものではない。彼は『ゲルトルート』において、「愛」「感謝」「信頼」などの道徳性が「母と子のあいだの本能的な感情の触れ合い」(ペスタロッチー、1987)から生じるものと述べている。ただし、これらの道徳性については、人間の認識のように「要素」ではなく「萌芽」から構成されていると捉えている。なぜならば、「**数・形・語**」が対象とのかかわりにおいて成立する世界の認識に関するものであるのに対して、「愛」「感謝」「信頼」などの道徳性は人間にすでに備わっているものが芽生えると考えたからである。

2-3. 生活が陶冶する

　道徳・宗教教育が教育の中核となると考えたペスタロッチは、「メトーデ」よりも「基礎陶冶」[1]という言葉を強調するようになる。基礎陶冶においては、知的陶冶(頭)、道徳的陶冶(心)、技術的陶冶(手)の調和的発達が目指される。「調和的発達」とは、すべてが調和的に、一つの素質が活性化することで、他の素質を強化するように全体として発展することを意味する

（村井、1986）。基礎陶冶における重要な原則は、「合自然性」や「調和的発達」だけでなく、子ども自身の内部に備わったものから自発的な働きに即して始まる「自己活動性」と、これらを貫いて発展を実現する根源的な力としての「愛」が指摘される（村井、1986）。

さらに、彼は晩年、『白鳥の歌』(1826) で「生活が陶冶する」（ペスタロッチー、1988）ことを主張した。ここでの「生活」とは、小説『リーンハルトとゲルトルート』で示された理想の「居間」であり、子どもの「安らぎ」が実現される場である（村井、1986）。また『隠者の夕暮』で、家庭を基盤として職場社会へと広がる生活圏を重視していたように、「身近」な対象における直観であることが重視される。貧しい子どもは貧しい境遇を乗り越えるべく個人的境遇における非常に狭い範囲の生活圏において、その意味内容を獲得するのである（村井、1986や森川、1993）。つまり、「生活」とは任意の生活ではなく、合自然つまり自然の秩序が存在し、あらゆる力の発展の中心をとりまいている家庭生活を意味するものである（森川、1993）。以上のように、ペスタロッチは、家庭生活の精神を学校教育の基盤とすることを主張したのである（森川、1993）。

このようなペスタロッチの教授法は、日本の初期の教員養成に影響を与えている。アメリカにおけるオスウィーゴー運動において、イギリスで形式化されたペスタロッチの教育思想が「実物教授」として矮小化されて普及し、明治期に彼の教授法を「開発主義」教授として導入したのが、オスウィーゴー師範学校で学んだ**高嶺秀夫**である。しかし、高嶺はペスタロッチの教育思想の根源や著作に触れることなく、ペスタロッチ主義における直観教授の外形だけを利用したとされるのである（浜田編、2009）。

3．フレーベルの教育思想

3－1．ペスタロッチとの出会いと乗り越え

次に、ペスタロッチの影響を受けつつも、独自の教育思想を展開したフレーベルについて検討してみよう。

最初に、フレーベルの生い立ちについて述べてみたい（ロックシュタイン、

第1部　近代教育の成立

2014)。生後9ヶ月で母を亡くしたフレーベルは、身のまわりの自然や植物の世界に関心が向かい、自然への愛着が自然というものの深みの探究へと発展していった。彼は自然科学を学んだだけでなく、シェリングの自然哲学やロマン主義者のノヴァーリスの著作なども読んでいた。1805年、フレーベルは建築家になることを目指したが、ペスタロッチの信奉者のグルーナーと出会い、教職の道に進むことを決意する。その後、フレーベルはイヴェルドン学園のペスタロッチを訪れ、1808年からは「教育者であると同時に弟子」(フレーベル全集第1巻)になり、2年間学園に滞在することになる。

しかし、フレーベルはメトーデによる子どもの合自然的発達というペスタロッチの思想に共感するが(ハイラント、1991)、批判的な見方もするようになる。たとえば、フレーベルは、ペスタロッチが「いつもただ、より一層の分析と個別化へと導くだけで、決して統一へは導かなかった」(フレーベル全集第1巻)と批評する。なぜならば、フレーベルにとって「一切は統一の中にあり、統一から出発し、統一に向かって努力し、そこに至り、そして統一にかえる」(フレーベル全集第1巻)という根本原理こそが重要だからである。このような見方は、フレーベルが探究した「**球体法則**」という考え方に示される。この法則では、「すべては統一から始まり、両極性へと発展し、そして統一へと回帰する」(ハイラント、1991)というように、統一・分離・再統一といったプロセ

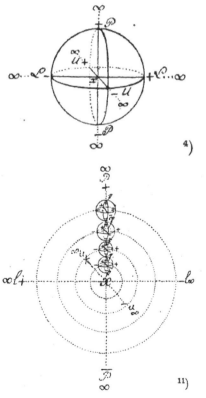

図1　「球体法則」思想の基本的な構図
(Bode, 2009)より転載

スが導き出される。

　実際に、フレーベルは、**図 1** のように、球を数学的図式で象徴しているが、本質的なことは具体化しようと欲する精神的内容にあるとされる（ボルノウ、1973）。たとえば、**図 1** 上の図のように、+L と -L は、+P と -P を両極とする赤道線上に現れる（山口、2009）。このように、球を両極と赤道に分類することで両極的思考を表しており、この思考は、対立に緊張を媒介することによって、より高次な調和を得ようとするとされる（ボルノウ、1973）。また、**図 1** 下の図では、大きな球体の内部にいくつもの小さな球体が描かれている。このように、マクロ―ミクロコスモス（大宇宙と小宇宙）の関係が表現され、全体の部分としての各点はそれ自体が全体でもある「部分的全体」という考え方が反映されている（ボルノウ、1973）。

3-2．人間の使命と教育の目的

　また、フレーベルの観点からすれば、教育の内容と方法は教育の目的から導き出されなければならず、その目的自体は人間の使命と本質の実現についての理論によって根拠づけられなければならない。これこそがメトーデにかけているものであるとフレーベルは考えたのである（浜田編、2009）。

　それでは、フレーベルは人間の使命や本質をどのように捉えたのだろうか。彼は、『人間の教育』（1826）の冒頭部分で、「すべてのもののなかに、永遠の法則が、宿り、働き、かつ支配している」（フレーベル、1964上）と述べている。「永遠の法則」とは、先に述べた「球体法則」のことである（ハイラント、1991）。フレーベルによれば、人間の使命は万物の背後にある球体法則の認識と表現にあり、教育はこの法則を表現するための方法や手段を提示することにあるとされるのである（フレーベル、1964上）。

3-3．教育遊具としての「恩物」

　そこで、フレーベルは乳幼児期に教育遊具で遊ぶことを提案する。それでは、「教育遊具」や「遊び」に注目したのはなぜだろうか。

　フレーベルは<u>**『人間の教育』**</u>において、「精神的なものの表現」は「身体

活動を通じて、空間に現われるもの」と結びつけなければならないということを出発点とした。1832年のフレーベルの日記で述べられるように、精神は精神そのものが自己表現をすることを通して、自己の認識へと高まるために、必然的に「素材」を必要とするとされる。そのため、「最初の教育は子どもとしての人間に形成するためにふさわしい素材を与えなければならない」と捉えたのである（ロックシュタイン、2014）。

　また、フレーベルは「遊びは子どもを取りまく外の世界を認識する、子どもの本質にふさわしい形式である」と捉えたため、幼児の最初期に、遊びによって真の人間形成が始まると考えた（ロックシュタイン、2014）。

　さらに、彼は「人間の本質および人間の形成衝動や活動衝動に基礎をおき、またこれらの衝動をはぐくむことに結びいている」（フレーベル全集第4巻）と述べるように、何かを創造したい、表現したいという衝動のための素材が必要であると考えたのである。

　このように思索したフレーベルは、表現しながら認識を高める素材として、「与えられたもの」という意味する「恩物（Gabe）[2]」という教育遊具で遊ぶことを提案する。フレーベルによれば、「これらの素材の分解と統合によって、子どもは球体法則をまず予感する」とされる（ロックシュタイン、2014）。ここで「予感[3]」という言葉が用いられているが、これは「世界全体をおぼろげにではあるが、統一的に捉える」ことであり、ペスタロッチのいう「直観」の土台となるものといえる（矢野、1995）。

　それでは、フレーベルはどのような教育遊具を開発したのであろうか。彼が開発した遊具とは、冒頭部分でも触れたが、私たちにとっても遊んだことのある「積み木」である。しかし、その教育遊具や遊び方の背景にある考え方には彼独自の思想があるため、いくつか検討してみることにしよう。

　「第一恩物」は、最も単純でわかりやすい立体である球体であり、彼にとって球体は、万物や世界を表す象徴（シンボル）とされる。この球体は毛糸あるいは布地で作られ、虹を模した6色で染められたものである。球体の色は「空の青さ」や「太陽の黄色」、「草の緑」のように、自然との言語を介した関連づけができる（ロックシュタイン、2014）。

「第二恩物」は、木製の「球体」と「立方体」、「円柱」の三つの立体である。フレーベルは球体が運動を、立方体が静止を象徴する対立物と解釈し、回転するという球体の性質と固定しているという立方体の性質をあわせ持ちものとして円柱を捉えた。つまり、積み木が静止しているときの幾何学的な形態だけでなく、自らが積み木を触って動かすという身体行為を通して、新たに生じるものを表現することができる。その結果、「静」と「動」といった両極的なものの対立と統一、すなわち球体法則が認識できると考えたのである（山口、2009）。

「第三恩物」は、八つの立方体の集合体で、立方体の箱に収められているが、フレーベルは以下のように遊ぶ手順を示している。まず、**図2**のように、八つの立方体を四つずつ、上下、左右に動かす。

次に、八つの立方体が様々に並べられ、積み重ねられることを通して、机、椅子などの身近な具体物に見立て、「生活形式」を表現する。たとえば、子どもが「机」を表現しようとした場合、それは一般的な「机」という概念を遊具で再現したものではない。子ども自身が積み木をいじくり回して見立てたものであり、自分なりのイメージや表情を含み込んだ形で表現された、自分とかかわりのある「机」として認識しているといえるだろう。

さらに、八つの立方体によって抽象的な幾何学模様を作り出し、その美しさを鑑賞し、「美的形式」を表現する。**図3**のように、中心に集まっている四つの立方体と接していた四つの外側の立方体を右または左に移動させて表現する（山口、2009）。

最後に、最初の活動の戻り、基礎単位となっていた八つの小さな立方体が全体としての大きな立方体の部

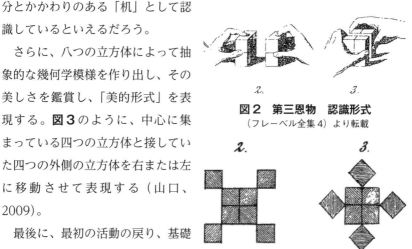

図2　第三恩物　認識形式
（フレーベル全集4）より転載

図3　第三恩物　美的形式
（フレーベル全集4）より転載

分であったことを想起させる。一つの全体を二つの部分（半分）に分けることができることが強調される。統一と分離を繰り返しながら、創造的な自己活動の諸形式のひとつとしての「認識形式」が重視される。これは、「部分的全体」や「大宇宙と小宇宙」といったフレーベルの思想を形象化したものと捉えることができる（山口、2009）。

このように、フレーベルは視覚による事物の認識だけでなく、「事物と触覚的な身体行為の協働」（岡崎、2018）を通して、多様な形式として表現しながら世界に対する認識を深めようとしたのである。

3－4．幼稚園の誕生

恩物を考案したフレーベルは、1837年に教育遊具の製造と発送するための工場として、「幼児期と青少年期の作業衝動を育成するための施設」を設立した。彼はおもちゃ工場を作っただけでなく、指導者養成の必要性も考えていた。1839年には、指導者養成施設が工場の傍らに「遊戯と作業の施設」として設立される。彼は「遊戯と作業の施設」にふさわしい名称を探していたが、山路を移動しているときに「見つかったぞ！今度の施設の名はKindergarten（幼稚園）としよう」と山に向かって大声で叫んだという（フレーベル全集第1巻）。その後、「キンダーガルテン（幼稚園）」[4]という名前で呼ぶようになる。

それでは、この「キンダーガルテン」、直訳すれば「子どもの庭園」となるが、この言葉にはどのような考えが込められているのだろうか。彼が構想した幼稚園では、当時の幼児学校や託児所のように、子どもを預かったり、何かを教え込んだりするのではなく、遊びを通じて、発達を援助し、促進することを考えていた（ロックシュタイン、2014）。ガルテン（Garten：庭園）とは楽園のことであり、「子どもに再び与えられなければならない楽園」を意味するものとされる（ロックシュタイン、2014）。幼稚園では、「小さな庭の世話や作物の注意深い世話を通じて、早くから自らの発達の過程を予感することができる」（フレーベル全集第4巻）として、自然の生長と人間の成長を比較して観察する側面もあるが、「失われた楽園の回復とし

ての象徴的・神聖空間」(矢野、1995) という側面もあったのだろう。

　それでは、楽園の再生の意味について考えてみよう。そこで、フレーベルの墓碑にも刻まれ、『人間の教育』などの著作に繰り返し登場する「さあ、私たちの子どもたちに生きようではないか（Kommt, lasst uns unsern Kindern leben!）」というフレーズにも着目してみたい。「子どもに生きる」とは、「子どものために生きる」という意味だけではない。フレーベルは「われわれは死んでいる。われわれを取りまいているものは、われわれにとって死んでいる。(中略) さあ子どもたちの所に赴こうではないか。かれらを通して、われわれの言葉に内容を、われわれを取りまく事物に生命を与えよう。それゆえに、かれらと共に生きよう」(フレーベル、1964上) と述べており、大人自身が「子どもの内に、生きることこと」を意味している (矢野、1995)。そこには「子ども＝根源的人間の生に触れること、ともに生活することによって、大人の生が淳化（ママ）し若返るのだと考えたところにフレーベルの独自性がある」(矢野、1995) といえる。それは、大人自身の幼年時代の思い出を想起させ、大人自身の生活を補充し充足させ、大人自身をより高く向上させるように促し、そのための機会を与えることによって、大人自身のよりよい自己を生きることであった (フレーベル全集第4巻)。要するに、幼稚園とは、大人が子どもと出会って、大人自身が自己変容する場でもあり、それによって大人と子どもの相互が活性化する場となると考えたのである。

　このようなフレーベルの教育思想や幼稚園教育は、日本の創成期の幼稚園教育に影響を与えている。明治9年 (1876) に、東京女子師範学校に附属幼稚園が創設され、日本の幼稚園教育が本格的にスタートするが、そこではフレーベルの思想や幼稚園の理念、内容・方法などを学びながら、フレーベル式の恩物保育が展開されることになる。その後、日本の保育界をリードした**倉橋惣三**がアメリカの進歩主義的教育の動向を踏まえて、フレーベル主義幼稚園における恩物教育や象徴主義を批判する一方で、幼児の自己活動を尊重し、遊戯による教育方法を案出したフレーベルの根本精神こそを学ぶべきと主張したのである (浜田編、2009)。

4．おわりに——現代の課題と関連させて

　ペスタロッチは、自然や事物に対して「数・形・語」といった基本的要素から、子どもが能動的に分析する認識過程を提示してみせた。しかし、世界に関する情報のある側面にのみ注意を向け、意図的に情報を制限して収集することで、より効率的な教育が展開できるといった側面も有していたといえる。このような方法は、いつでもどこでも通用する普遍的なテクノロジー（科学技術）のように普及していくことになる。しかし、私たちは、さらなるテクノロジーの進展によって、教育をより効率化させる傾向といかに向き合うべきかを考える必要がある。たとえば、ペスタロッチが試みた文字の組み合わせの練習などは「教授法がまったく機械的なもの」（ペスタロッチー全集8）であるため、テクノロジーによって教授・学習のプロセスの自動化も可能である。そのゆえに、私たちはペスタロッチが人間同士の関わり合いを重視した意味を改めて考えなければならないだろう。

　フレーベルの場合、ペスタロッチとは世界をどう認識すべきかという点が異なっていた。ペスタロッチの場合、対象を視覚的に把握することが重視され、世界を正しく認識するためには、直観を整理する「数・形・語」といった「基本的な要素」から出発する必要があるとされた。その一方で、フレーベルは、世界を統一的に捉えようとしており、対立と統一、全体と部分の関係などを把握することが重要であった。そこでフレーベルは、遊具を用いて、触覚的な身体行為による「表現」を通して、世界を「認識」することを試みたのである。確かに、彼の恩物による遊びを通じて球体法則を予感させるといった主張には、賛否が分かれるところであるが、「基本的な構造は定まっていても、それは創意工夫の余地の大きい自由度の高いもの」（ロックシュタイン、2014）といった指摘があることも押さえておきたい。

　そこで、私たちは遊びやアートなどの創造的な活動の意味を改めて考えてみる必要があるだろう。これらの活動は、遊具や素材と対話しながら試行錯誤を繰り返し、素材の特性といった制約を受けるものの、自分の見方を変化させることによって、新たなものを生み出すことができる。そのため、このような探究活動は、予め明確な到達点を設定し、そこから逆算する形で活動

計画を立てられるものではない。それゆえ、教育者には教育における探究活動の困難さと面白さを子どもとともに分かち合うことが求められるのだろう。

[柴山英樹]

さらに考えてみるために

- ペスタロッチは学校に理想的な「居間」としての生活の場を求め、フレーベルは大人と子どもがともに生活することで、相互に活性化させる「キンダーガルテン」を求めたといえる。しかしながら、それらを実現していくことは容易なことではない。現代でも生活の場や安心できる居場所としての「学級」、保育における「環境」が強調されるが、このような空間を作り出すことの大切さと難しさや留意点について考えてみよう。

- ペスタロッチは、言語の教授において、言語の発展の歴史を手がかりに教育内容を配列した。このように教育内容の全体を見通した計画を「教育課程」や「カリキュラム」と呼ぶ。教育課程では、ペスタロッチが示したように、教育内容をどのように配列するか、その発展的段階と発達段階を関連づけて検討されることが多い。そこで、自分が教えたい教科はどのように配列されているのだろうか。また、そこでは世界をどのように認識していくことを前提としているのだろうか。教科書などを参考に検討してみよう。

注

1) 「陶冶（とうや）」は、ドイツ語の Bildung の訳語である（コラム4）。
2) 明治9年（1876）、幼稚園が設立されたとき、ドイツ語の Gabe という表現に、関信三が「恩物（おんぶつ）」と訳語を充てた。神から与えられた贈り物であるという意味で、仏教的な表現を使った（フレーベル全集第4巻）。
3) フレーベルの「予感」とは、科学者が遂行する観察のように対象と距離をとることではなく、対象と主体との距離を無にすることであり、主客が統一した状態であるといった指摘もある（矢野、1995）。
4) 明治9年（1876）、桑田親五が「幼稚園（をさなごのその）」と訳語を充てる（矢野、1995）。

参考文献

ペスタロッチの著作は、長田新編『ペスタロッチー全集』全13巻（平凡社、1959年）がある。また、長田新訳（1993）『隠者の夕暮・シュタンツだより（改訂版）』岩波文庫、前原寿・石橋哲成訳（1987）『ゲルトルート児童教育法・シュタンツ便り』玉川大学出版部、東岸克好・米山弘訳（1988）『隠者の夕暮・白鳥の歌・基礎陶冶の理念』玉川大学出版部などが刊行されている。また、フレーベルの著作は、小原國芳・荘司雅子監修『フレーベル全集』全5巻、（玉川大学出版部、1977年）がある。また、荒井武訳（1964）『人間の教育』（上下巻）、岩波文庫などが刊行されている。なお、本文中の引用については、これらの翻訳書からの出典を示す。

M. Bode（1925）. Friedrich Fröbels Erziehungsidee und ihre Grundlage. In: *Zeitschrift für Geschichte der Erziehung und des Unterrichts*, 15. S. 118-184.
O.F. ボルノウ著、岡本英明訳（1973）『フレーベルの教育学』理想社
浜田栄夫編著（2009）『ペスタロッチー・フレーベルと日本の近代教育』玉川大学出版部
H. ハイラント著、小笠原道雄・藤川信夫訳（1991）『フレーベル入門』玉川大学出版部
広瀬俊雄（1996）『ペスタロッチーの言語教育思想』勁草書房
広田照幸（2009）『ヒューマニティーズ　教育学』岩波書店
宮澤康人編著（2003）『近代の教育思想（3訂版）』放送大学教育振興会
森川直（1993）『ペスタロッチー教育思想の研究』福村出版
村井実（1986）『ペスタロッチーとその時代』玉川大学出版部
長尾十三二・福田弘（1991）『ペスタロッチ』清水書院
岡﨑乾二郎（2018）『抽象の力：近代芸術の解析』亜紀書房
M. ロックシュタイン著、小笠原道雄監訳（2014）『遊びが子どもを育てる―フレーベルの〈幼稚園〉と〈教育遊具〉』福村出版
鳥光美緒子（1994）「メトーデ試論」森田尚人・藤田英典・黒崎勲・片桐芳雄・佐藤学編『教育学年報3 教育のなかの政治』世織書房、383-407頁。
─── （1999）「ペスタロッチの教育思想―教育学的『子ども』の構成と教授学の成立」原聡介・宮寺晃夫・森田尚人・今井康雄編『近代教育思想を読みなおす』新曜社
山口文子（2009）『F. フレーベルにおける遊戯思想の成立と展開に関する研究―教育思想的及び音楽教育的考察―』岩崎学術出版社
矢野智司（1995）『子どもという思想』玉川大学出版部

古典的な人間形成論
―― ドイツにおける Bildung という理念

　ドイツの教育学で継承されてきた思想伝統の一つに、Bildung（ビルドゥング）という考え方がある。日本では「人間形成」「陶冶」「教養」などと訳されるが、このドイツ語は、人がさまざまな行為や経験、感受や反省を通じて自己を形成していくプロセス（人間形成、陶冶）ないしその帰結（教養）を指す。つまり人間形成論（Bildungstheorie ビルドゥングステオリー）とは、「何をいかに学ぶか」（学習）や「どのように教育するか」（教育）ではなく、「人はいかに成長し、大人になるのか」という主題を扱う領域である。学習や教育、さらにはあらゆる経験を経てものの見方や考え方が変わること、つまり人間の変容がそこでは問題となる。

　人間形成論はドイツ固有の文化や思想的伝統を背景に成立した。語源的にBildung は「模範たる原像」と「それを模倣して作られた写し」という二重の意味をもつ。中世にはこの二重性が神秘主義神学と結びつき、「神の似姿」、つまり模範たる神の「像」（Bild）へ向けて自らを形づくるという意味で使われるようになる。今日もなお Bildung という言葉には、あるべき人間の理想へ向けて自己を高めるという規範性や理念が保持されている。

　人間形成という概念が教育の文脈で重要になるのは、18 世紀に入ってからのことである。この時期早くも憲法制定の問題に取り組んでいたイギリスや、革命により国民国家への一歩を踏み出したフランスに対して、ドイツはいまだ三百もの領邦国家のゆるい統一体にすぎなかった。政治的、文化的な遅れを取り戻そうとするドイツの知識人は、国家形成のためにまずは自律した個人を形成すべきだと考え、人間の内面的あり方をいかにしたら改善できるかという人間形成の問題について思考した。なかでも 18 世紀に成立した人間学は、近代の人間形成論の成立に寄与した。人間学とは理性や悟性のみを重視する合理主義に対し、感性と理性、心と身体という人間の全体性を希求する時代精神を特徴づける学問である。ヨーハン・ゴットフリート・ヘル

ダーは人間をひとつの全体として理解し、自己を形成する人間の精神的営みが感性的次元から展開されることを論じた。フリードリヒ・シラーは芸術を通じて感性と理性を融和させるという美的人間形成の構想を説き、調和的な「全(まった)き人間」を人間形成の目的とした。またヨーハン・ヴォルフガング・フォン・ゲーテは、Bildungsroman(ビルドゥングスロマーン)と言われる近代小説の原型をつくった。その代表作『ヴィルヘルム・マイスターの修業時代』は、旅を通じて苦難を乗り越えていく青年の自己形成の物語である。

　全体性や調和、人間性(フマニテート)の実現を目指すこの人文主義的な人間形成の理念を定式化したのは、ヴィルヘルム・フォン・フンボルトである。芸術や旅、あるいは近代の模範たる古典古代の言語や文芸の習得を通して自分とは異なるもの(非我)と出会うことで、人は世界や自己の新たな経験と反省を繰り返し、新たな自己へと回帰する。すなわち「自己と世界の相互作用」を通じた自己の変容は、人間形成の条件なのである。このように新人文主義者は、自身に備わるさまざまな力を調和的に形成し完全性を目指すことを人間の理想とした。

　19世紀の教養市民層もまたこのBildungという理念を自らの階級の拠り所に、文化や芸術、古典を通じて教養を深めることを求めた。しかし結果として、古典語や文芸の知識は教養を誇示するためのものとなり形骸化していく。Bildungは、職を得るための資格と化していくのである。

　それでも今日、教育が有用性の問題に、人間形成の問題が教育システムの効率性や経済、政治、教授法の問題に還元されそうになるとき、一見社会的に無益に思われる文化や芸術との触れ合いこそが人間を豊かにすることを説く古典的な人間形成論は、教育と人間と文化の連関を想起させてくれる宝庫であり、いまなお立ち返るべき準拠点なのである。

〔鈴木優〕

参考文献
濱田真(2014)『ヘルダーのビルドゥング思想』鳥影社。
Koller, Hans-Christoph(2011): *Bildung anders denken. Einführung in die Theorie transformatorischer Bildungsprozesse*, Kohlhammer, Stuttgart.

第5章 ヘルバルトの教育思想
──「学問としての教育学」と教員養成

教育の技芸者には、才能が必要であり、チャンスが必要であり、練習が必要であり、人間社会のなかに居場所が必要である。(…) 有害な自信ではなく、教育学、この深遠な学問のことを、そして教育の技芸、この難解でけっして習得し尽くすことのできない技芸のことを本当に理解している人は、人間のなかにまだ一人もいないと断言しよう。

ヘルバルト『教育の公的な寄与について』[1)]

1. はじめに

　今このテキストを手にしているあなたは、教育学を学ぶことを志した学生さんだろうか。あるいは、教職課程を履修中の学生さんや、もしかすると、現職の学校の先生もいらっしゃるかもしれない（もちろん、これらに当てはまらない方々も多いであろう。そうした方々も含めて、このテキストを手に取り、ぜひ楽しみながら思索を深めてもらいたい）。

　さて、もしここで、これらに当てはまったあなたに焦点を絞るならば、あなたは今、当たり前のように存在している**「教育学」**なる学問に出会って興味を抱いたり、あるいは、当たり前のように存在している「教職課程」を履修したり、そこを卒業したりしているわけだけれども、今のあなたが学ぶことを志した「教育学」は、そもそも、どのようにして生まれてきたのであろうか。また、今のあなたが履修している（していた）「教職課程」は、そもそも、どうして存在しているのであろうか。

　これらの疑問を抱いたとき、重要な人物として立ち現れてくるのが、本章で扱うことになる19世紀前半のドイツの哲学者・教育学者、**ヨハン・フ**

リードリヒ・ヘルバルト（Johann Friedrich Herbart 1776-1841）である。

2．ヘルバルトの教育思想

2−1．「自由」な存在へ向かう「陶冶可能性」

　ヘルバルトは、1776年に、北ドイツにある小さな町オルデンブルクに生まれた。彼は、その町のギムナジウムに通うが、そのギムナジウム時代からカント（Immanuel Kant 1724-1804）らの著作に親しむなど、才気煥発な生徒であった。1794年にイエナ大学に入学した後は、友人たちと一緒にゲーテ（Johann Wolfgang von Goethe 1749-1832）やシラー（Johann Christoph Friedrich von Schiller 1759-1805）の作品を朗読し合うなど、芸術的な交流も重ねた。加えて、大学時代およびその後のヘルバルトの思想形成に特に大きな影響を及ぼしたのは、ヨハン・ゴットリープ・フィヒテ（Johann Gottlieb Fichte 1762-1814）の哲学であった。フィヒテは、1794年から1795年にかけて主著『全知識学の基礎』を出版し、すでにイエナ大学の看板教授の一人となっていたが、当時大学生であった若きヘルバルトは、このフィヒテの講義に夢中になった。しかし、ヘルバルトは、ア・プリオリ（a priori：当時の文脈で「経験より前に・経験に先立って」を意味するラテン語）に「自由」[2]な存在として人間を理解するフィヒテらの立場では、様々な「経験」を通じて次第に「自由」な存在へと変容していく人間の成長のあり方や、この成長を促す営みとしての「教育」のあり方を理論的に捉えられない、と考え始める。そこで彼は、フィヒテらの「ドイツ観念論」の立場から距離を取り[3]、人間が成長する可能性としての「**陶冶**可能性（Bildsamkeit）」[4]を射程に収めることのできる新しい哲学の方向を模索することになった。

2−2．家庭教師経験とペスタロッチ研究

　上述したような新しい哲学の方向を模索していた彼は、イエナ大学を離れた1797年からの3年間、スイスのベルン市の貴族であるシュタイガー家の3人の息子たちの家庭教師となって自らも教師経験を積みながら、1799年

の夏頃には、当時ブルクドルフにあったヨハン・ハインリヒ・ペスタロッチ (Johann Heinrich Pestalozzi 1746-1827) の学校も訪ねて授業を参観した。その後2年間ほどのブレーメン滞在中にもペスタロッチ研究を続けている。こうしたペスタロッチ研究の成果をまとめ1802年に出版した初めての著書が『ペスタロッチの直観のABCの理念』であった。また、2年後の1804年には、同著書の第2版付論として「教育の中心任務としての世界の美的表現について」が加筆される。この第2版付論のなかで、ヘルバルトは、フィヒテらの理論を批判しながら、次のように述べている。

> ［フィヒテらの理論に従うと、］成人のなかにと同様に、生徒のなかにもすでに備わっているものと前提されなければならない自由を尊重しておとなしく見守り、（…）この自由を妨害しないようにだけすることや（…）そのようにして、教師の仕事の最も重要な部分をすっかり放棄し、最終的に教師のあらゆる配慮を単純に諸注意を与える程度のことだけに制限してしまう以上に筋の通ったことはない、ということになってしまう。（…）しかし、これらの理論を［教育の分野に］そのまま応用してはならない。これらの理論自体が（…）すでに出発点で挫折しているように思われる。教育が可能であるはずだという公準は、何よりもまず正当だと見なされる。(Herbart 1989（1804）: 260 = 1972: 11-12, 傍点強調は原文)

ここで、ヘルバルトは次のように指摘する。フィヒテらの理論に従うと、「自由」が、成人のなかだけでなく、生徒のなかにもすでに備わっていると考えることになってしまい、そのとき教師は、生徒の「自由」をおとなしく見守るか、それを妨害しないように気づかうだけの存在になってしまう。しかしそれでは、教師の仕事の最も重要な部分が放棄され、制限されることになってしまう。それゆえ、フィヒテらの理論を教育の分野にそのまま応用してはならず、教育が可能であるという「公準」（証明は不可能だが必要とされる基本的前提）をまずは受け入れなければならない、と。

加えて、ヘルバルトは、これまでの一連のペスタロッチ研究の成果の一つ

として、ペスタロッチの言う「**直観**」を養う教育法としての「メトーデ」には、「美的直観」を養うという重要な要素が欠けていると批判した（Herbart 1989（1802）a: 150）。こうした批判を踏まえ、彼は1804年の論考「教育の中心任務としての世界の美的表現について」のなかでは、生徒の「美的直観」を養うことが生徒の「道徳性」の育成にもつながり、さらに、後者の「道徳性」の育成が教育の中心目的であり、教育の中心目的であるこの「道徳性」を核としながら「教育」をめぐるあらゆる事柄が秩序づけられるという仕方で「教育学」の「学問」としての「体系」も構築されると論じた。「道徳性」を教育の中心目的に置いて、これを核として「学問としての教育学」を体系化しようというこうした構想は、ヘルバルトが晩年に著した『教育学講義綱要』（第1版は1835年、第2版は1841年に出版）の第2節に登場する次の有名なテーゼにまで引き継がれることになる。

　　学問としての教育学は、実践哲学と心理学とに依存している。実践哲学は［教育の］目的を示し、心理学は［この目的を達成するうえでの］方法と危険性とを示す。(Herbart 1989（1835, ²1841）: 69 = 1974: 3)

「実践哲学」（「倫理学」とも言われる）の研究対象は「道徳性」であるが、先述の通り、ヘルバルトにとって「道徳性」は「美的直観」を基盤として養われるものであり、教育の中心的な「目的」を示している。他方、「心理学」の研究対象は人間の「精神」であり、「道徳性」という教育の中心的な「目的」を達成するために人間の「精神」にどのように働きかければよいのかに関して、教育の「方法」や教育を行う際に気をつけるべき「危険性」を示してくれる。ちなみに、こうした彼の「心理学」は、構想としては初期から存在するが、後の1810年代になって本格的に研究されることになる。いずれにせよ、「道徳性」を教育の中心目的に置き、これを核として「学問としての教育学」を体系化しようと試みたという意味で、1804年の「教育の中心任務としての世界の美的表現について」は、ヘルバルト独自の「教育学」の構想が初めて提示された著作として非常に重要な位置づけを与えられ

ている。

2−3.「学問としての教育学」がなぜ必要か

　ところで、ヘルバルトが体系化しようとしたこの「学問としての教育学」が、そもそもどうして必要とされたのであろうか。この点について考えてみよう。先述の『ペスタロッチの直観のABCの理念』を出版した1802年に、ヘルバルトは、ゲッティンゲン大学で哲学と教育学の教授資格を得て私講師となり、「教育学」の講義を担当している。この『最初の教育学講義』のなかで、彼は、次のように述べている。

　　最初に、学問（Wissenschaft）としての教育学を、教育の技芸（Kunst）と区別してほしい。学問の内容とは何か。それは、諸命題が根本的な諸命題から帰結し、根本的な諸命題が諸原理に由来するという仕方で、諸命題が可能な限り一つに秩序づけられたものを指しており、この一つに秩序づけられたものが思想の全体を作り上げている。──他方で、技芸とは何か。それは、何らかの目的を実現するために一つにまとめられなければならない技能の総体である。（…）私たちが［この講義内で］扱う領域は、学問の領域である。そこでまず、皆さんには、理論（Theorie）と実践（Praxis）の関係について考えるようにお願いしたい。（Herbart 1989（1802）b: 283-284 = 1972: 95-96）

「教育の技芸」（教師が教育を行う際に用いる巧みな「わざ」）は、自分自身が実際に生徒の前に立ち教育行為を行うという「実践」を通じて徐々に磨かれていく「技能の総体」である。このこと自体に問題はないが、しかしながらヘルバルトによると、これだけでは不十分であるという。なぜなら、ここには「理論」的な裏づけがないからである。「実践」を行うのに先立って、その「実践」を支えるような「理論」すなわち「学問としての教育学」を学んでおく必要があるというのである。なるほど現代の私たちも、教育実習生として教育実習に行って実際に教壇に立つ前に、大学等の学校で色々な「教

育学」の講義を受講して学びを深めるであろう。これは要するに、「実践」を行う準備としての「理論」＝「学問」を学んでいるわけである。「学問としての教育学」が、こうして要請されることになる。ヘルバルトが活躍した18世紀末から19世紀前半は、「教育学」が他の諸学問から分化・独立し、近代的な新しい「学問」として「自律」しつつある時期であった（この点については後述する）。現代、教育実習に向かう前に、「教育学」と銘打った諸講義を当たり前のようにあれこれ受講して実習に向けた準備しようとする教職課程履修者の思考様式のルーツが、ここにはある。

　これが私の結論なのであるが——技芸への準備は学問を通じて得られる。（…）たしかに行為のなかでのみ、技芸は学ばれるし、タクトや技能や熟練や巧みさは獲得される。しかしながら、行為のなかで技芸を学ぶのであっても、その学びが起こるのは、前もって思考のなかで学問を学び、学問を身につけ、この身についた学問を通じて自らの情調を整え——そのようにして、経験がもたらすはずの将来の諸印象をあらかじめ規定することができるような存在だけである。(Herbart 1989（1802）b: 286-287 = 1972: 100, 傍点強調は原文）

「技芸への準備は学問を通じて得られる」と端的に言われている。なお、ヘルバルトのねらい通りに「教育の技芸」が「学問としての教育学」の裏づけを持った場合、すなわち「実践」と「理論」の両者がそろった場合、両者の「中間項」として教育的「タクト（*Takt*）」が生まれるとも言われている(Herbart 1989（1802）b: 285 = 1972: 98, 傍点強調は原文）。この「タクト」とは、いわば「理論」もしっかりと修め「実践」もたくさん積んだベテラン教師が持っている素早く的確な判断力のようなものだ。皆さんが思い描く理想の教師たちはみな、この「タクト」を持っているのではないだろうか。

2-4.「四段階教授法」の開発

　ヘルバルトは、1805年にゲッティンゲン大学の員外教授となり、1806年には教育学上の主著となる『一般教育学』を刊行した。この著作は、「学問としての教育学」の書であると同時に、新米教師向けの手引書という性格も持っている。この著作のなかで、彼は、次のように述べている。

　　必要なことは（…）私たちが教育を始めるときに、自分たちが何をしようとしているのかを知ることである。（…）教育者にとってどこが大切であるべきかということが、地図のように（…）目の前に置かれなければならない。（…）私はこのような地図を、どのような経験を積み準備しておくべきか知りたいと望む未経験者のために、ここに提示する。（Herbart 1989（1806）: 9-10 ＝ 1960: 18-19, 傍点強調は原文）

　想像してみてほしい。実際に教壇に立つ前の「未経験者」は、不安でいっぱいであろう。この「未経験者」が「自分たちが何をしようとしているのか」を、たとえ大筋でもあらかじめ知ることができれば、これ以上の安心材料はない。ヘルバルトは、『一般教育学』を出版することで、「教育学」をより精緻に体系化しようと意図するとともに、こうした新米教師たちの「実践」の手引きとなるような「理論」的な「地図」を提供しようともした。
　この「地図」は、大きく分けると「**管理**」「**訓練**」「**教授**」の三つから構成される。まず「管理」とは、無秩序な生徒たちの精神に賞罰を通じて直接的に働きかけ、教育を開始する前提である秩序を作り出すことを意味する。例えば、これから授業が始まるというのにザワザワと私語をして落ち着かない生徒たちを直接的に叱りつけ（罰）、授業を始める前提としての静かな環境を作り出すことなどを思い浮かべてほしい。ただし、ここで注意するべきは、この時点ではまだ授業（「教育」）そのものは開始されていないということである。「管理」によって一時的に秩序が創出されたことを前提にして、その後でようやく「教育」が開始されることになる。次に、「訓練」は、賞罰を通じて生徒の精神に直接的に働きかける意味では「管理」と同じである。だ

が、今度はこれに加えて、生徒を「道徳性」へと向かわせようという明確な「教育」的意図が働いているという意味で「管理」とは区別される。ヘルバルトによれば、「管理」の時点では、教師たちは、授業（「教育」）を始めるにあたって生徒がうるさいから静かにさせて一時的な秩序を作り出しただけであり、生徒を「道徳性」へと向かわせようとまでは意図していない。反対に生徒の側も、教師から叱られたからただ一時だけ静かにしたに過ぎず、静かにすることが「道徳性」という規準に照らしてどのような意味があるかまでは意識していないのである。こうした「管理」とは異なり、「訓練」には明確に、生徒を「道徳性」へと向かわせようという「教育」的意図が働く。

さて、最後の「教授」とは、「訓練」と同様の「教育」的意図を持ちつつ、今度は教材（メディア）を介して生徒の精神に間接的に働きかけることを意味している。この「教授」は、外部との接触を通じて生徒の精神のなかに生じるイメージとしての「表象（Vorstellung）」の状態に沿って四段階の過程で進められるため、**四段階教授**と呼ばれる。この四段階を経て人間の知識（概念）が構成されていく。その四段階とは、「明瞭（Klarheit）」―「連合（Assoziation）」―「系統（System）」―「方法（Methode）」の四段階である。より具体的に言えば、「明瞭」とは、目の前に現れている一つの対象（対象はすべて先述した「表象」として目の前に現れてくることになる）をはっきりと正確に捉える状態である。「連合」とは、明瞭に捉えたその一つの対象を、類似する他の対象と連想によってぼんやりと結びつける状態である。続いて「系統」とは、連想によってぼんやりと結びつけられていた複数の諸対象を、それら一つ一つの明瞭さ（相違・対比）も保ちながらきちんと整理し秩序づけて体系化するように結びつけ、全体としてある程度の確実性を有した蓋然的知識（概念）を形成する状態である。「方法」とは、差し当たり形成されたこの蓋然的知識（概念）を別の現実にも当てはめて応用・適用して、その知識（概念）が本当にあらゆる現実に即した確実な真理であるのかを検証する状態である（Herbart 1989（1806）: 39ff. = 1960: 70ff.）。ちなみに、これらの段階は、単純に一方向的に上昇するのでなく、可逆的であり循環もする。この四段階説は、その後、ヘルバルトの後

期の心理学研究を通してより一層精緻化されていくことになる。

2−5．「教育学ゼミナール」の創設と、教育と国家の緊張関係

　ヘルバルトは、1809年にケーニヒスベルク大学から正教授として招聘されカントがかつて担当していた講座を前任者のクルーク（Wilhelm Traugott Krug 1770-1842）から引き継ぎ、1833年に再びゲッティンゲン大学に復職するまでの24年の間、同地に留まることになる。同地で、彼は、教育方法面の精緻化を目指して独自の心理学研究を進め、『心理学教科書』（1816年）や『経験、形而上学ならびに数学のうえに新たに基礎づけられた学問としての心理学』（1824-25年）などの「理論」的な著作を発表するかたわら、これらの「理論」の真理性・実効性を検証しながら同時に**教員養成**も行うことができる場として「教育学ゼミナール」（実習学校）を創設した（1818年）。これは、「理論」と「実践」、すなわち「学問」と「技芸」が緊密に結びついた場所であった。また、それに加え、「教育学ゼミナール」は、個別の生徒に対応できるけれども環境ごとに恣意性を孕みやすい「家庭」と、多数の生徒に対処できるけれども画一性を孕みやすい「学校」という二つの場の限界を乗り越えるような「家庭と学校の中間領域」（髙谷 2002: 65）としても構想されていた。

　その後、ヘルバルトは、1833年にゲッティンゲン大学に復職し、1835年には、先の『一般教育学』と並ぶ教育学上の主著である『教育学講義綱要』の第1版を出版する（第2版の出版は1841年）。このように円熟期を迎えた彼であったが、ゲッティンゲン大学の所在地であるハノーファー王国の新王として即位したエルンスト・アウグスト（Ernst August 1771-1851）の反動的政治に対して当該大学の7人の教授たちが抗議声明を出した1837年の動き（ゲッティンゲン7教授事件）には同調しなかったため、自由主義陣営から批判を受け、失意のなか1841年に65年の生涯を終える。ところが、「政治から教育学へ至る道は間違っている」と断じ、国家による教育学への介入に対して抗議し続けた彼の思想にはもともと自由主義的な側面もあった。続けて彼は言う。「国家によって秩序づけられた教育は、最終

的に国家自身にとって不都合なものとなる。これに対して、正しい教育とは、国家に囚われない教育であり、政治的利害にまったく熱狂しない教育であり、大勢の人のために一人を教育しようとするのではなく、個人がもっぱら自分自身のために教育しようとする教育である。こうした教育こそが、かえって国家にとって最善の準備となる」(Herbart 1989（1810）: 76-77）と。なお、国家と教育の関係については、本書の第6章や第7章でも引き続きテーマとなる。

　ヘルバルトの死後、19世紀後半に、西欧列強は「**国民国家**（Nationalstaat, nation state）」の成立を目指した。「国民国家」とは、国境で区切られた領土内において同一の文化や言語を共有する「国民」から成るとされる「想像の共同体」（アンダーソン 2007（1991））のことである。そして、領土内の人々に同一の文化と言語を共有させて「国民」を育成し「国民国家」を形成する仕組みとして近代学校教育も制度化されていく。こうした時代の流れを受け、ヘルバルトの「教育学」は、いわゆるヘルバルト派の教育学者であるツィラー（Tuiskon Ziller 1817-1882）やライン（Wilhelm Rein 1847-1929）等によって近代学校教育制度により適合するように変形されて引き継がれ、西欧はもちろんアメリカ（本書の第8章も参照）や明治期の日本などにも伝えられて世界的に知られることとなった。[8]

3．おわりに——あらためて「教育学」とはどのような学問か

　それでは、あらためて「教育学」とはどのような学問なのだろうか。ヘルバルトの思索を通して、「教育学」という学問について、私たちは現代、何を考えることができるのだろうか。最後に、「**自律性**（Autonomie, autonomy）」をキーワードに（cf. 関根・櫻井 2015）、本章を振り返りつつ、再度考えてみたい。なお、「自律性」という言葉を、ここでは、他からの束縛を受けずに、自分自身が立てた規範に従うことができる、という広義の意味で用いる。

　まず、ヘルバルトは、「学問としての教育学」は「実践哲学と心理学に依存している」と述べていた。だが、二つの他学問に「依存している」ならば、

第5章　ヘルバルトの教育思想

それらからの「束縛を受ける」ことになり、「教育学」は「自律」していないということになるのではないのか。ここで問題となっているのは、「教育学」の「学問」としての「自律性」である。実は、ヘルバルト研究者は、長きに渡りこの問いと格闘し、様々な解釈を提出してきた（cf. Matthes 2018）。この問いに対して、近年、ヘルバルト研究者のコリアントは、「教育学」は隣接する他学問と区別されつつもそれらと関連を持つことで、「教育」をめぐって「専門性を超えた学問的な議論に自律的（autonom）に参加する」ことができるのだと解釈している（Coriand 2010: 118）。同様に、マッテスとハインツェも、「教育学」は、他学問から「補助を得る」ことで、「教育」という「仕事」に「自律的に」従事できるのだと述べている（Matthes/Heinze 2003: 127）。すなわち、他学問に方法論的に依存するかどうかが問題なのではなく、教師や教育学者がそれらを用いて参加し従事することになる「教育」という「仕事」や「対象領域」ないしは「関心事」が現にそこにあるという事実こそが、「教育学」の「学問」としての「自律性」を確保していると解釈されるのである[9]。この議論は、近年求められている他学問との領域横断的で学際的な研究のなかで「教育学」の「学問」としての「自律性」をどこに見るのかという論点とも関連してくる。

　加えて、ヘルバルトは、先述した通り「政治から教育学へ至る道は間違っている」と述べて、政治による「教育学」への介入に強く抗議していた。つまり、「教育学」は、時の政府のための政治の道具になってはならないとされたのである。さらに近年は、経済協力開発機構（OECD）が実施している学力調査PISAの結果に経済界が過敏に反応して政府に「教育改革」を求めるなど、政治領域に加えて経済領域からも教育領域への介入が強まっていると言える。ヘルバルトが今もし生きていたら、政治に加えて経済による「教育学」への介入にも抗議していたかもしれない（Lorenz 2012: 46）。こうした議論は、政治や経済などの他の社会領域から「教育学」が「自律」しているべきだという「教育学」の「社会領域」上の「自律性」という論点と関わっている。しかしながら他方で、「教育学」が政治や経済などの他の社会領域と関係を持てないと、教育のなかで政治や経済に関わる話題を扱いに

くくなり、結果として生徒の「**市民性**」（「**シティズンシップ**」）が育たなくなってしまうなどの弊害も同時に指摘されている（小玉 2016）。

　いずれにせよ、自らの「自律性」を意識しつつ、「教育学」が、他の学問や社会領域とどのような関係を築くべきなのかは、いまだアクチュアルな問題である。ヘルバルトの教育思想は、その意味でも現代性を有している。

[小山裕樹]

さらに考えてみるために
- 「教育学」という「学問」を他の学問や社会領域と関連づけたとき、「教育学」は、どのような「自律性」や特徴を持った「学問」だろうか。
- 「教職課程」で学ばれる「学問としての教育学」は、実際に「教育現場」で用いられる「教育の技芸」と、どのような繋がりを持っているか（あるいは持っていないか）、考えてみてほしい。

注
1) 1810年12月5日にケーニヒスベルクの王立ドイツ協会で行われたヘルバルトの講演（Herbart 1989（1810）: 79, 傍点強調は原文）。以下、ヘルバルトの著作については、邦訳があるものに関しては適宜参考にさせていただいたが、執筆者の責任で訳し直した箇所もある。
2) なお、本章の以下の記述で言われている「自由」とは、本書第3章で登場したバーリンの分類に依拠すれば、単に自分が何ものにも束縛されていないという意味の「自由」（＝「**消極的自由**」）ではなく、自分が自分のなかの「道徳性」に従って自分を自在にコントロールできるという意味の「自由」（＝「道徳性」に基づく「**積極的自由**」の例）にあたる。
3) フィヒテらの「ドイツ観念論」に対する批判とそれを踏まえた初期ヘルバルトの思想形成過程については、杉山（2001）に詳しい。
4) 「陶冶可能性」は「教育可能性」や「形成可能性」等と訳されることもある。ヘルバルトは、後に、「教育学の基礎概念は生徒の陶冶可能性である」（Herbart 1989（1835, ²1841）: 69 = 1974: 3）と述べて、この概念を「学問としての教育学」の「基礎」に置くことになる。なお、この概念のさらに基にある「**陶冶**（Bildung）」概念の含意については、本書第4章の注1）およびコラム4も参照。

5）「美的直観」と「道徳性」の関連や、カントの「美的判断」概念との思想的な類似性などについては、小山（2020）も参照。
6）「教育的タクト」を中軸に置きながらヘルバルトの教育思想を解釈した研究として、鈴木（1990）も参照。
7）ここには、ジョン・ロックの「**観念連合**」の理論に代表されるようなイギリスの経験論哲学および「連合心理学（association psychology）」の影響が見られる。
8）ヘルバルトからヘルバルト派に至るまでの「学問としての教育学」と「政治」との間の緊張関係については、小山（2024）も参照。
9）さらに、マッテスは、教育という「仕事」や「対象領域」をそもそも生じさせているところの、人間が成長する可能性としての「陶冶可能性」に、「教育学」の「学問」としての「自律性」を考えるうえでの「鍵となる役割を認めている」（Matthes 2018: 62）。「陶冶可能性」を「学問」としての「教育学」の「基礎概念」とする点は、本章の注4を再度参照。

参考文献

アンダーソン，B. 2007（1991）:『定本 想像の共同体——ナショナリズムの起源と流行』白石隆・白石さや訳、書籍工房早山。

Coriand R. 2010: Johann Friedrich Herbart, In: *Zeitgemäße Klassiker der Pädagogik: Leben-Werk-Wirken*, Hg. v. Zierer K. und Saalfrank W.-T., Paderborn/München/Wien/Zürich, S. 115-126.

Herbart, J. F. 1989（1802）a: *Über PESTALOZZI's neueste Schrift: Wie Gertrud ihre Kinder lehrte. An drei Frauen*, In: *Johann Friedrich Herbart Sämtliche Werke*, Hg. v. Kehrbach, K. u. Flügel, O., Langensalza 1887, 2 Neudruck Aalen, Bd. 1. S. 137-150.

_____. 1989（1802）b: *Zwei Vorlesungen über Pädagogik*. In: *Johann Friedrich Herbart Sämtliche Werke*, Hg. v. Kehrbach, K. u. Flügel, O., Langensalza 1887, 2 Neudruck Aalen, Bd. 1. S. 279-290. 高久清吉訳 1972:「最初の教育学講義」『世界の美的表現』明治図書、91-104頁。

_____. 1989（1804）: *Über die ästhetische Darstellung der Welt, als Hauptgeschäft der Erziehung*, In: *Johann Friedrich Herbart Sämtliche Werke*, Hg. v. Kehrbach, K. u. Flügel, O., Langensalza 1887, 2 Neudruck Aalen, Bd. 1. S. 259-274. 高久清吉訳 1972:「教育の中心任務としての世界の美的表現について」『世界の美的表現』明治図書、9-36頁。

_____. 1989（1806）: *Allgemeine Pädagogik aus dem Zweck der Erziehung abgeleitet*, In: *Johann Friedrich Herbart Sämtliche Werke*, Hg. v. Kehrbach, K. u. Flügel, O., Langensalza 1887, 2 Neudruck Aalen, Bd. 2. S. 1-139. 三枝孝弘訳 1960:『一般教育学』明治図書。

＿＿＿＿＿．1989（1810）: *Über Erziehung unter öffentlicher Mitwirkung*, In: *Johann Friedrich Herbart Sämtliche Werke*, Hg. v. Kehrbach, K. u. Flügel, O., Langensalza 1887, 2 Neudruck Aalen, Bd. 3, 73-82.

＿＿＿＿＿．1989（1835, ²1841）: *Umriß pädagogischer Vorlesungen*, In: *Johann Friedrich Herbart Sämtliche Werke*, Hg. v. Kehrbach, K. u. Flügel, O., Langensalza 1887, 2 Neudruck Aalen, Bd. 10, S. 65-196. 是常正美訳1974:『教育学講義綱要』協同出版。

小玉重夫 2016:『教育政治学を拓く――18歳選挙権の時代を見すえて』勁草書房。

Lorenz, H.-J. 2012: Das Verhältnis von Wissenschaft und Politik. Ist Herbarts Ansicht noch aktuell? In: *Erziehung und Bildung in politischen Systemen*, Hg. v. Anhalt, E. und Stępkowski, D., Jena, S. 33-47.

Matthes, E. & Heinze, C. 2003: *Johann Friedrich Herbart: Umriß pädagogischer Vorlesungen*, Darmstadt.

Matthes, E. 2018: Herbarts Begründung der Pädagogik als Wissenschaft, In: *Erziehung und Unterricht, Neue Perspektiven auf Johann Friedrich Herbarts Allgemeine Pädagogik*, Hg. v. Grundig de Vazquez, K. und Schotte, A., Tübingen, S.53-65.

小山裕樹 2020:「ヘルバルト教育学」『西洋教育思想史【第2版】』眞壁宏幹編、慶應義塾大学出版会、286-302頁。

＿＿＿＿＿．2024:「ヘルバルト及びヘルバルト主義における「科学―学問としての教育学」と「政治」」（コロキウム2「教員養成における〈教育と科学〉――19世紀独・英・仏をつなぐ教育思想史の試み」）『近代教育フォーラム』第33号、教育思想史学会編、147-149頁。

杉山精一 2001:『初期ヘルバルトの思想形成に関する研究――教授研究の哲学的背景を中心として』風間書房。

鈴木晶子 1990:『判断力養成論研究序説――ヘルバルトの教育的タクトを軸に』風間書房。

関根宏朗・櫻井歓 2015:「「自律」の教育学のために――教育における「自律」論の現在」『「甘え」と「自律」の教育学――ケア・道徳・関係性』下司晶編、世織書房、113-130頁。

髙谷亜由子 2002:「J. F. ヘルバルトの「教育学ゼミナール」における教員養成の特質――新たな教育空間の創造」『人間教育の探求』第15号、日本ペスタロッチー・フレーベル学会編、55-73頁。

column 5　仏教・儒学と教育

　前近代から近代にかけて、儒学や仏教は日本人の精神性やものの考え方に深く関わってきた。江戸時代において、武士層によって藩校や私塾で学ばれた学問といえば、儒学のことを意味した。儒学は、孔子やその弟子たちの時代に編纂された「四書五経」に代表される経書を読むことに徹する学問である。儒学の学びは、武士層の基礎的教養とされていた。江戸時代の仏教や医学、本草学などの諸学のテキストはすべて漢文で記されており、儒学の学びと重なり合う漢文を読み書きする能力が求められたからである。

　他方で、手習塾（寺子屋）の読み書き教育では、寺院・僧侶が大きな役割を果たしていた。江戸後期になるにつれ、武士層の学問が儒学中心となる一方で仏教は軽視・蔑視される傾向が見られ、庶民層が初歩的な仏教教育を受ける立場となったのである。もっとも、仏教は幕府の民衆統治政策と結ばれたものの、それは一般民衆の習俗のうちに取り込まれ、必ずしも専門的な学識の深まりを見せたわけではなかった。

　ところが明治維新を境として、仏教の側は廃仏毀釈やキリスト教の流入などのあおりを受けつつも、近代学校教育制度の内外で重要な位置を占めるようになる。明治期に成立してきた学校教育では、はじめ寺院や僧侶という場所や人材が資源として活用された。また、仏教は大学などの高等教育機関や学術の領域で比較的高い位置づけを与えられるようになった。

　さらに学校教育の外側では、仏教をはじめとする宗教ないしは宗教的なものが、人格形成を企図する青年層によって強く求められた。仏教者たちは雑誌や新聞などのメディア、日曜学校、講話会等を通して、青年層を中心に一定の影響を及ぼしていた。たとえば、真宗大谷派の僧侶である近角常観（ちかずみじょうかん）（1870〜1941）は、東京・本郷に求道会館（説法所かつ説教所）や求道学舎（寄宿舎）を設立し、親鸞思想の近代的な語り直しによって社会一般を啓

蒙することに努めた。求道学舎には、寺院師弟ではなく、東京帝国大学やその予科である第一高等学校を中心とする一般の学校に通うエリート学生が集められた。近角は、雑誌『求道』や求道会館での講話会等を通して、これらの青年の感化を目指したのである。戦前期の東京の本郷や神田には、近角の求道学舎だけではなく、地方から東京に学びにやってきた学生たちを囲い込む形で宗教者によって手がけられた寄宿舎が立ち並んでいた。

　ただし、仏教をはじめとする宗教を求めた近代青年たちは、必ずしも難解な教義の獲得を目指していたわけではない。彼らの宗教への希求の中心にあったのは、どのように生きていくべきか、どのように人格を形成していくべきか、という実存的な苦悩と問いであった。また近代日本の仏教の特徴として、必ずしも信仰を必要としない、しかしながら仏教的な思想や実践も多々見られた点が重要である。それらは、修養法や健康法という形で社会一般に広まり、ときには学校教育の現場にも普及していた。

　一方で儒学は、1890（明治23）年の「教育勅語」に象徴される復古動向を受けて、近代学校教育の中に忠孝道徳としての自らの立ち位置を確保した。同時に、身体化された儒学的な素養もまた、近代学校教育の場で生き続けていたことを見逃してはならない。初等・中等教員の養成を目的とする師範学校に通った師範生をはじめとして、青年層の中には修養の一環として『論語』等の経書を読む者が見られた。

　とりわけ師範生や学校教師となった青年層に目を向けると、近代学校教育の内外に散りばめられた儒学や仏教などの日本的な思想の影響の大きさが見えてくる。西洋からの輸入物として捉えられる傾向のある近代教育言説の内実は、それを受容した日本人の思想的基盤にあらためて目線を投ずることで、より明瞭な輪郭を帯びてくるのではないだろうか。

［深田愛乃］

参考文献
岩田文昭『近代仏教と青年――近角常観とその時代』（岩波書店、2014年）
山本正身『江戸教育思想史』（ミネルヴァ書房、2024年）

第6章 コンドルセの公教育論
―― 人権と進歩のための教育

今後わが国では、誰一人として次のようなことを口にしてもらいたくない。法律は権利の完全な平等を保障しているのに、私にはその権利を認識する手段が与えられていない。私は法律にのみ従うべきなのに、無知ゆえに周囲の人々の誰にでも従属させられてしまう、などと。

コンドルセ『公教育の全般的組織に関する報告および法案』

1. はじめに――個人と国家のあいだで「公教育」を考えること

　今日の学校教育をとりまく問題について考えてみよう。教職課程の学生であれば、学校に無理難題を押し付ける保護者を揶揄した「モンスターペアレント」という言葉を耳にしたことがあるだろう。ひと昔前のこの言葉の流行の背景には、学校教育を商品・サービスのように消費し、自分の（子どもの）利益ばかりを考える保護者に対する、学校側の不安が見え隠れする。そうした不安が事実と対応しているかはここでは問わないとしても、そこには、学校・教師と保護者が敵対しあい、教育のために協働できなくなった今日の状況――ばらばらになった「個人」の利害がぶつかりあう戦場のような――が反映されているように思われる。1980年代以降の日本では、私的利害を賭けて競争し合う市場をモデルとして物事を捉える新自由主義の考え方にしたがう教育改革が進められてきたが、こうした状況はその帰結と言えるかもしれない。

　他方で、近年の国家・行政主導の教育改革がナショナリズムの傾向を強めていることを指摘する声がある。教育基本法が2006年に改正された際、教

育目標として「伝統と文化を尊重し、我が国と郷土を愛する」ことが新たに盛り込まれたし、2015年の「道徳」の「特別教科化」は、愛国心を含む価値の教育の制度的拘束力を強めるものでもあった。こうした経緯をふまえると、今日の教育政策では、ばらばらになった個人を再びつなぎとめる精神的な絆として、「国家」への帰属意識に大きな期待がかけられているように見える[1]。

　こうして、学校教育の現況は、個人と国家という一見すると相反する要素を軸として展開しているように見える。しかし、ここで忘れられているのは、単なる個人とも国家とも違う、その「あいだ」に位置づく「私たち」の協働の次元である。この次元を「**公共性**」と呼ぶなら、公共性に支えられるものとしての「**公教育**」の視点が、いま学校教育を考えなおすうえで必要なのではないか[2]。私たち皆が主体となってともにつくりあげるものとしての、公共性を軸とした公教育をつくること。この時代にそれは可能なのか。本章では、こうした問題を、フランス革命という近代公教育の理念の生成の現場に遡って考えてみたい。登場してもらうのは、18世紀末、革命の渦中でこの理念を打ちだした思想家のひとり、**コンドルセ**（Marie Jean Antoine Nicolas de Caritat, marquis de Condorcet, 1743-1794）である。

2．コンドルセの生きた時代——啓蒙から革命へ

　コンドルセの生きた時代背景を確認しておこう。1789年に勃発したフランス革命は、封建的身分制を支えとする「絶対王政」が打倒され、人間の生来的権利としての自由と平等を承認する国家が創設された、近代という時代の到来を告げる巨大な出来事だった。この際、コンドルセを含む革命家たちを思想のレベルで突き動かしていたものが、18世紀のフランスで花開いた**啓蒙**思想（Lumières, 字義通りには「光」の意味）であった。啓蒙思想は、人間に生来的に備わる「理性」（合理的にものを考える力）を重んじ、科学的知識の発展と普及によって、社会から「無知」や「偏見」、「迷信」など不合理なものを取り除こうとした思想潮流である。啓蒙思想家たちは、野蛮から文明化へと進む人類社会の「**進歩**」を夢見ながら、科学者として、ニュー

101

トンの「万有引力の発見」に代表される近代自然科学の発展を範とした諸学問の改良を目指し、他方では、社会改革家として、宗教権力がもつ強大な社会的影響力や、王権による恣意的な支配、聖職者・貴族・平民からなる不平等な身分制などの政治・社会上の不合理を批判した。

　啓蒙思想家たちはフランス革命を、歴史の断絶、つまりゼロから理想の合理的社会を再構築するための絶好の機会だと信じた。宗教や王権の不当な支配から脱し、万人が個人として同じ権利を持ち、同じ法にしたがう、新たな社会を創出することが目指されたのだ。ただし、そのためには、社会を支える新たな国民が育成されなければならない。それゆえに、革命の勃発直後から、国民全体を対象とする「公教育」の制度設計が、革命家たちのあいだで盛んな議論の対象となった。コンドルセの公教育論もまた、こうした背景から生まれた。コンドルセの公教育論は主に、「公教育に関する五つの覚え書」（1791年）と、それをもとに公教育委員会の一員として彼が執筆し、立法議会で報告された「公教育の全般的組織に関する報告および法案」（1792年）に記されている。本章では、コンドルセの公教育論を、その核となる「進歩」と「**人権**」の思想を軸に概観することにしよう。

3．人類の進歩と人権

　コンドルセの公教育論の前提には、当時の啓蒙思想家たちの多くに共有されていた人類社会の「進歩（progrès）」の歴史観がある。革命の激動のさなか、議会の覇権を掌握した対立派閥であるモンターニュ派が敷いた恐怖政治下で、コンドルセは逮捕され、獄死することになる。逮捕前、彼は追跡の目を逃れながら『人間精神進歩史』という著作を書きあげた。皮肉にも革命が暴力へと転化し、彼自身が犠牲となろうとしているそのとき、彼はこの著作のなかに人類の進歩という夢を描き出した。

　この著作でコンドルセが人類の歴史をたどりつつ論証しようとするのは、次のことだ。「人間の能力の改善にはどんな限界も定められていなかったこと。人間の完成可能性は真に無限であること」（コンドルセ 1951, 23）。人間は、個人としても集団としても、自分自身のあり方（境遇、能力、道徳な

ど）を、よりよい方向に向けて改善し続けていくことができる。「完成可能性（perfectibilité）」と呼ばれるこの能力に基づき、世代を重ねつつ絶えざる改善がどこまでも続くはずだ、という意味において、人類の進歩は「無限」である（cf. 同書, 284-285）[3]。

　コンドルセにとって人類の進歩の中心にあるのは、科学的知識の進歩である。最も進歩が目覚ましい自然科学は、魔術や宗教上の奇蹟といった思い込みや迷信を正してきたし、医療など各種技術の進歩にも貢献してきた。さらに、自然科学の方法を範として、政治科学や道徳科学などの人間を対象とする諸科学も発展・普及し、政治・社会のあり方、さらには人間の道徳性までもが改善されていく、と彼は考える。特定の肌の色を劣等な「人種」と決めつける奴隷制や、盲目的信仰を強制する宗教勢力の支配、男女間の差別の当然視、こうしたものはすべて、無知とそこから生じる非科学的な迷信や偏見から生じているはずだ。コンドルセのいう人類の進歩には「真理と幸福と美徳の分かちえない結合」（同書, 274）の理念が含まれている。つまり、科学が明らかにする真理は、単に理論上のものに留まらず、社会から無知や偏見を払拭し、人類を道徳的に高め、幸福にする力を秘めている。だからこそ人類の進歩は「諸国民の間の不平等の打破、同一民族のなかの平等の進歩、人間の真の改良」へ向かって進んでいく（同書, 247）。

　人類の進歩の結果であり、その原動力ともなっているのが、コンドルセの思想のもう一つの核である「人権」である。コンドルセの思想の基礎には、フランス革命の開始とともに憲法制定国民議会で採択された「人間と市民の権利宣言」（フランス人権宣言）の精神がある。人権宣言は、一人ひとりに備わるかけがえのない神聖な権利を、高らかに謳いあげる。「人は、自由、かつ、権利において平等なものとして生まれ、生存する。社会的差別は、共同の利益にもとづくのでなければ、設けられない」（第1条）、「すべての政治的結合の目的は、人の、時効によって消滅することのない自然的な諸権利の保全にある。これらの諸権利とは、自由、所有、安全および圧制への抵抗である」（第2条）（辻村 1992, 139-140）。コンドルセは、こうした人間生来の権利（自然権）を、科学的な真理として示すことができると信じている。

そうした真理が社会に普及し、人権理念の実現へ向けて社会が改善されていくことで、人類はさらなる進歩を遂げていく。この進歩のプロセスを駆動させる不可欠の手段となるものこそが、公教育なのである。

4．コンドルセの公教育論

4－1．人権としての公教育

コンドルセの公教育論のすべては、上述した人権理念から導かれるといっても過言ではない。ここでは、公教育論の基礎となるいくつかの論点に絞って検討してみよう。

第一に、公教育は、人権の平等な享受を実現するために不可欠な手段である。そのことを理解するために、次の文章を読んでみよう。

> 人間はすべて同じ権利を有すると宣言し、また法律が永遠の正義という第一原理を尊重して作られていても、もし精神的能力の不平等のために、大多数の人がこの権利を十分に享受できないとしたら、有名無実にすぎなかろう。(コンドルセ 1962, 9)
>
> たとえば書き方をしらず、計算の心得のない人は、実際にはもっと教育のある人に依存し、たえずその手を借りなければならない。このような人たちは、教育によって書き方や計算の知識を与えられた人々と同等ではないし、同じ権利を、同じ範囲で、同じ独立性をもって行使することはできない。所有権のことをきめてある基本的な法律を教えられていない人は、これを知っている人と同じ仕方ではこの権利を享受しえない。両者の間に争いが生じた場合に、彼らは対等の武器では戦えない。(同書, 10)

仮に万人が平等に権利を有していることを憲法が保障したとしても、一人ひとりが自分の権利を実際に行使できるとは限らない。ある人が憲法や法律を理解できず、読み書きもできないとしたら、彼は自分の権利がどのようなものかを確かめることも、自分に支払われるべき賃金の計算さえもできないだろう。そのとき、悪人が都合よくその人の権利について嘘を教えるかもし

れないし、計算をごまかして賃金を不当に低く設定するかもしれない。しかし、知識を欠いているその人は、不当な扱いを受けていることさえ理解できないのだから、抗議の声を上げることもできない。こうして、知識をもたないこの人は社会的弱者となる。彼が自分の権利を享受できるかどうかは、権利を理解し計算のできる、知識をもつ側の人間次第である。こうなると、平等な権利という理念は、絵にかいた餅でしかない。法制度上の権利の平等と、実際上の権利の平等のあいだには実は隔たりがあり、その隔たりを埋めるためには知識が不可欠なのである。そうした知識を国民に獲得させるものが、公教育にほかならない。人権を承認するということは、国民全員に教育を受ける権利を承認することを必ず伴うのである。

　第二に、人権保障のために公教育が必要だということは、「公教育は、人民に対する社会の義務である」(同書, 9)、「国民教育は公権力の当然の義務である」(同書, 130) ことを認めることである。日本では、「義務教育」という言葉は、国民の「教育を受ける権利」に基づき、保護者が子どもに「普通教育を受けさせる義務」を負うこと（日本国憲法第26条）、さらには原則として子どもを義務教育諸学校へ就学させる義務を負うことと理解されている。しかし、コンドルセのいう「義務」は、第一義的には、国家に課せられる、国民の教育機会保障の義務である。また、コンドルセは公教育学校への就学義務を想定していない。適切な教育が受けられるのであれば、公教育制度の枠外で私人が設置する教育機関で学ぶことも可能なのである。

　義務をめぐるこうした公教育制度の仕組みは、コンドルセの国家・社会観をふまえるとわかりやすい。コンドルセにとって国家は、そもそも成員一人ひとりの権利を協働して保障するために設立された権利保障の手段にほかならない。それゆえに国家は、公教育という形で、国民全員に対して権利の行使に必要な知識の獲得機会を（当然「無償」で）保障する義務を負うのである。ここで注意しなければならないのは、国家は国民を教育する「権利」をもつわけではないことだ。国家は、公教育の予算を組み、施設や人員などの教育手段を整備しなければならないが、国家の都合の良いように国民に特定の教育内容を教え込むことはできないし、就学を強制することもできない。

それは、個人の「自由」というかけがえのない権利（学び・教える自由、思想・表現の自由といった）を侵害するものであり、国家設立の意図と矛盾するからである。こうした考え方からは、私人が教育機関を設立し、公教育学校と競争する自由さえも導かれるのである。

　第三に、公教育は、国民の自由とともに「平等」の保障を目指している。しかし、平等とはどういう事態なのか。教育を受けた結果、国民が等しい能力や財産を所有することだろうか。しかしそれでは、個々人の能力の発揮や経済活動が制限され、平等の名のもとに個人の自由が抑圧されることになってしまうのではないか。次の文章を注意深く読んでみよう。

> 　たとえ平等な教育でも、生まれつきよい素質に恵まれた人々の優越性を増大させないわけにはいかない。／しかし権利の平等を維持するためには、この優越性が、実際の従属関係をひきおこさないこと、法律が享受を保証する権利を、他人の理性に盲従することなしに自分で行使できるだけの教育を各人が受けているということ——それだけで十分である。この場合、ある人々の優越性は、同じ長所を持ち合わせてこなかった人々にとって不都合であるどころではなく、かえってすべての人々の幸福に貢献し、知識と同じく才能も、社会の共通財産となるであろう。（同書, 10）

　コンドルセはここで、自由と平等を両立させる道筋を示している。個人の自由を尊重する限り、能力や努力の差が生み出す社会的待遇の差の正当性を認めないわけにはいかない。そこでコンドルセは、公教育が保障すべき平等は結果の平等ではなく「権利の平等」だと言うのである。権利の平等は、どのような社会的立場にいるのであれ、誰もが他人の言いなりにならずに自分でものを考えて権利を適切に行使できるだけの知識と判断力をもっていることによって実現される。言い換えるなら、権利の平等の核心は、誰もが等しく自律した理性的主体であることなのだ。[4]

　しかし、権利の平等が実現されていても、結果的に社会的に優位な立場とそうでない立場が分かれるならば、優位な人々は自らの立場を悪用して利己

的な利益追求に走るのではないか。それによって不当な格差が拡大し、不平等な社会が生み出されるのではないか。上述した引用箇所を手引きにこの疑問に答えてみよう。公教育を介して誰もが権利を行使できる状態の社会では、誰かが自分の能力や地位を、他人の権利を無視して利己的に用いようものなら、世論からその不当性を厳しく批判されるだろう。さらに、そうした世論は、権利侵害を防ぐための法制度をつくり、不当な利益追求を禁じることを求めるだろう。こうして、権利の平等が実現した社会では、私的利益の追求は結果的に共同の利益（「社会の共通財産」）と一致するはずなのである。それは、個人の自由が権利の平等と調和した理想的な社会だといえる。

以上のように、公教育は、人権、すなわち人々の自由と平等を守るためにつくりだされた仕組みとして捉えられる。公教育は、国家が強制するものでも、自己利益ばかりを追求する私人が提供し消費するサービスでもない。それは、「わたしたち」が互いに権利を守り合うための協力関係の次元（公共性）から生み出される仕組みなのだ。

4-2．公教育の知育限定論——公教育の独立と公共性

国家によるのでも私人によるのでもない公教育、そのイメージをより具体化するために、「公教育で教えられるべき教育内容はどのようなものか」という、コンドルセの公教育論の中心問題について考えてみよう。この問いに対してコンドルセは、「公教育は知育に限定されるべきだ」と端的に答えている。どういうことだろうか。いくつかの論点に絞って考えてみよう。

第一に、コンドルセが用いる、①エデュカシオン（éducation）と②アンストリュクシオン（instruction）という二つの言葉に注目しよう。ともに「教育」と訳すことができる言葉であるが、ニュアンスには違いがある。その違いが強調される場合、①は「**訓育**」（あるいは「徳育」）、②は「**知育**」と訳し分けられる。①「訓育」は、意志や感情など道徳的な側面を含む、人間を構成する要素を総体的に育成しようとする教育である。②「知育」は、知識や真理の教授を意味しており、人間の知的側面の育成のみに限定された教育である。今日の日本の学校では「知・徳・体のバランスのとれた力」と

しての「生きる力」の育成（文部科学省 2017, 22）が目指されているが、これは「訓育」に相当する考え方だし、これに対して「学力アップ」を目標とする学習塾は典型的な「知育」のための施設だといえる。

この区別をふまえて考えよう。家庭教育の場では、親による子どもへの望ましい価値観の伝達を含む訓育は自然であり、子を育てる親の権利としても正当である。そこで教えられる政治的・道徳的・宗教的な信念や価値観は、コンドルセが「意見 opinion」と呼ぶものの次元に位置づく。どの政党に投票するのか、善く生きるとはどういうことか、どの宗教を信じるべきか、こうした議論の余地のある問題については、人は各自の意見を抱き、主張できるが、それは権利としての個人の自由に属する。しかし、訓育が、家庭の範囲を越えて、国民全体に行き渡るべき公教育で実施される場合には、深刻な問題が生じる。公的な訓育は、国民全体に同じ意見を教育（強制）することで、一方では各人の思想や意見の自由を、他方では家庭教育における親の訓育の自由を毀損することになってしまう。だからこそ、「公権力によって与えられる偏見は、真の専制であり、人間の本性に属する自由のうちでも最も貴重な部分の一つに対する侵犯」なのである（コンドルセ 1962, 35）。こうした理由から、公教育は知育に限定されるべきなのだ。

しかし、子どもが家庭で偏見に基づいた不適切な意見（例えば、ジェンダーや肌の色を基準とする差別的見解など）を教え込まれた場合に、その意見を是正することも公教育の役目ではないか、知育に限定される公教育では、そうした意見を是正できないのではないか、と反論されるかもしれない。これに対してコンドルセは、知育に限定される公教育に、意見を正す力を認めている（同書, 35）。コンドルセのいう知育を、単に「勉強を教える」という学習塾のようなイメージで捉えてはいけない。第三節で触れたように、コンドルセは、知識や真理を人類社会の進歩を促す豊かな力として捉えている。第二の論点として、知育と進歩の関係について考えてみよう。

知識や真理は永遠不変のものではない。ある時代に「真理」として受け入れられていた見解は、諸科学の発展によって、単なる意見やただの誤りへと変わる可能性がある（同書, 39）。実はコンドルセにとって知育とは、この

ように真理を更新し続ける力を育むことであり、単に既存の知識を教えこむことには留まらない。「今日では、真理のみが永続的繁栄の基底でありうるということ［……］が認められているのであるから、教育の目的は、もはや既存の意見を神聖化することではありえず、むしろ反対に、既存の意見を、絶えず啓蒙の度を進めていく相次ぐ世代の自由な検証にゆだねることである」（同書, 36. 引用文中の［ ］はすべて引用者による）。知育に限定された公教育は、既存の「真理とされているもの」を、みずからの理性を用いて批判的に検証する力を育もうとするものなのだ。

　知育が教えるべきもののなかには、道徳や政治に関わる知識も含まれる。道徳的・政治的な価値観を教え込むことは訓育に属するが、道徳や政治にかかわる「事実」を知識として教えることは知育に属している。知育の立場では、憲法や法律を「盲目的に崇拝すべきもの」として教えることはできないが、それらがどのようなものかを教えることは教育上必要なのだ（同書, 42）。憲法や法律が事実として教えられる場合、それらが正しいものかどうかを、各人が批判的に検討するための自由の余地が残されている。知育が可能にするこの自由検討の余地こそが、人類の進歩のための余白である。公教育の知育限定論は、それ自体が人権の一部でもあるこの自由の余地を確保することで、人類の進歩を促すというポジティブな側面を持つのである。

　第三の論点は、「公教育の独立」という考え方についてである。公教育を知育に限定することは、公教育が国家を含む政治的権力や宗教的権威から独立することでなければならない[5]。これらの権威がみずからの利害のために都合のよい意見を「真理」と偽装して公教育を組織するとき、国民の思想や意見の自由は破壊されるからである。だからこそ「教育の独立性というものは、いわば人権の一部をなすのである」（同書, 175）。

　しかし、公教育の独立性や真理は何によって保証されるのだろうか。コンドルセは、卓越した科学者たちが真理探究のために組織する「国立学士院」と呼ばれる学会に公教育の管理運営をゆだねる、というアイデアを提示することでこの問いに答える（同書, 160）。コンドルセは学会を、特殊な利害や様々な権威からは自由に、ただ真理を求めて人類の進歩に貢献することを

目指す人々の共同体と理解している（同書, 111-115）。

　しかし、現実には学会といえども腐敗し、公教育を利権や政治的意図のために悪用するのではないか。コンドルセは、学会が国民全体の「世論」に開かれたものと考えることで懸念を払拭しようとする。国立学士院の活動は、科学者や科学愛好家が自由に結成する民間学会や私的教育機関、さらには知識ある国民によって、絶えず監視・批判されなければならない。科学者に限定されない「啓蒙された人々」が協働的な理性的討議を介して形成する「世論の力」こそが、学会の腐敗に対する防波堤となるのである（cf. 同書, 112, 173-175）。コンドルセは、理性的な人々が形成する世論を、公教育の独立性、ひいては人権を保障する究極の審級として見定めている。

　　これまで公教育を管理してきたあらゆる関係のない権力から公教育を独立させることについては、少しも懸念するに及ばない。なぜなら、この独立性を濫用するやいなや、〔……民意を反映した〕立法権によって、直ちに修正されるだろうから。私的な教育や任意に結成された学会の存在もまた、世論の力をもって、公教育の独立性の濫用に抗することになるのではないか。民主的な政体のもとでは、世論がその力を法の力に協力させなければ、いかなる機関も存続し得ないだけに、それだけ世論の力というものはますます重要なのだ。さらに、およそ科学であればいかなるものも、けっして抵抗することのできない至高の権威が存在する。啓蒙されたヨーロッパの人々の世論がそれである。この世論は、混乱させたり、腐敗させたりすることが不可能なものである。〔……〕それは、学者、文人、哲学者にとって、公正であると同様に正確な判断力をもつ後世の人々の評価を先取りしたようなものなのであり、その束縛を逃れようとしても逃れることのできない最高の力なのである。（同書, 175）

　啓蒙思想が生み出した理性への信頼、それはコンドルセにとって、人々の理性的討議を介して形成される公共性への信頼だった（cf. 安藤 2003, 320-321）。ただし、ここで「最高の力」とされる世論＝公共性の担い手は

「啓蒙された人々」であることに注意しよう。それはおそらく、現に存在している人々というよりは、公教育を介して創出されなければならない未来の人々である。しかし他方で、公教育は理性的な世論に支えられなければ成立しえない。公教育と世論の存在は、現実と理想のはざまで循環している。そこには、「人類の進歩」が、既存の事実である以上に、コンドルセが未来に託した願いだったという事情が反映されているのだろう。自由と平等の実現には程遠い当時のヨーロッパの中心でコンドルセが抱いた公教育の理想は、革命の暴力に押しつぶされ、実現することはなかった。しかし、だからこそ彼の思想は、現代においてもいまだ到来せざる理念として意味を持ち続けている。

5.「進歩」の果てにいる私たちがコンドルセを読みなおすために

コンドルセの時代から200年以上後の未来を生きる私たちにとって、彼の公教育論はどのような意味をもちうるだろうか。いまの日本では、学校教育網が全国に張り巡らされ、多くの国民が学校に通っている（その相当数は高等教育を受ける）。科学と技術の発展は留まるところを知らず、日々私たちの生活を豊かなものにしている。私たちは、コンドルセの時代と比べてかなり高い程度まで知識が発展・普及した状況を生きている。

しかし、これは「進歩」なのか。進歩の先にコンドルセが夢見た、「啓蒙された人々」の公共性や、人権理念が実現した状況は到来しただろうか。事態はむしろ逆のようにさえ思われる。軍事兵器の脅威や環境破壊に代表されるように、科学技術の発展がかえって世界規模の災禍をもたらしうることはもはや常識だ。近年のSNSの流行は、多様な意見が交流する公共的な討議の空間を形成するどころか、自分と似たような価値観を持つ人々の閉鎖的で排他的なコミュニティを増殖させてはいないか。現代の日本で投票率が低迷し続けているという事実は、国民の政治的無関心の増進を示してはいないか。権威の妄信や科学的知識の軽視といった反知性主義的態度は、私たちの社会から払拭されたのか。コンドルセの描いた人類の「進歩」を素朴に信じることは、いまや困難である。

他方で、それでも私たちは、コンドルセの願いを受け継いでいることも事実である。近代の遺産である人権理念はいまだ有効であり、性的マイノリティや外国にルーツをもつ子どもなど、多様な人々の人権保障を目指す「多様性」の理念は今日の学校教育のキーワードでさえある。

　私たちは、人権尊重という理念を掲げながらも、その支えとなるはずの公共性も進歩も容易には信じることができないという、コンドルセの視点から見るとちぐはぐな状況におかれている。コンドルセの思想は、いまや時代遅れの夢物語になってしまったということだろうか。おそらくそうではない。私たちが進歩の夢を諦め、公共性の構築に失敗してしまったとするなら、「人権」や「権利」という言葉は単なる美辞麗句や擬制に過ぎないものに堕している可能性がある。こうした言葉がほんとうに意味のあるものとなるためには、私たちには何が必要なのだろうか。コンドルセのテクストは、進歩の果てにいる私たちの社会の矛盾を暴露し、徹底した現代批判の視点を提供してくれる。いまコンドルセを読むことは、私たちの足元に横たわる問題に真正面から向き合うことでなければならないし、そうして初めて来るべき「公教育」についてまじめに考えなおすことができるはずである。

［吉野敦］

さらに考えてみるために
- 若者の投票率の低迷や政治的無関心が指摘されることもある現代日本において、未来の「世論の力」（公共性）を支えるはずの子どもたちの政治的主体性を育成できていないとしたら、それはなぜなのだろう。現在の学校教育の課題を考えてみよう。
- 日本の学校教育では、道徳教育で「愛国心」の指導があり、社会科では「我が国の国旗と国歌の意義を理解し、これを尊重する態度を養う」ことが学習指導要領で定められている。公教育の枠組みで実施されるこうした愛国心教育と、コンドルセの公教育の知育限定論を比較して、公教育で教えられるべきものは何なのかを改めて考えてみよう。

注

1) 新自由主義的であると同時にナショナリスティックな近年の教育政策の流れを知るために、小国喜弘『戦後教育史』中公新書、2023 年、171-252 頁が参考になる。
2) 「公共性」は、教育学に限らず、人文・社会科学一般にとって重要なテーマである。基本的な日本語文献として、齋藤純一『公共性』岩波書店、2000 年を参照のこと。
3) 当時の知的世界で論争の的となっていた「完成可能性」概念の解釈は難しい。さしあたり、永見瑞木「コンドルセにおける公教育の構想」『国家学会雑誌』120 (1・2)、2007 年、130-134 頁を参照。
4) この論点は、市民として適切に政治に参加する資質であるシティズンシップ (市民性) の教育という現代的な教育課題とも関わる。シティズンシップ教育については、小玉重夫『シティズンシップの教育思想』白澤社、2003 年が参考になる。
5) 特に宗教的権威からの独立を「世俗性 (非宗教性)」と呼ぶ。一般的に、近代公教育は「義務・無償・世俗性」の三原則を備えるといわれる。コンドルセの公教育論はその源流の一つである (ただし、就学義務を伴う義務教育をコンドルセは認めない)。

参考文献

安藤隆穂「近代公共性の思想像」安藤隆穂編『フランス革命と公共性』名古屋大学出版会、2003 年

コンドルセ『公教育の原理』松島鈞訳、明治図書、1962 年

───『人間精神進歩史 第一部』渡辺誠訳、岩波文庫、1951 年

辻村みよ子『人権の普遍性と歴史性』創文社、1992 年

文部科学省「小学校学習指導要領 (平成 29 年告示) 解説 総則編」2017 年

〔付記:本章のコンドルセのテクストからの引用は、原則として参考文献に挙げた邦訳によるが、必要に応じて当該訳書の底本の全集版 (*Œuvres de Condorcet,* éd. A. Condorcet O'connor et F. Arago, 12 vols, Paris : Fermin Didot, 1847-1849) を参照し、訳文を修正した。本章では松島訳を参照したが、「公教育の全般的組織に関する報告および法案」については、より新しく入手しやすい阪上訳もある (コンドルセ他『フランス革命期の公教育論』阪上孝訳、岩波文庫、2002 年)〕

現職教員はこう読んだ②
小学校で育つ未来の市民
―― 空間づくりと話し合い活動を通して

記：小野仁美（東京都大田区立大森第四小学校教諭）
構成：間篠剛留

　私は小学校教員となった初年度に3年生を、翌年持ち上がりで4年生を担任し、現在は1年生を担任している。1年生の担任になったとき最初に直面したのは「子どもたちは授業の45分間を座っていられない」という現実だった。入学したばかりの子どもたちにとっては、チャイムに合わせて席に着き、静かに授業を受けることは初めての経験である。「45分座っている」ということ自体がとても高いハードルなのだと、教壇に立って初めて実感した。

　小学校の教室に愛に満ちた「居間」のような空間を作るのは、幼稚園・保育園と比べて難しいかもしれない。それでも、子どもたちが「学校って楽しい」と思えるようにしたい。だからこそ「学級のルールづくり」が必要だと感じている。子どもたちは教師が思っている以上に学校での様々な活動を楽しんでいる。それを尊重できるよう、「してはいけないこと」の基準を二つ示している。一つは友達を傷つけること、もう一つは授業中に友達の学びを妨げること。みんなが安心できる空間づくりという点だけ見ればヘルバルトの言う「管理」、「訓練」の段階だが、「ルールを守ることがみんなのためになる」ということまでいずれ伝わってほしいという「教育」的な意図もある。

　また、空間づくりに関して大事なのが「時間」の管理である。これはベテランの先生方から学んだことだが、例えば45分を15分ごとに区切り、最初は導入として簡単な手遊びや挨拶を行い、次の15分でひらがなの練習などの活動をして、最後は読み聞かせの時間から学びを振り返る、といった形で授業を構成する。そうすることで子どもたちの集中力が続きやすくなる。それは単に子どもを45分間机に向かわせるだけでなく、クラスのみんなが学校を楽しみ、安心して学び、自分らしさを発揮する土台になる。「空間」づくりのためには、実は「時間」に目を向けることが重要なのだ。

そして、学校での学びを深めるためには「対話」が重要である。1年生に対しては、まず「聞く姿勢」を学ぶところから始めている。「あ・い・う・え・お」(あ：相手を見て、い：いい姿勢で、う：うなずきながら、え：笑顔で、お：終わりまで)という学び方を教え、少しずつ友達の話に耳を傾ける習慣を育てていく。これが基礎となり、上の学年ではより高度なグループでの話し合いに挑戦していくことになる。4年生を担任していたとき、国語科の「話す、聞く」の単元で研究授業を行った。自分から意見を言ったり友達の発表に質問したりということは、最初は上手にできなかった。しかし、役割分担をしたり、「何か一個でも言ってごらん」と声掛けしたり、出された意見に理由を聞いたりすることで、少しずつ言葉が出てくるようになった。意見の整理の仕方もサポートした。トラブルが多いクラスだったので議題には「このクラスがもっと仲良くするためにどんな遊びをするか」を設定して、「大人数で楽しめるかどうか」、「ルールが簡単かどうか」という二次元の座標軸を子どもたちに提示し、出た意見を整理してもらった。研究授業に向けた練習・準備の授業時間は予定よりも増えてしまったが、それだけの意義はあった。他教科等のグループ学習も、こうした話し合いを基盤に質の高いものになっていった。グループの力は1年生でも感じる。生活科のどんぐり遊びのとき、同じ遊びを作る4人組で集まってやってみると、友達に教えたり、ゲームを競い合ったりと、お互いに影響を与え合っていた。

　主体的というと、自分から意見を言うとか自分から何かをするといった、個人的なことが思い浮かぶ。しかし、それだけでは主体的な深い学びにつながっていかない。友達との関係があれば、個々の意欲的な学びが進展していくし、全体としてより良い学びが生まれる可能性も広がるのだ。もちろん、他人の意見を聞き、自分の意見を伝え、みんなで決定していくことは、大人でも難しいのだから常に成功しているわけではない。しかし、小学校でこうした試行錯誤の経験を積むことで、これからの未来を生きる子どもたちは市民としての基礎を築いていくことができるし、教室での小さな試みはやがて大きな「公共」へとつながっていくはずだ。知育と訓育はきれいに分かれているのでなくて、重なりあっていくのではないだろうか。

第7章 ホーレス・マンと公教育制度の展開
―― 教育における「民主性」と「専門性」を問いなおすために

政府が教育組織を何も設置しなかった場合、全教育問題は当然私業に委ねられる。その場合、知識の価値を理解する僅かな人間――常に少数派――が自らの必要に応じた学校を設置するだろう。多数者は適切な教育手段を何も手にせず、大衆は無知のなかで成長するだろう。そこに巨大な社会的不平等の根源がある。

マン『第七年報――1843年の報告』

1．序――公教育思想・制度の歴史におけるマンの位置

　第6章では、教育の無償制や中立性といった公教育の理念について、それぞれがなぜ求められなければならないのかに関するコンドルセの議論を軸に紹介された。こうした議論を先駆として、後に義務制、無償制、世俗性（非宗教性、宗教的中立性）というセットで「近代公教育の三原則」とも呼ばれることになるこの諸理念は、フランスでは第三共和制下の1880年代に制度化されていった。ここまで来れば、私たちのイメージする現代の学校教育にかなり近づいてきただろう。しかし、近代教育の成立と展開を考えるにあたって検討すべき問題がまだ残っている。それは、「教育」、「政治」、「経済」という三つの領域の相互関係である。こうした論点はコンドルセ教育思想の検討においても出現しないわけではないが、本章では、米国の**ホーレス・マン**（Horace Mann, 1796-1859）を取り上げて、この点について考えてみたい。

　公教育の3つの原則は1880年代のフランスで制度化されたと上で述べた。しかし、これらの諸原則のうちのいくらかは、米国において先んじて実現さ

第1部　近代教育の成立

れており、その立役者の一人がマンであった。さらに、「教育」、「政治」、「経済」の相互関係に関する問題の構造は、マンの思想を通して見ることで非常にわかりやすく整理できる。そして、本章でそうした論点を考えることによって得た視点は、現代の私たちの教育問題を眺めるうえでも有用なものとなるだろう。

さて、コンドルセからマンに至る公教育思想の史的変遷については、教職課程で使用されるテキストでは、おおよそ次のようなステップで解説される（cf. 高宮 2018）。

---

①コンドルセが三原則を先駆的に主張したが、彼の提案はすぐには実現せず、フランスでは後の1880年代に順に実現（81年初等教育の無償制、82年初等教育の義務制と非宗教性、86年初等教員を非聖職者に限定）。

②他方、1770年代から80年代にかけて、イギリスの植民地状態から独立を果たし共和制国家建設に乗り出した米国。その建国の父祖の一人であり、コンドルセと同年に生まれた**ジェファソン**（Thomas Jefferson, 1743-1826）が示した公教育制度構想（学務委員の公選制、初等教育の無償制、単線型の学校体系などを提案した1779年の「知識の一般的普及に関する法案」）のなかに諸原則が部分的に現れていたものの、この法案は私立学校経営者や宗教関係者の反対に遭って当時は実現せず。

③州ごとに動きや時期には差異があるが、マサチューセッツ州では比較的早期の19世紀前半に公教育改革（とりわけ初等教育の無償制）の運動が活発化。その中心人物がマンであり、種々の反対（後述）に遭いながらも、1852年に義務教育法を成立させ、近代公教育制度を確立する（ただし特定宗派の教義を教えることを禁じたのは1827年）。

皆さんがもし日本の教員採用筆記試験の教職教養分野で（面接などはともかく）いわゆる合格ラインをクリアしたいだけだと言うのなら、必要な知識はこれで十分かもしれない。しかし本章では、もう少し深く、教育を議論するとき考えなければならない上述の問題について、「ホーレス・マン」とい

117

う歴史上の人物の生涯や思想を一つの事例にして、あえて扱ってみよう。

2. 公教育制度改革の歴史的文脈——教育の伝統と19世紀前半の社会変革

「ユナイテッド・ステイツ・オヴ・アメリカ」——現在の私たちであれば「米国」や「アメリカ合衆国」として翻訳し、認識しているこの国は、18世紀の終わりごろ、フランス革命と同時期に建国された。北米大陸でイギリス（イングランド）の植民地建設が進んだ17世紀初頭以来、独立し建国へと至るまで、地域ごとに様々な背景を持った入植者たちがこの地に移り住んできた。1607年のヴァージニア植民地の開設（イギリス国教徒が入植）、1620年のプリマス植民地の開設（イギリス国教会からの分離派ピューリタンである**ピルグリム・ファーザーズ**が入植、1691年にマサチューセッツに吸収合併）、1630年のマサチューセッツ湾植民地（分離派よりは穏健な国教会改革派ピューリタンが入植、リーダーがジョン・ウィンスロップ）を始めとして、18世紀前半までに北米大陸東岸に13のイギリス植民地が形成され、いわゆる植民地時代が世紀の後半まで続く。そして国際情勢が激動する1760年代から80年代にかけて「独立革命」が起こることになるのだが、大西洋を挟んだイギリス（グレート・ブリテン王国, 1707-1801）の視点から見れば、それは1763年のパリ条約によって新大陸支配中心の帝国（イギリス第一帝国）を完成させた時期と、1783年のパリ条約によってインドなどの支配中心の帝国（イギリス第二帝国）へと切り替えていく時期とのちょうどあいだの出来事ということになる。まさに1783年のパリ条約によって、アメリカ連合諸邦はイギリスからの正式な独立を果たし、1783年から88年にかけての合衆国憲法制定、批准に至る時期を経て、新たな連邦国家（「アメリカ合衆国」）として出発したのであった（和田2019）。

さて、そのように建国された米国が19世紀への転換期において産業化や都市化といった社会変革、さらにはミシシッピ川以西の広大な地であるルイジアナの獲得（第3代大統領ジェファソン時の1803年にナポレオンのフランスから購入）に代表されるような領土の拡大を経験しながら国家として膨張しつつあったその時代に、マンは生まれ、活動した。上記では建国に至る

プロセスを簡単に確認したが、それを踏まえてここでは、この時代のマンたちによる教育制度改革を学ぶうえで必要な二つの知識を確認しておこう。それは第一に、植民地期以来のいわばアメリカ教育制度の伝統について、そして第二に、マンたちの教育制度改革の同時代的背景をなす政治的、経済的、宗教的な文脈である。

2－1．植民地期以来の伝統――教育制度と教育観

　これまでも、マンによる「教育制度改革」という言い方を選び、叙述してきたことにお気づきだろうか。マンたちが公的な学校をアメリカに初めて作ったのではない。かれらは既に存在していた公教育――あくまでも公が関与する教育という広い意味でだが――のシステムを、近代公教育の理念であるところの無償制などの方向に「改革」したのである。では、そもそも植民地期以来のアメリカの公教育はどのようなものだったか。先に入植の歴史を確認する際に触れておいたように、植民地期では各植民地の入植者たちや指導者層の背景は様々であったため、教育についてもかなりの程度地域差が存在した。ここでは基礎知識として、大きく二つのパターンだけを確認しておこう（cf. 津布楽1975；松浦2020）。

　一つ目のパターンは、南部のヴァージニア植民地のものである。ここでは、教育に関してはイギリス本国の地方と同じ方針が採られていた。すなわち、各人はその能力に応じてみずからの子弟に教育を与える（＝公は介入しない）ことを基本としながら、能力のない貧しい親の子弟については国が面倒を見る（＝公が介入する）という二段構えの考え方である（第2章のロックの教育思想も参照）。ここで重要なのは、教養についての教育があくまでも私的で個人的な事柄と考えられており、私的責任が重要だったことである。

　これと対照的なのが、二つ目のパターンを示した北部のマサチューセッツ湾植民地である。単一の公立教会が政治や教育に大きな影響力を持つようになったピューリタン中心の北部諸植民地（**ニュー・イングランド**）では、宗教的寛容が認められたロードアイランドを例外として、リーダー層の宗教的背景から宗教と政治を不可分とする神政政治（神権制）や、そうした体制の

なかでの宗教教育としてカルヴィニズムの教義や倫理のための学校教育に対する公的な整備がおこなわれた。その際、タウン（地域の行政単位）の行政委員には教育に対する公的責任が認められた点が重要である。最初期の教育令である1642年のマサチューセッツ湾植民地の教育令では、多くの民衆が共和国のための学問や労働に対する訓練を怠っているとの議会の認識から、タウンの行政委員に対してそうした状況を是正する（罰金も伴う）配慮義務が課された。タウンの行政委員たちは、親や徒弟の親方が子供や徒弟の教育訓練を適切におこなっているかの監査をおこなう権限が与えられ、監査を拒むものに罰金を科すこともできた。この教育令は一般に、奇しくも同年にドイツのゴータ公国で出された義務教育令（ゴータ教育令）と並んで、世界最初の明確な義務教育規定とされる。

その後の1647年にはタウンへの教師任命（学校設置）義務も規定され、50世帯に達したタウンは1名の教師を任命すること、100世帯に達したタウンは1校のグラマー・スクール（大学進学準備のための中等教育機関）を設置することが義務づけられ、罰金制度も存在した。現代日本の義務教育制度と比較すると興味深いのは、親に課された「就学義務」ではなく、タウンに課された**学校設置義務**だった点だろう。親が家庭教育など私的な教育を選ぶことは問題視されなかった。また、学校は「無償」でもなく、教師の俸給を両親や親方が支払うか全住民が補助するかは多数決に従って決められた。

このように、南北の二つのパターンには明瞭な対比が認められるのだが、本章で北部のマンの教育思想を考えるとき念頭に置いておきたいのは、学問（教養）の位置づけの違いである。それは、学問が不従順や異端、分派をもたらす（さらには新聞というメディアがそれを広めてしまう）という認識から南部では民衆教育が国にとって有害と考えられていたのに対し、北部では民衆教育が国のために有益と考えられる傾向があったことである。カルヴィニズム的な神政政治によって公私を問わず生活規律にまで介入しようとする方向性は近代的な感覚からすると問題含みなものの、教育に対する公的責任を重んじる姿勢は、北部的な伝統として受け継がれていくことになる。

2-2. 同時代的背景——マンの時代の社会的文脈

　上述の植民地期のあと、先に触れたように独立期の激動を経て「アメリカ合衆国」は誕生する。そうした動きとも連動しながら海の向こうのヨーロッパでフランス革命が勃発し、コンドルセが公教育構想に関わる法案を提出し、派閥間の対立のなか1794年に獄中で亡くなった直後の96年に、マンはマサチューセッツ州フランクリンという地にて生を受ける。ここでは、マンが活動した19世紀前半の米国における政治経済や宗教について、マンの略歴の説明と重ねながら、教育改革に関わる限りで簡単に確認しよう。

　建国期から1828年まで連邦政府の役割について意見を異にした連邦派と共和派（**地方分権**重視の反連邦派）とが対立図式を形作った第一次政党制の時代に引き続いて、1828年から56年にかけてジャクソン政権（後述）への態度をめぐり民主党とホイッグ党（反ジャクソン派）とが対立した第二次政党制の時代、そして1856年から96年にかけて奴隷制をめぐり民主党（保守的で奴隷制賛成）と共和党（革新的で奴隷制反対）とが対立した第三次政党制の時代——以上が19世紀における政党制の展開のあらましである（cf. 岡山 2020）。1819年に総代としてブラウン大学を卒業したマンは、同大学で古典語講師や図書館司書をしばらく務めた後、法律学校で学び1823年に弁護士資格を得て広く活動することになるが、1820年代の後半以降は、上で見たおおよそ第二次政党制の時代の波に呑み込まれながら政治の世界に入っていくことになる。1827年から33年にかけてマサチューセッツ州下院議員、33年から37年にかけて同州上院議員（36〜37年は議長）を務め、1837年にはみずからもその創設を推進した同州の**教育委員会**（State Board of Education）が発足し、マンが教育長（Secretary）に選任された。この議員時代、教育長時代を通じて、彼は公教育改革運動を強く進めていくのである。

　ところで、彼の政治的立場はどのようなものだったか。当時の背景を少しばかり確認しよう（cf. 岡山 2020、特に第2章）。アンドリュー・ジャクソン政権の前政権であるジョン・クインジー・アダムズ政権は、1819年から

の恐慌の余波のなかで天文台の建設など内陸開発案を次々に打ち出し、"政財界の一部エリートによる政治"というイメージが付されていたものの、「全国共和派(ナショナル・リパブリカンズ)」と呼ばれる一大勢力になっていた。これに対してジャクソン支持派は、こうしたエリートによる政治という否定的なイメージを用いながら、多様な思想や利害を持つ全国の反全国共和派(＝反全国派(ナショナルズ))を"打倒アダムズ"の旗のもと結集させるという戦略を採り、1828年の大統領選挙ではジャクソンがアダムズの再選を阻んで圧勝する。1830年代は「**ジャクソニアン・デモクラシー**」の時代とも言われ、各州で普通選挙(ただし白人男子限定)が実施され、庶民の政治参加が活発になり、政治意識も高まっていた時代だった。この時代にジャクソン支持派は「民主党(デモクラティック・パーティー)」と呼ばれるようになり、そうした基盤のもとジャクソン政権は1832年の大統領選挙でも再選を果たすのである。

こうした「民主党」への結集の動きに対し、1830年代末にかけて反ジャクソン派として結集したのが、マンやヘンリー・バーナード(Henry Barnard, 1811-1900)といった教育改革運動家たちの多くが属していた**「ホイッグ党」**である。「ホイッグ」というイギリスでの反王党派を指す言葉を用いているところからもわかるように、「民主党がその名の通り民主主義を掲げて人々を動員したのに対して、反ジャクソン派は専制への抵抗という旧来の共和主義の論理を用い」(岡山2020：63)て、ジャクソンを暴君のイメージで語ることで民主党に対抗しようとした。ここで、"人々による政治"(広い意味での民主主義)の二つの含意が、狭い意味での「民主主義」と「共和主義」として党対立の分岐点となっている点は興味深い。ホイッグ党の源流は全国共和派にあったが、アダムズ政権以来の"政財界の一部エリートによる政治"というイメージを何とか払拭しようとしていたことが、その名からも窺える。じじつ、大統領選挙を戦い勝利したウィリアム・ヘンリー・ハリソンの選挙戦でのスローガンは「丸太小屋とハードサイダー(りんごの発泡酒)」という庶民的なものだった。エリート的な側面を源流に持ちながらも、庶民的な側面を強調しようとするというホイッグ党の二面性は、マンの教育思想をどのように評価すればよいかという問題を考えるうえでも

ヒントになる。

　経済的側面と宗教的側面についても確認しておこう。いま見たばかりのホイッグ党の指導者や党員の多くの属性——米国生まれ、中産階級、プロテスタント——を確認するだけでも、社会階級や宗教の問題が大きかったことがわかる。たとえば、この頃の社会情勢の変化の一つとして移民の増加が挙げられるが、1840年代後半のジャガイモ飢饉など様々な社会的要因のもと19世紀の前半に急増し1840年代には移民の半分を占めるようになったとも言われるアイルランド系移民は、カトリック教徒も多く、土着の——といってもかれらもまた元来は移民だったのであるが——アメリカ人たちと対立することもしばしばあった。こうした移民への敵対感情がホイッグ党の結束を強めることもあった。革新的とイメージされがちなホイッグ党ではあるが、奴隷所有者やアイルランド系カトリック教徒、労働者らから支持を集めた民主党と比べると、その性格は「経済的に革新的、社会的に保守的」（ダニエル・ウォーカー・ハウ）と考えたほうがより実態には近いだろう。奴隷制に対する姿勢はホイッグ党員のなかでも様々だったけれども——現にそうした論点での党派的論争からホイッグ党は崩壊し、1854年の共和党への再編、そして**南北戦争**の時代へと繋がっていく——、海外からの移民やカトリックなどの非プロテスタントの増加に対する不安、また、たとえば**禁酒運動**に表現されるような労働者たちの文化に対するモラル低下への懸念などに、かれらの保守性を見てとることができる（リース2016：27-50）。

　このように見てくると、ホイッグ党員たちが主導していた改革運動のうちの一つである、**コモン・スクール運動**への見方も多少変わってくるのではないだろうか。教科書的には近代公教育の理念を実現化させた偉人として描かれることもあるマンらの制度改革も、実際の歴史においては、様々な個人や団体の意図や利害を反映する動きの一つだった。教育史家のリースは、コモン・スクール運動がプロテスタンティズムと連動して反移民のレトリックを溢れさせており、19世紀前半に展開した**ネイティヴィズム運動**（移民排斥運動）とも足並みを揃えていた側面がある点や、学校を移民の「アメリカ化」の手段とすることを主張していた点（リース2016：35, 49）、また関

連して、アメリカの共和主義的伝統を伝えるものでもあった学校教科書の主な著者がアメリカ生まれのプロテスタントでホイッグ党員だった点も指摘している（リース2016：43）。こうした点は、次節で扱うマンによる教育改革をどう評価するかという問題にも関わってくるだろう。

3．マンの公教育制度改革とその評価――「民主性」と「専門性」の相克

　時代の文脈を確認し終えたいま、ようやくマンによる改革の中身に移ることができる。既に触れたように、公立学校の設置については各地で法制化された義務規定が存在した。ただし、マンのいたマサチューセッツ州も含め、実際には規定が十分に守られていなかったり、就学率や出席率が低かったり、多くの富裕層は子供を私立学校へ通わせていたりという状況であった。公立学校がこのように貧弱な状態だった理由には、①工業化による低賃金の児童労働への需要の高まり、②無償公立学校は「貧民学校」、「慈善学校」であるというイメージ、③宗教教育の不十分さという親たちの不満、④他人の、しかも貧しい労働者の教育費用のための課税への反対、などがあった（松浦2020：140）。こうした種々の抵抗に対して、改革者たちは説得を試みていくことになるのだが、着目すべきは、そうした説得の際のレトリックに見いだすことができるかれらの思想である。そのなかでもマンは、おおよそ二段構えの主張を反対者たちに対しておこない、みずからの意向を実現させていった（cf. 松浦2020：140-142）。

　マンはまず、すべての人間が生来的に教育への権利を絶対的な自然権として持っており、そうした権利を現実のものとするためには、政府が教育提供義務を負う必要があると主張する。このロジックがコンドルセのものと同様なことはすぐに気づくだろう（第6章参照）。だがマンの興味深いところは、このような理念的なレベルでの説得とともに、反対者の心理を酌んだきわめて現実的な説得にも力を入れている点である。彼は念頭に置く反対者の立場によって、その説得の仕方を工夫している。たとえば、児童労働へのニーズを持ち、教育費支出のための課税に反対していた工場経営者など産業資本家たちに対して彼は、あらゆる財産が元来は天地によって創造され全人類に等

しく与えられたものであるから絶対的所有権は主張できないという理念的な説得に加えて、学校教育を受けた労働者のほうが生産性が向上することや、学校の道徳教育によって社会秩序が安定し富が脅かされなくなることといった、資本家たちの利害に沿う「事実」を提示している[1]。

　また、コモン・スクールの政治的・宗教的中立性についてもマンは一定程度主張しているのだが、政治的中立性については学校が特定政党の政治的伝導の場になってはならないことを主張しつつも、共和国の政治に関する基礎知識は教えることとされ、宗教的中立性については異なる宗派の子供らがともに注釈なしで聖書を読むという教育法を奨励して宗派的な中立性は押し出すものの、キリスト教教育が学校に入ることは否定していない。これらは反対者の親たちへの配慮と解釈することも可能であるとともに、前節で見た背景から考えると、マンらの政治的・宗教的立場と親和性の高い主張内容だったことが読みとれる。共和主義はまさにホイッグ党員の中核思想であったし、注釈抜きの聖書読解という非カトリック的な実践は、かれらのプロテスタンティズムからこそ出現するあり方だったろう。

　さて、まさにいま中立性へのマンの姿勢を問う際に現出してきた論点にも関連する、マンの思想や行動に対する評価という問題を最後に考えておきたい。先にも参照した松浦は、かつて書いた教育思想のテキストのなかで、マンたちによるコモン・スクールの思想の意味を5点にまとめている（松浦2003）。それは、マン独自の思想というより当時のコモン・スクール運動全般に共通する考え方であり、独立革命期の教育構想の延長線上にあるものとまず評価されるが、その内容は、①近代の人権思想の流れのなかで、教育（教養）への機会を子供たちに拡大したこと、②民主主義と教育を互いに条件づけあう関係として捉えたこと、③学校教育に産業資本主義社会における生産力ある労働者養成の機能を認めたこと、④学校教育にすべての子供に「共通の」文化・価値体系を教える機能を認めたこと（＝「アメリカ化」の手段としての学校）、⑤州政府の監督権限の強化を狙う**中央集権**的な考え方、である。このなかで、①と②についてはコンドルセとも連続する啓蒙主義的教育思想として位置づけられるし（本章のエピグラフも参照）、③と④に

第7章　ホーレス・マンと公教育制度の展開

ついても本章で既に触れたことから理解できるだろう。

　問題は⑤の論点である。本章では詳述できなかったが、マンらコモン・スクール運動の担い手たちが主張し実現したことは公教育の義務化や無償化、世俗化に関わる制度の確立だけではない。かれらは、教育委員会制度やそのトップである教育長という職を創出してもいるし、実際にマンはその職に就いている。また、**教員養成学校**（Normal school）に公費を投入して発展させようとしたのもかれらであった。こうした構想や施策をどのように評価するかは、実際のところ、マンを教育史のなかでどのように位置づけるかに関連して、様々に議論を呼んできた（マンの評価については、特に以下を参照。青木1979：103-115；田中2005：165-174）。一方では、啓蒙主義的理念の普及や現実化に貢献し、教育の「民主化」を進めた人物としてマンを評価し、描く仕方がある。しかしながら他方で、こうしたオーソドックスな描き方に対して、マンや改革者たちの社会的背景やかれら自身の利害を暴きながら、上述の啓蒙主義的思想家の側面を相対化する仕方がある。そうした相対化の一つとして、教育委員会制度や師範学校制度の創出を一種の「**官僚制**」化を進めた動きとして評価した、カッツらいわゆる「リヴィジョニスト」の教育史家の仕事がある。かれらはマンやバーナードらを、「専門性」を持った人物が教育を主導するかたちを思い描き、教育の「民主的地方分権制に集中的な攻撃を加えた」人物として描くのである（カッツ1989：84）[2]。

　ここで、マンらが教育の「民主性」と「専門性」のどちらを重視したのかという視座が生じていることに注意してほしい。本章の紙幅でその答えを出すことはしない（できない）が、この問題を扱うことはきわめて現代的意義に富む。先に、地方学区の独自性（地方分権）を守ろうとする運動批判者たちと、コモン・スクール運動側との対立を「民主性」と「専門性」の緊張関係として捉えたが、別の問題にこの視座を適用することもできる。それは、とりわけ1980年代以降、アメリカでも日本でも話題になることが多い「教育の経済的役割」をめぐる問題である。教育政策学者の橋野晶寛は、「**教育投資論**」の起源としてマンを捉えるとともに、彼を「政策に基づく証拠形成（Policy-Based Evidence Making：「証拠に基づく政策形成」をもじった

言い方)」という問題含みな手法の起源と捉える興味深い見方を提示しているが（村上・橋野 2020：74）、ここからは、教育政策を動かす人々の「民意」を重視（＝「民主性」）し、レトリックを駆使していたマンの姿が見えてくる。しかし他方で、こうした「民意」に教育が不当に流されることを防止するために、マンらは先に見たような「官僚制」化を進めたと見ることもできる。教員養成学校を整備し、そこで**教育科学**を修めた専門家たちが子供たちを教え、さらには上級の学問を修めた校長や教育長が教育経営、教育行政の中核を担っていく未来を期待していたマンのなかに「専門性」重視の姿勢を同時に見いだすとき、私たちは、第2節で確認したような北部の伝統を背負い、ホイッグ的二面性を抱えたマンの教育思想の持つ問題の構造を把握することの現代的意義に気づくことになるだろう（現代における「民主性」と「専門性」の対立については、勝野・村上（2020）の特に第5章を参照）。

4．結語――現代を生きる私たちがマンと出会いなおす意味

　松浦も述べるように、マンに代表されるコモン・スクールの思想が「民衆の人権や民主主義の推進の立場から考えられたもの」か「産業資本家を中心とした経済発展・社会統制の立場から考えられたもの」かのいずれかを判断することは容易ではない。「マン自身の社会的立場は明らかに後者に属するものである。かといって、彼がコモン・スクールを単なる経済発展や社会統制の手段としてのみとらえていたとも考えにくい」のである（松浦 2003：147）。もちろん一方では、歴史研究、思想史研究のなかで、事実としてマンがどうであったかを史料の検討を重ね明らかにしていく必要があろう。しかしながら他方で、現状の一定の理解をもって私たちが教育実践をおこなっていかなければならないとき、私たちはそうしたこれまでのマン研究の成果をどのように活用していくことができるだろうか。本章で見たように、マンの思想――マンに限らずある思想家の思想――が複数の側面を持つ多面的なものであり、それへの評価が賛否両論を含む多角的なものであるとき、それを知識として知っておくことの意味は何だろうか。

第7章 ホーレス・マンと公教育制度の展開

　本章では、19世紀米国における公教育制度の展開について、社会改革者としてのマンの思想と行動に着目しながら、その評価の難しさも含めて解説してきた。教育における「民主性」と「専門性」の相克というテーマは、現代の日本の文部科学省行政や教育委員会制度、あるいは校長のリーダーシップなどとも関連する。本章を経てぜひ考えておきたいことは、マンの時代やそれ以降にマンに対して多角的な見方がありえたように、現代においても、そして将来においても、ある考え方や制度については同様に多角的な見方が存在しうるということである。そうした見方の「パターン」を歴史から学ぶことの大切さを本章では示したかった。マンのような両義的な思想家を歴史的に扱うことの面白さ、そしてそれを学ぶことが教育実践をも変えていくポテンシャルを持ちうることを読者の皆さんと共有できたとすれば幸いである。

[岸本智典]

さらに考えてみるために
- 1820年代以降の米国では、教職の社会的地位向上のため「教育科学」を推進、普及させようとする動きがあった。ただ、他方で教育という職人的技術（第5章の「タクト」論も参照）を一般知として伝達することは一種のマニュアル化でもあり、同時期に訪米したトクヴィル（Alexis de Tocqueville, 1805–1859）がマニュファクチャーの科学が労働者の地位を低下させ雇用者階級の地位を高めると指摘していたことを思い出すと、「教育科学」が教職の地位を低下させるという考え方も成り立つことになる。「科学（学問）」としての教育学を学ぶ皆さんはこの問題をどのように考えるだろうか。
- 本章では「教育」に「政治」や「経済」がどのように関わるかを、マンを事例に考えた。では、現代日本でそれらはどう関係しているだろうか。そもそも「政治」や「経済」とはどんな営みで、どう定義できるだろうか。

注
1）このときマンは、産業資本家たちへのアンケートから教育の経済的生産性を何とか裏

第1部　近代教育の成立

づけようとしたのだが、それと同様に彼は、教育条件の改善案を実現しようとする際には一部の有力な現場教員たちから証言を得ようとした（久保2004：ix）。こうしたマンの手法が持つ先駆性と問題性については本節後半部も参照。

2）ただし、こうしたカッツらの研究に対しては、1980年代以降、データの扱い方等をめぐって既に疑義が呈されている（河野1995）。

参考文献

- 青木薫（1979）『アメリカの教育思想と教育行政』ぎょうせい。
- 岡山裕（2020）『アメリカの政党政治──建国から250年の軌跡』中央公論新社。
- カッツ, M. B.（1989）『階級・官僚制と学校──アメリカ教育社会史入門』藤田英典・早川操・伊藤彰浩訳、有信堂。
- 勝野正章・村上祐介（2020）『新訂　教育行政と学校経営』放送大学教育振興会。
- 河野仁（1995）「米国における教育の歴史社会学・社会史研究──「教育拡大」研究の理論と方法を中心に」『教育社会学研究』第57集、55-79頁。
- 久保義三（2004）『教育の経済的生産性と公共性──ホレース・マンとアメリカ公教育思想』東信堂。
- 髙宮正貴（2018）「第3講　教育の歴史①　学校の歴史」島田和幸・髙宮正貴編著『教育原理［よくわかる！教職エクササイズ1］』ミネルヴァ書房、28-39頁。
- 田中智志（2005）『人格形成概念の誕生──近代アメリカの教育概念史』東信堂。
- 津布楽喜代治（1975）「第一章　植民地時代の教育」梅根悟監修、世界教育史研究会編『世界教育史大系17　アメリカ教育史Ⅰ』講談社、5-49頁。
- 松浦良充（2003）「マン──コモン・スクールの思想」宮澤康人編著『近代の教育思想［三訂版］』放送大学教育振興会、138-148頁。
- ─────（2020）「第5章第2節　アメリカ啓蒙主義期の教育思想」眞壁宏幹編著『西洋教育思想史［第2版］』慶應義塾大学出版会、117-146頁。
- マン，ホレース（1958）『十九世紀のヨーロッパ教育──ホレース・マン才七年報』川崎源訳、理想社。
- 村上祐介・橋野晶寛（2020）『教育政策・行政の考え方』有斐閣。
- 渡部晶（1981）『ホーレス・マン教育思想の研究』学芸図書株式会社。
- 和田光弘（2019）『植民地から建国へ──19世紀初頭まで［シリーズ　アメリカ合衆国史①］』岩波書店。
- リース，ウイリアム・J.（2016）『アメリカ公立学校の社会史──コモンスクールからNCLB法まで』小川佳万・浅沼茂監訳、東信堂。
- Mann, Horace. (1868) "Annual Reports on Education." In *Life and Works of Horace Mann*, edited by Mary Mann, Vol. 3. Boston: Horace B. Fuller.

現職教員はこう読んだ③

column 7

現代における教師の専門性
——社会の変化による影響とは

髙木俊輔（聖光学院中学校高等学校教諭）

「「教育」「政治」「経済」の三つの領域の相互関係」[第7章参照]は現代ではどのような意味を持つだろうか。教師の目線から考えてみたい。

マンらの教育制度改革は「さまざまな個人や団体と意図や利害を反映する動きの一つだった」[第7章参照]と言われるように、現代の学校教育もまた社会の変化の影響を色濃く受けている。日本も例外ではなく、例えば現行の学習指導要領はOECDが行うPISAの影響を強く受けており、全人的な教育とともに、学習者が将来経済活動に参加できるようにするために「よく準備する」ことが重要視されていると言って差し支えないだろう。現職の教師として、教育は経済活動のための人材を育てるためだけにあるわけではないということは強く訴えておきたいところではあるが、一方で、生徒たちが将来不利益を被ることのないよう、社会（民意）の要請を無視することはできないところに、少なからず緊張関係が存在する。マンの教育思想はそのような環境で教育に携わる私にとって、教師にはどのような役割が求められるのかという疑問を想起させる。

マンが描いた教育制度では、上級な学問を修めた一部の人間が教育を主導し、質を保つ仕組みが作られており、日本でもこの影響は色濃く、文科省を頂点とし、各都道府県の教育委員会からより小規模の教育委員会へ、という縦割りの行政制度を通じて上意下達的に情報と指導が下されている。そのような制度化では、教えるべきことを効率よく、効果的に教えるための知識と教授のための技術が教師にとって非常に重要な専門性であったはずだ。もちろん、それらの知識と教授技術が依然として必要であることに疑いはない。しかし、テクノロジーの進化に伴う社会の変化は、教師に求められる専門性に大きな変化と問い直しを迫っている。特に顕著なのは、ICT（情報や通信

に関わる技術）の進化と生成AIの登場だろう。

　テクノロジーの進化により、今や知識は検索されるものどころか、日々創り出されるものになった。知識は書籍に独占されるものではなくなり、誰でも、どこにいても、望んだ知識にアクセスすることは比較的容易になった。そのような時代においては、マンが構想していたような「上級な学問を修めた一部の人間がコントロールしようとする専門性」では対応できなくなっており、そこに一人ひとりの教師の民主的な工夫が、今まで以上に必要になってきたと言えるだろう。特に2022年末にOpenAIがChatGPTを発表して以降、生成AIは教育に大きな影響を与えており、教育現場では戸惑いと驚嘆の入り混じった反応が垣間見える。教育の政治性に照らして考えると、生成AIに対する教師の戸惑いは、「学習における教師から学習者への権限の移譲」が起こっていることに起因しているように感じられる。学習者は必要に応じて知識を創り出すことが可能になり、教師は知識のあり方が変化したことで、それまで当たり前であった専門性が通用しなくなる可能性があることに恐れを抱きつつ、社会の要請に応えようと奮闘している。

　しかし、学校はそのような変化への対応が遅れがちな場所である。教師は社会の変化を認識しつつも、上意下達で降りてくるカリキュラムをこなしながら、日々の業務に献身的に取り組んでいる。これは教師を非難しているわけではなく、日々の授業や、目の前にいる学習者を思えば、彼らとの関わり方を急激に変化させることに躊躇してしまうことは理解できるのだ。この葛藤と社会の要請との折り合いは、現代の教師にとって重要な課題だろう。

　では、教師の現代的な「専門性」とは何だろうか。一言で答えるのが難しい問いではあるが、これについて私は現代の「専門性」を必ずしも教科の知識や教授技術に限らず、学習に関するそもそもの考え方や教師のbeliefを含む、より広い概念として捉えるべきだと考える。現代の教師には、多様化する学習者に対応しながら、クラス運営、学習のデザインと運営、ICTや生成AIの活用、学習の評価とフィードバックなど多岐にわたる専門性が求められている。そしてこれらの専門性は、教育が人と人とが関わり合う営みであることを土台として語られるべきだろう。

第 2 部

近代教育の
問いなおし

第8章 教育思想家としてのジョン・デューイ
―― 連動する「個人」と「社会」のダイナミズムを支える教育

教師は、ただ従うことを期待される軍隊の一兵卒のようでもなければ、ただ外部の力に反応したり力を伝えたりすることを期待される歯車のようなものでもない。そうではなく、教師は作用の知的な媒体でなければならない。

マクレラン&デューイ『数の心理学』

1. 序――「個人」と「社会」のバランスをいかにとるか

　アメリカ現代音楽の先駆とも評価されることのある作曲家アイヴズ（Charles Edward Ives, 1874-1954）の作品に、ピアノソナタ第2番「マサチューセッツ州コンコード、1840-60年」という楽曲がある。このいわゆる「コンコード・ソナタ」は、アメリカ哲学史の叙述においてしばしばプラグマティズムの前史として扱われるエマソン（Ralph Waldo Emerson, 1803-1882）やソロー（Henry David Thoreau, 1817-1862）ら超絶主義者（トランセンデンタリスト）たちの名前を各楽章名に採用し、かれらの精神の音楽化を試みたものである。冒頭から鳴り響く不協和音の連続からは、かれらの孤高の生、自分自身を第一に信頼する「自己信頼（Self-Reliance）」の思想を感じとることができる。[1)]

　19世紀中葉の米国を生きたトランセンデンタリストたちが問題にしたのは、前時代から続くかれら自身の文化的遺産との距離の取り方だった。その最たるものが「原罪」を背負う存在として人間を捉えるカルヴィニズムの伝統である。こうした人間像から、人間の善を為す能力を強調し「進歩」や

「完成」を求めるロマン主義的な人間像への転換、また、私たちの道徳性の由来を神からの「恩寵」といった自然を越えたところに求める超自然主義から、自然の内側に求める自然主義への転換といった関連しあう思想的革新をかれらは共有していた。そのような信念から、この世界を生きる私たち「個人」が自分自身の内なる神性（「理性」）を見いだして、それにしたがって孤高に生きることをかれらは説いたのである。

ただし、かれらトランセンデンタリストたちを、「社会」なるものを一切顧みずに「個人」の孤高を貫こうとした人々とイメージするならば、当時を生きたかれらの苦闘の半面を見落とすことになる。かれらはあくまでも同時代的な文化的風潮の束縛に対して、私たち人間が忘れてはならないはずの「個人」的な側面（たとえば個人の尊厳や権利）を強調することに文字通り命を懸けたのであって、かれらの抱えた問題はむしろ「社会」と「個人」とのバランスの取り方にあったと考えるほうが妥当だろう。かれらは「新奇さに飢え、前代からの宗教的遺産という思想的拘束の打破を熱望し、各個人の魂という輝かしい特殊性を活用しようと躍起になり、個人的反抗と社会的コミットメントとのバランスを見つけるべくたえず奮闘していた」（ラトナー＝ローゼンハーゲン 2021：117）のである。

19世紀米国では、改革運動に賛成するか反対するかといった現実社会での様々な選択が、個人に大きなプレッシャーを与えていた（第7章参照）。そのなかで、トランセンデンタリストたちは「個人」を失わないよう呼びかけた。しかしそれは、エマソンにせよ、ソローにせよ、「社会的コミットメント」（たとえば奴隷制廃止論者としての関与）のあり方に直結する主張であった。重要なのは、「社会」のなかで私という「個人」がいかに生きるか、なのである。

アイヴズの楽曲のタイトルにある「1840-1860年」は、トランセンデンタリストたちの思想が活発に展開されたおおよその時期を示している。本章の主人公である**ジョン・デューイ**（John Dewey, 1859-1952）の生年がここに収まることにはすぐ気づくだろう。19世紀前半の米国が思想的に涵養した「個人」と「社会」のバランスという視座は、次世代を生きたこの著名

第8章　教育思想家としてのジョン・デューイ

な教育思想家の精神へと継承されていくことになる。本章では、19世紀の米国でトランセンデンタリストたちからデューイへと受け継がれたこうした精神が、19世紀後半以降の時代状況のなかでどのように応答、反響し、教育を論じる際にどのようなかたちで機能したかを見ていく。

さて、ここで冒頭のエピグラフを読み返そう。このことばの前には「教師は、教育体系全体がそれらに基づいて形成され、運営されるような一般的な諸原理を理解すること、また、批判さえできることが望ましい」（McLellan & Dewey 1895：14）と書かれているので、"教師は知的、批判的でなければならない"というメッセージがすぐに読み取れる。だが、それ以上に読み取るべきは、このことば――特に「作用の知的な媒体（an intelligent medium of action）」という表現――に、社会における教師や学校の位置についてのデューイの思想が反映していることである。連動する「個人」と「社会」という社会像ないし世界像。その全体的な「作用」のなかで、教師はどのような役割を果たすべきか。教育はどこに位置づくのか。これが、デューイ教育思想を考えるうえでの問題である。本章を読まれる際、上記の「個人」と「社会」という視座とともに、このこともぜひ意識されたい。

2.「新教育」のなかで――デューイ教育思想の基本的性格と位置づけ

2-1. 子供中心主義と教育学の経験科学化

本章のエピグラフに置くかを迷った、非常に有名なデューイのことばがある。いわゆる「**子供中心主義**（児童中心主義）」の考え方をデューイが表明したものであるそれは、1899年の著書『**学校と社会**』のなかに現れる。

> 古い教育は重力の中心を子どもに置いていない［…］。その中心は、教師や教科書や、その他どこであろうとかまわないが、とにかく子ども自身の率直な本能的行動や活動以外のところに置かれているのである。そうなると、子どもの生活はあまり問題にされなくなる。［…］今日私たちの教育に起こりつつある変化は、この重力の中心を移動するということにほかならない。それは変革であり革命であって、コペルニクス［Copernicus］

によって天体の中心が地球から太陽へと移動したことに匹敵するほどのものである。この場合、子どもが太陽となり、そのまわりを教育のさまざまな装置が回転することになる。（デューイ 2019：141-142）

　デューイは教育の転換を、天文学におけるコペルニクス革命にたとえている。教師や教科書の周りを子供が回る旧来のあり方ではなく、逆に子供を中心に教師や教科書が回り、子供の「生活」を準拠点としながらそれらが再構成されていくあり方が唱えられている。「教育におけるコペルニクス的転回」とも表現されるこうした言明は、「これまでに数えきれないほどの論者によって引用され、またデューイをアメリカの新教育運動の旗手とする一つの根拠にもされてきた」（上野 2022：38-39）ものである。

　ただし、子供を教育の中心に置く「<u>新教育</u>」は、アメリカに特殊な現象だったわけではない。人口拡大や技術革新による都市化や工業化は、それに伴う貧困地区の形成や衛生面の悪化現象などとともに世界の各地で進行し、新たな教育のかたちを求めるという文脈が当時の各国に存在した。新しい教育方法やカリキュラム、教育環境を希求する学校改革運動は、たとえばドイツでは「改革教育」、日本では「<u>大正自由教育</u>」というように、その内実や論敵とともに呼称も様々に存在したが、いくつかの共通する特徴を備えながら、いわばグローバルに展開する「新教育」運動だったのである。

　そんななか、19世紀後半の米国でも交通網や電信技術、医療技術の発達などを背景にそうした社会変容は加速し、アングロ・サクソン的な文化的背景を共有しない南欧、東欧からの移民の増加など特殊な条件を抱えてもいたものの、それらも都市化や工業化の進展におおいに寄与することとなり、「<u>進歩主義教育運動</u>」（プログレッシヴ）として新しい教育を求める動きは活発化した。こうした動きのなかで、上記のデューイのことばも発信され、一定の意味を持ち、読まれ、流通していたのである。

　では、各地の新教育運動に共通し、デューイ思想にも認められる特徴とは何だろうか。ここではそれを、①子供中心主義、②経験科学との結びつきの二点に整理しておこう（岸本 2018）。第一に、「子供中心主義」という考え

方については、その論敵となった19世紀を通じて広がっていたヘルバルトやヘルバルト派の教育学（第5章参照）と対比すると理解しやすい。実践哲学（倫理学）的に考察された教育目的に向けて、必要とされる教育内容が適切と考えられる教育方法でもって段階的に秩序立てられ教えられる仕組みを構想していたヘルバルト派に対して、デューイを含む「新教育」の立場にたつ人々は、こうした教育理論や実践が「大人」の側の意図や動機によって組み立てられたものであると告発した。つまり、大人の重視する知識が教育内容となり、教授プロセスについても大人の側の便宜が重視されているのではないか、という指摘である。そうではなく、子供にとって必要な知識や技能、経験を与え、子供が学ぶプロセスの特徴を踏まえるべきことをかれらは主張し、「子供」の側から教育理論や実践を再構成する方向で議論や改革を進めた。ただ、子供に考察の焦点を置く発想はルソーやペスタロッチなど（第3～4章参照）にも見られたことを考えるならば、かれらの教育思想が社会状況の変化に応じて読み直され、再発見されたと見るほうが適切だろう。

　もちろん、こうした「新教育」の側からのヘルバルトやヘルバルト派に対する批判が適切かどうか、また、両者にそれほどの理論的差異が認められるのかについては検討の余地が残る。そもそもデューイ自身も全米ヘルバルト協会の理事を務めるなどヘルバルト派の学者たちとの親密な理論的交流をもっていたし（上野2019：380）、また、ヘルバルトにとっても子供たちの学習過程についての知見は心理学的な方面の仕事として教育学に必須のものであった。とはいえ、19世紀末からの「新教育」には子供の学習過程の研究についての大きな特徴があり、そうした視座からヘルバルトの心理学を批判していたと見ることもできる。それが第二の経験科学との結びつきという特徴である。具体的には、子供研究あるいは教育論を、生理学、生物学、心理学、社会学といった19世紀中葉以降進展した自然科学や人間科学（human sciences）の成果を取り入れつつ構築していた点を新教育の特徴として指摘できる。この点はヘルバルトよりも時代を下った一部のヘルバルト派の人々にも通ずる特徴ではあるけれども、少なくとも19世紀初期までの教育学——個人の経験や少数の観察から練り上げられた思考の産物であっ

たり、倫理学などの他領域の学問を参照して思弁的に導き出されたりしたもの——との対比においては浮き彫りになる特徴だろう。新しく実験や測定、統計といった手続きが教育に関する知を構成する手段となり、経験的な証拠(エビデンス)をともなった教育学が「新教育」の実践を様々に支えていくことになったのである。

2-2．生活―学校―文化的蓄積の連関をいかに生み出すか――デューイのキャリアと教育再構成への関与

　さて、ここまでデューイ教育思想の基本的な特徴を見てきたが、実際の教育現場での彼の実践についても紹介しておきたい。ペスタロッチなどと同様、デューイも学校教育現場に対する具体的な関与がある。環境面など外的な事情を中心に説明するので、彼のキャリアも合わせて簡単に紹介しよう。

　ダーウィンの『種の起源』の初版が出版された象徴的な年である1859年にヴァーモント州バーリントンで生まれたデューイは、しばしば私教育の恩恵をおおいに被りながら育った当時の多くの知識人たちとは異なり、公立小学校や公立ハイ・スクールで教育を受け、大学に進学する。ヴァーモント大学を卒業後、数年間の学校教師を経験していることも特筆すべきだが、彼自身の在学中や学校教員として働いていた時期が米国における初等中等教育の拡大期にもあたり、**南北戦争**（1861-1865）以前に一般的だった一校舎一教室に多年齢の生徒たちが学ぶ旧式の学校施設から、クラス分けやカリキュラムの整備が進んでいく近代的な学校制度へと変わりつつある変動期でもあったことに気を留めておくと、彼の人生や教育的問題意識をイメージしやすくなるだろう。学校教員として働きながらも哲学論文を書き続けた彼は、82年にジョンズ・ホプキンズ大学大学院（初の大学院大学として1876年に創立）へと進学し、哲学や心理学研究への道を選択する。84年の学位取得後は、ミネソタ大学やミシガン大学などで研究と教育に勤しむが、94年の**シカゴ大学**（90年創立）への着任が彼と教育学との繋がりを決定的なものにする。

　当初、彼は哲学・心理学・教育学科の主任教授として着任した。1896年

第8章　教育思想家としてのジョン・デューイ

　1月には「大学附属小学校」も開設——当初は6〜9歳の子供16名と教師2名——され、デューイが責任者となった。先のことばが現れる『学校と社会』（1899年）という著書にはこの学校での実践報告という側面もあり、そこでは、デューイの教育思想とそれを実現するための現実的な条件とが論じられている。なお、1902年には「**実験室学校**」（ラボラトリー・スクール）と名称が変更され、このときの生徒数が約140名、教師が23名となり、学校組織もナーサリー、エレメンタリー、ミドル、ハイの4段階に拡充された（上野2019：382-383）。以後、「**デューイ・スクール**」という呼称も定着し、現代に至っている。

　この学校での教育実践のなかで最も有名なものが「**オキュペーション**」と呼ばれた活動である。それは、当時の米国で広まっていたフレーベル主義にも触発されながら、"専心する原初的な活動としての手仕事"——フレーベルの「遊び」——を重視する教育活動であり、具体的には、木材を使った工作や調理、裁縫、織物などの生活に根差した内容を取り入れる教育法だった。学校のカリキュラムのなかに"生活"の要素を持ち込み、社会的な次元との連続性を持たせるものと考えれば、現代の「生活科」や「総合的な学習（探究）の時間」の先駆と位置づけることも可能だろう。

　また、こうした発想は、社会のなかでの学校自体の位置づけや、学校内部の空間に対しても再構成を求めるものだった（デューイ2019：165-177）。すなわち、「学校」が家庭や地域社会、専門機関や社会教育施設との交流を基礎に置くよう再構想され、学校内部でも、フロアの中心に図書館を配置しつつその周りに調理室や工作室などを置くというように、いわば"学問知と生活知とのグラデーション"を思い描くものだった。これにより教科という学習諸領域が、文化的蓄積の核たる図書館や博物館と、学校外の生活空間とのあいだに位置づけ直されることになる。したがって、デューイによる教育の社会的再構成は、空間的次元のみならず時間的次元をも含み込む構想だったと言え、時空間を越えて継承されてきた知的遺産と現代人の生活との連関をいかに生み出すかという課題意識に貫かれたものだったと理解することができる。

第2部　近代教育の問いなおし

　こうした意識は、同時期の**『子供とカリキュラム』**（1902年）はもちろん、1904年のコロンビア大学異動後に公刊した**『民主主義と教育』**（1916年）などでも継続する彼の基本的な教育学的認識だったと言えるが、さらに言えば、このような教育再構成の仕事は、彼のなかでは人間の知識の本性について伝統的に探究してきた「哲学」の課題とも結びついており、彼の教育への関与を「知識の問題を探究の実践をとおして考察」（ククリック2020：140）しようとした哲学者の振る舞いと見ることも可能である。彼の「実験室学校」は、教育の実験室であるとともに、哲学の実験室でもあったのである。
4)

3．デューイ教育思想や実験室学校をどのように評価するか
　　——「民主的な教育」を再度アップデートするために

　以上のデューイ教育思想や彼の実践について、皆さんはどのような印象をもっただろうか。非常に現代的で、案外、皆さんにとってはふつうのもの、ことさら言われなくてもすでに重視していたような考えだったのではないだろうか。もしそうだとしたら、そのことこそ、現代においてデューイらの新教育的な思想が浸透していることの証だろう。本書で言えば、とりわけ第二部で扱われる現代的思想家については同じことが指摘できるかもしれない。デューイに関して言えば、その限りでも彼をたしかに私たち現代人の教育思想の出発点として据えることができる。彼の思想を読む際には、すでにそれが主流化した現代の地点からそうした側面のデューイの声を聞いているのだということに注意しなければならない。

　さて、本節ではそのように私たちにとって馴染み深いはずの彼の思想について、これまでにどのような評価がなされてきたのかを見る。彼の教育思想や実践に対する評価を確認することは、そのまま、私たち自身の教育思想や実践を自己批判することにも繋がることだろう。

3−1．デューイ自身の進歩主義教育批判
　まず、広く「新教育」がもっていた「子供中心主義」に対する批判がある。

141

第8章　教育思想家としてのジョン・デューイ

日本でも第二次世界大戦後の1940年代後半から50年代にかけて、アメリカ流の経験主義教育が徐々に「這い回る経験主義」として批判されるようになったことはよく知られているが、同様の現象は米国でも起きており、じつのところデューイ自身も進歩主義教育運動の「子供中心主義」への過度な傾斜に対しては批判的な姿勢を保っていた。19世紀末に大学附属小学校での試みを開始していたデューイは、後年、それらの試みによって触発された多くの進歩主義教育の実践が彼の思想を不十分にしか理解していないことについて、いくつかの角度から見解を表明している。

たとえば、1938年の『経験と教育』では「伝統的教育」と「進歩主義教育」とが長く論争を続けてきたことに対して、そうした対立図式がそもそも誤っていること、カリキュラムや教科と子供の経験とを対立させてどちらをとるかという二者択一ではなく、両者の二元論的対立を乗り越える――経験を「相互作用」と「連続性」の原理から見て両者を連続的なものとして捉える――ことこそ重要であると強調した（上野2022：203）。たしかにデューイは、たとえば『子供とカリキュラム』（1902年）において、「新教育」が子供の現在の能力や興味のみを究極的に意義あるものと捉える危機に陥っていることをすでに指摘しているし（上野2022：53）、さらには19世紀中の著作『私の教育学的信条』（1897年）でも、教育のもつ「心理学的側面」――子供の本能や興味など――は出発点として重要だけれども、それらを解釈するためには「社会学的側面」――人類の文化的蓄積の観点――も重要であり、両者とも無視することはできないことを語っている（cf. 藤井2019：vi）。

3-2．「実験室学校」の特権性

ただ、こうしたデューイの教育構想が十全に実現化するには、多くの現実的な障壁があったことも知っておくべきである。デューイ・スクールの構想と実践に対しては、当時すでに、見学者の教師たちから通常の学校の条件ではその実現が難しいという意見が出ていたが、デューイはこの問題について明確な回答ができなかった。それどころか彼は、通常の学校と「実験室学

校」とが役割を異にするものであり、後者には「とりわけ都合のよい条件」が必要とすら主張している。ここにはデューイの「実験室」観が反映されており、物理学や化学など自然科学の実験室と同様に、実験室学校でも教育実験のためには必要な資源や理想的で特権的な環境が整えられてしかるべきと彼は考えていた（ジャクソン 1998：34-46）。つまり、デューイの教育構想を実施するためには、「実験室学校」がそうであるように特別な空間や十分な時間、資金が必要であることを、彼自身が認めてしまっていたのである。じっさい、デューイ・スクールの経営は当初から赤字続きであり、財政上の困難にたびたび見舞われていたことが知られている（上野 2022：61-62）。

3-3．リベラリズムを更新する社会改良主義者としてのデューイ

　また、教育思想とも関連するデューイの社会思想をどのように評価するかという問題もある。進歩主義教育が拡大普及した時代は、米国で資本主義が急拡大した南北戦争以後の「**金ぴか時代**」に続き、第一次世界大戦後の自由放任的（レッセフェール）な市場に支えられた好景気（1920年代）、「大恐慌」（1929年）からニューディール（1930年）へというアメリカ史の激動期とも重なっている。これと関連して、デューイを広くアメリカ史の文脈のなかでいわゆる「革新主義者」として捉えるかどうか、また、それと関連して彼の思想に保守性を見るか革新性を見るかはデューイ研究においても一大論点であり（森田 1986：291-383）、本章の短い紙幅では議論することはできないものの、触れないわけにもいかない。そもそも"progressivism"を「革新主義」と訳すか「進歩主義」と訳すかもこれまでのところ一致した見解はない。とはいえ、デューイを急進的な左派と区別して、より穏健な立場として位置づけることはおおよそ共有されているのでここで紹介しておこう。

　デューイがシカゴ大学から異動したコロンビア大学のティーチャーズ・カレッジには、ヘルバルト派のF・マクマリー（Frank Morton McMurry, 1862-1936）や、「プロジェクト・メソッド」で有名な**キルパトリック**（William Heard Kilpatrick, 1871-1965）、米国における教育心理学の祖であるソーンダイク（Edward Lee Thorndike, 1874-1949）など、「教

育」をとおした新たな社会形成への関心を共有する錚々（そうそう）たる進歩主義者の教授陣がいた。この大学のメンバーを中心に創刊された雑誌に『ソーシャル・フロンティア』があるが、その創刊号（1934年）はデューイの社会思想を知るうえで適切な手引きとなる。図式的にデューイと対照させるべきは、ソヴィエト教育からの影響をおおいに受けていた**カウンツ**（George Sylvester Counts, 1889-1974）だろう。彼はその創刊号に載せた論考で、レッセフェールに対して生産手段の国有や共同所有を擁護する「集産主義」に接近し、生産手段の集団所有についての考察は避けながらも、教育を全体的な社会改造の手段に計画的に位置づけることを主張した。他方、デューイは同じく創刊号に載せた「教育は社会改造に参加しうるか」という論考で、学校が直接的な社会秩序の形成者や社会改造のエージェンシーになるのではなく、「現在の社会的な力」が向かう多様な方向性と関係しあうことによって「未来社会の形成」に関わるべきと主張した。カウンツとは異なり、学校は現在の政治や経済の改善のための直接的な手段ではないという立場をとったのである（上野2022：197-200）。

　こうしたデューイの立場は、急進的左派とは異なる彼の社会思想を示すものであり、現在のみを過度に焦点化してしまうことから距離を置く点で、先に見た彼の教育思想とも通ずるものがある。藤井（2019）や上野（2022）はこうした急進派との距離を強調し、デューイを穏健な**社会改良主義者**（メリオリスト）として位置づけている。また、上野はこのようなデューイの立場の根底に、ロック的**自由主義**（リベラリズム）（第2章参照）の系譜をいかに乗り越えるかという問題意識を見る。ロック以来の"孤立した個人"という個人像をいかに克服するかがリベラリズム更新の鍵であり、学校（教育）の役割は、経済的な個人でも政治的な個人でもなく、いわば"文化的な個人の育成"をおこなうことである、というのが1930年代デューイの立場であるとまとめている（上野2022：194-197）。本書の視点から見ると、こうしたデューイの思想に、たとえばヘルバルトの「陶冶可能性」概念（第5章）やコンドルセの「完成可能性」概念（第6章）を見ることも可能となるのではないだろうか。

3-4. ジェファソンやマンから連続する「民主的な教育」をアップデートするデューイ

　最後に、「**民主的な教育**」を現代的にアップデートしていくためにはやはりデューイ教育思想に一定の期待を寄せることができるという評価も見ておこう。社会思想史的な広い視野からデューイについての入門書を書くファインバーグは、「教育にとってデューイがとりわけ重要なのは、彼がデモクラシーには一定の人格(パーソン)が必要であると理解し、そうした人格の発達については公(パブリック)的な学校に主要な責任があるだろうと信じていたから」だと述べる。彼によれば、「デューイが子供中心の教育者であるのは、子供期をロマン主義的に捉えているからではなく、デモクラシーの基本的な価値〔平等、自由、探究、相互成長など：引用者注〕は社会的に構築される必要があることを理解していたから」なのである。(Feinberg 2018：xi)。このように、デューイ教育思想の核は、民主主義社会や民主的な生き方の実現にとって諸個人の一定の人格の発達が条件となり、さらにそうした人間形成のためには公的な学校システムが条件となるという、形成する「個人」と「社会」の連動を見てとった点にある。

　ファインバーグは、デューイを「民主的な教育という曖昧な観念」を支える「三本目の脚」を代表する人物と位置づけている。一本目は**ジェファソン**(Thomas Jefferson, 1743-1826) が通例代表する、教育について貴族主義ではなく実力主義を採り、生まれよりも能力によってリーダーを選出する考えであり、二本目は**マン**(Horace Mann, 1796-1859) が通例代表する、普遍的で強制的な教育という考えである (第7章参照)。それに対してデューイが代表する三本目の脚が「民主主義社会の基本的な価値観を形成する教育」という上に見た考えである。ここからだけでも学べるのは、ただ「民主的な教育」を唱えるだけではナンセンスだということだろう。少なくとも、ジェファソン的か、マン的か、デューイ的かを区別することはできるし、教育論議にとって有効である。ここにも歴史のなかの思想家の思想を比較する意味が見出せる。

　だが、ファインバーグが合わせて述べる留意点のほうが本書にとっては重

要事項かもしれない。第一に、上述の三つの区別が英雄主義的に解釈されてはならないと彼は注意する。そうした見方は実際に歴史の展開に寄与した多様な人々――一般人、労働者、女性、アフリカ系アメリカ人、ネイティヴ・アメリカン、同性愛者、など――の闘いを切り捨ててしまうことになるからである。また第二に、アメリカのデモクラシーが未完で欠点のあるものと認めることも必要である。特に、選挙システムや司法や教育に対して富の強大な影響による歪みが発生している点を彼は指摘する（Feinberg 2018：1-3）。ジェファソン、マン、デューイと進んできた「民主的な教育」をさらにアップデートするためには、こうした留意点を踏まえて語る必要がある。

じつはデューイ自身、みずからをマンの教育理念を現代的に実現するものとして位置づけてもいた。進歩主義教育協会大会での1936年の講演「教育に対する民主主義の挑戦」において、デューイは、マンがすべての子供たちに教育を受ける権利を保障し民主的な生き方の実現のために無償で共通の公教育制度を整備すべきと主張したことを高く評価しながらも、マンの理念はいまだ十分に達成されておらず、教科、教育方法、教育行政のあり方を教師と子供の自由な相互関係やコミュニティづくりの観点から再組織化する必要があると語っていた（上野 2022：200-201）。こうした見解は、『学校と社会』において知識吸収型の「旧教育」では子供たちが競争的になってしまい、協働性などの真に育てたい力が育たないとしていた主張（上野 2022：42）とも共鳴する。ここには、先に見たリベラリズムや功利主義がもつ狭い個人主義をどう乗り越えていくか――"孤立した個人の克服"――という、デューイに一貫する問題意識が横たわっている。マンの思想との連続性、当時の社会的文脈のなかでその理念をどのように実現するかという問題意識、そして、そうした実現において考え方をどのように改めねばならないかというデューイ独自の視点と努力。これらの実際を本章では見てきた。社会的世界に対して"思想"が持ちうる役割やそれが果たす機能を示すよい事例としてデューイ思想を理解することも、本章をお読みになった皆さんには可能となったはずである。

4．近代教育批判の出発点としてのデューイ——結語にかえて

　デューイは「私の教育学的信条」のなかで「デモクラシーおよび近代的産業状態の到来によって、まさに文明が今から20年後にどうなっているのか、はっきりと予言することは不可能」であり、「それゆえ、子どもを何らかの条件の精密な組みあわせに向けて準備させることは不可能である」（デューイ 2019：83）と語っている。たとえば将来の職業などに対する準備教育の不可能性の主張と一般には解釈されるだろうこのことばであるが、読み方によっては、社会状況に応じてよい教育は異なるという相対主義的言明にも見える。そのように語るデューイは、たしかにいわゆるポストモダン思想の入口にいたと言えるのかもしれない。

　一般に、近代思想に対して、普遍的な真理や価値の絶対性を疑い、多様性や相対性を重視し、伝統や権威を再解釈する視座をポストモダニズムという。アイヴズの音楽を多様性の融合や伝統の再解釈という点でポストモダニズムの観点を先取りするものと評価できるように、デューイもまた、教育学に近代的な枠組みを超える視座を提供していた。本章でデューイ教育思想について考えたもろもろの論点は、第9章では教育における超越性、第10章では教育観そのものの問い直し、第11章では教育における男性中心性、第12章では教育における抑圧や格差を生む社会構造といった、現代においても重要さを増す個別の論点として、各章で考察が深められるはずのものである。

　その意味で、本書全体の構成どおり、デューイは近代教育批判の出発点にたしかに位置していたと言うことができるだろう。

[岸本智典]

さらに考えてみるために
- デューイは大正期の1919年に来日もしている。彼は日本の教育者たちにも多大な影響を及ぼしてきた。日本との影響関係について、歴史も調べつつ、本章で紹介した生活科や総合学習のほかに何があるか考えてみよう。
- 現代の「社会に開かれた教育課程」の一つの源流がデューイの教育思想や実践構想にあることは、本章からすぐに読み取れるだろう。では逆に、

デューイの時代と現代とではどのような違いがあるだろうか。そうした違いをもとにデューイ教育思想を皆さん自身がアップデートしてみてほしい。

注

1) もちろん、そのような特徴づけのみでアイヴズの音楽を語れるはずはない。西洋音楽史上の彼の位置づけについて、たとえば近藤譲はそれを「基本的にはロマン主義的な考えに裏打ちされている」ものの、「その作曲技法はきわめて独特で、それらが作られた二〇世紀初めごろの人々の耳には、たいへん異様に聞こえた」に違いないと推察している。アイヴズの音楽には「しばしばひじょうに半音階的で複雑な響きと、あからさまに調性的で朴訥な響きが同居し、また、異なる調あるいは異なるテンポやリズムが同時に進行したり、さらに、彼の日常生活の身のまわりにあったなじみの民謡や賛美歌の旋律の引用がいたるところにちりばめられ、そしてなかには、四分音を使った曲さえあ」り、たんにロマン主義的な系譜のみからは彼の音楽を捉えることはできない（近藤2019：248）。「二〇世紀初めごろの人々の耳」のなかにデューイのそれが実際に含まれていたかどうかは興味深い問いであろう。
2) なお、ここでデューイが「教師」を受ける代名詞として"he"を用いていることには、ジェンダーの視点からも批判的に気を配っておくべきだろう。
3) 本章では、原則「子供」という表記を用いるが、引用元の表現にしたがって「子ども」とした場合もある。
4) 1880年代から1910年代にかけて形成され、いったんの完成をみるデューイ教育思想の背後には、同時代の思想的潮流と格闘したデューイの様々な哲学的関心も認められる。そこには、ダーウィニズムからの影響やそれへの彼の解釈、心理学や論理学の再構成、さらにはデューイ流のプラグマティズム（「道具主義」）の構築など、本来は重ねて論じるべき多くの主題がある。これらのテーマについては、広くはスタンリック（2023）やラトナー＝ローゼンハーゲン（2021）、ククリック（2020）を、上述の特定の主題については、森田（1986）や岸本（2022）などを参照されたい。

参考文献

Feinberg, W. (2018). *Dewey and Education*, New York: Routledge.

McLellan, J. A., & Dewey, J. (1895). What psychology can do for the teacher. In J. A. McLellan & J. Dewey, *The psychology of number and its applications to methods of teaching arithmetic* (pp. 1-22). D. Appleton & Company.

上野正道（2019）「解説」田中智志総監修、上野正道訳者代表『デューイ著作集6 教育1 学校と社会、ほか』東京大学出版会、377-388頁。

———.（2022）『ジョン・デューイ──民主主義と教育の哲学』岩波書店。

岸本智典（2018）「第6講　教育の歴史④海外の教育史（近代教育学の成立〜新教育運動）」島田和幸・髙宮正貴編著『よくわかる！教職エクササイズ1　教育原理』ミネルヴァ書房、2018年、64-75頁。

———．（2022）「デューイによるジェイムズ思想の継承と展開」行安茂編著『デューイの思想形成と経験の成長過程──デューイ没後70周年記念論集』北樹出版、111-127頁。

ククリック，B.（2020）『アメリカ哲学史──一七二〇年から二〇〇〇年まで』大厩諒・入江哲朗・岩下弘史・岸本智典訳、勁草書房。

近藤譲（2019）『ものがたり西洋音楽史』岩波書店。

ジャクソン，フィリップ・W.（1998）「編者による序論」ジョン・デューイ『学校と社会／子どもとカリキュラム』市村尚久訳、講談社、13-54頁。

スタンリック，N.（2023）『アメリカ哲学入門』藤井翔太訳、勁草書房。

デューイ，J.（2019）『デューイ著作集6　教育1　学校と社会、ほか』田中智志総監修、上野正道訳者代表、東京大学出版会。

藤井千春（2019）「解題　メリオリズムの教育論」田中智志総監修、上野正道訳者代表『デューイ著作集6　教育1　学校と社会、ほか』東京大学出版会、v-xix頁。

森田尚人（1986）『デューイ教育思想の形成』新曜社。

ラトナー＝ローゼンハーゲン，J.（2021）『アメリカを作った思想──五〇〇年の歴史』入江哲朗訳、筑摩書房。

日本における公教育の成立
——前近代から近代へ

　前近代の日本の教育は、単純化を恐れずにいうならば、各々の身分に応じた知識又は技能を獲得するためのものであった。武家には武家の、農民には農民の、商人には商人の、身分相応の「知」があり、さらに男女でも分けられた。そのため「学校」といっても藩士のみを対象とする藩校から、ひろく庶民が通う寺子屋まで多様な形態が存在していた。現在に比せば、教育目的も教育内容も個人の裁量が大きいが、身分や性別を固定化する側面もあった。

　1800年代半ばに入ると、海外諸国との緊張関係を背景に幕藩体制が揺らぎつつあった。そして1867年の大政奉還により、260年余り続いた江戸幕府は終焉し、天皇を「元首」とする国づくりが急速に進められる。明治政府は、海外諸国に劣らない近代国家をつくることを志向し、前近代の身分制を概ね解体して（「四民平等」）、新たな日本に相応しい国民を創ろうとした。

　近代の教育は、そうした要請に応えるようにして形成されていく。1872年、近代日本教育制度の骨格となる「太政官布告第二百十四号（「学制序文」）」「学制」が発せられ、前近代の教育を否定する形で、近代国家日本としての教育の在り方が示された。そして「学制序文」では「一般の人民華士族卒農工商及婦女子、必ず邑に不学の戸なく家に不学の人なからしめん事を期す」として、身分や性別に関係なく、全ての人が教育をうけることを基本方針（「国民皆学」）として掲げ、基本的には身分や性別に縛られることなく、学ぶことが推奨されたのである。とはいえ、方針及び制度ができても現状との乖離があれば充分には機能しない。初等教育段階の就学率は1880年代に一度50%に届いたが、その後下降し、再び50%を超えるのは1890年代のことであった。その時点でも男女間或いは地域間で差があり続けた。日本「本土」ではない北海道や沖縄では、さらに時間を要することになる。

　急拵えの近代日本教育であるが、「学制」の高すぎる理想は十分に機能し

なかった。よって1879年〔第一次〕教育令、1880年〔第二次〕教育令と立て続けに法令を改正し、各教育段階の法令も試行錯誤を経て、1900年の〔第三次〕小学校令（4年制、原則無償）と1907年の〔第五次〕小学校令（6年制に延長）を以て、日本の義務教育制度の基本的枠組みが成立する。1890年には「教育勅語」が発せられ、戦前日本の学校教育の理念が成立した。ここでは天皇から臣民に対して種々の徳目を示されると共に、それらを以て天皇制国家に尽くすことを求めた。その後、補完するような詔勅も発せられるが、依然として「教育勅語」は、戦前日本教育の中核的な理念であった。

「教育勅語」の成立背景には、智育と徳育を巡る議論があったことを見逃してはならない。それはコンドルセ（第6章）のいう、公教育における知育限定論を想起させるような議論でもあった。政府内部でも、個人の内的部分に徳目として干渉することには様々な立場があったのである。しかし、1880年代の初代文部大臣森有礼による教育政策、いわゆる森文政が智育を重要視して、徳育を軽視したために人々の道徳心が荒廃したという論調で、「教育勅語」成立へと舵をきる。とはいえ、公教育がこうした徳育を強制してはならないという立場もあり、折衷案として、天皇個人の著作物「勅語」という形態をとり、その政治性を排除するよう配慮がなされた。しかし、その後の際限のない日本型ナショナリズムの伸展のなかで、「教育勅語」の権威は最高のものとなり、子ども達が天皇制国家に順じるように作用し続けた。

　日本における義務教育は、権利の平等を実現する手段として、或いはそれを保障する国家の責任として成立したわけではない。近代国家を成立させるため、それに応じる臣民を養成するために成立した。こうした前提は、1945年の敗戦や新憲法の制定で一変したように思えるが、すべてが過去のものとなったのだろうか。現在に続く課題をそこに見出すことも可能だろう。

〔宮里崇生〕

参考文献
・山住正己『日本教育小史―近・現代―』岩波書店、1987。
・佐藤秀夫『学校ことはじめ事典』小学館、1987。

第9章 シュタイナーの教育思想
―― スピリチュアリティと教育

〔…〕人間の内部には、教育者ないしは教師には絶対に捉えることのできない「何か」が存在している、ということでもあります。これは私たちが、敬虔な尊敬の念をもって対さなければならない「何か」であり、これこそが、教師が自分自身の能力の写しを子どものなかへ自分の側から埋めこんでいこうとさえしなければ、教育という芸術をとおして、おのずから展開していく「何か」なのです。

シュタイナー『オックスフォード教育講座』

1. はじめに――「新教育」と神智学

　皆さんは、「見えないもの」に思いを巡らせたことがあるだろうか。『星の王子さま』のなかでキツネが教えてくれた秘密、「かんじんなことは、目に見えない」という言葉を聞くとき、どのような経験が思い出されるだろうか。ただ、この言葉の大切さは共有しても、「教育」という他者の人生に関わる営みを考える際に「見えないもの」を話題に出すことは、何か非科学的で現実ばなれした、無責任なことのように思えるかもしれない。

　本章では、こうした考え方とは反対に、「見えないもの」を含めて教育を考えることこそが、むしろ「現実」の全体を見る上で必要だと考えた思想家、**ルドルフ・シュタイナー**（Rudolf Steiner, 1861-1925）の教育思想を取り上げてみたい。

　シュタイナーは、現代でも世界的にその数を増やしつつある「**シュタイナー学校**」の創始者として知られる。そして、そのシュタイナー学校は、「20世紀のもっとも成功した学校づくり運動（あるいは、失敗しなかった新教育運動）の一つ」とも言われている（吉田ほか2009、215頁）。

第2部　近代教育の問いなおし

　　ここで言及されている「**新教育運動**」とは、19世紀末から20世紀初頭にかけて、それまでの教育を、画一的・詰め込み的で子どもを受動的にする「旧教育」として批判し、「**子どもから**」の視点を重視した教育の動きを指す言葉である。[1] ルソーやペスタロッチ、フレーベルの思想を源流とし（⇒第3章、第4章）、欧米諸国を中心に世界的に展開したもので、シュタイナーの活躍したドイツでは、他にも、ケルシェンシュタイナーの労作教育思想や、リーツに端を発する田園教育舎運動などが知られる。なお、日本でも1910年代からこうした方向性をもつ実践が試みられ、大正新教育と呼ばれた。
　「新教育」は、教育学にも教育実践にも多大な影響を与えており、現在の私たちの教育の見方を深く規定していると言える。しかし、その運動の始まりのところで、新教育推進者の連帯の場としてあった「**新教育連盟**（NEF：New Education Fellowship）」（1921年設立）が、「神智学教育同胞会（Theosophical Fraternity in Education）」を母体に成立してきたものだということは、あまり知られていない（岩間2008、60頁）。
　「**神智学**」は、古くは3世紀の古代ギリシアの思想家、アンモニオス・サッカスにまで遡るが、「近代神智学」の祖は、19世紀ロシアの思想家、ヘレナ・ペトロヴナ・ブラヴァツキーであるとされる。神智学では、人は何回も生まれ変わりつつ精神的進化の道を辿ると考えられており、人は皆、神性を宿す同胞であるとされていた。また、各宗教の源は一つであるとも考えられていた（岩間2008、61-67頁）。
　先に述べた「神智学教育同胞会」も、この会を基に作られた「新教育連盟」も、神智学の考え方を基盤としていた。「新教育連盟」の「原則」には、「常に子どもの中に宿る精神的能力を維持し、増大させるよう目指すべきである」や、「［…］個性は子どもの中に存在する精神力を解放する訓練という形によってのみ発達させることができる」といった、神智学的な文言が多く確認される。こうした「原則」は、当初、カトリック教徒やデューイ哲学者といった"一般の"新教育実践者達から一部異論が出されたものの、会員に同意を強制するものではない、という方針によって、広く受け入れられることになったという（岩間2008、67-69頁）。

2.「現実」としての「スピリチュアリティ」

　新教育を推進する人達の連合であった「新教育連盟」のなかで、神智学の考え方が（濃淡の差はあれ）共有されていたのであるならば、新教育の思想や実践のなかには、「見えないもの」を大切にする視点がさまざまな形で影響を与えていたと言っていいだろう。これは、「**スピリチュアリティ**」の位相を大切にする視点、とも言い換えられるものである。

　ただし、「スピリチュアリティ」という言葉は説明が難しく、一つに定まった定義には馴染みにくい（林2011）。このため、ここではゆるやかに、「感覚的な世界を超えた次元」への方向性を示す語として理解しておく。

　また、この言葉は、テレビや雑誌などさまざまなメディアで取り上げられる、いわゆる「スピリチュアル・ブーム」とも重なるため、場合によっては、「怪しい」「胡散臭い」など、負のイメージと結びつくことがあるかもしれない。あるいは、そこまでネガティブなものでなくとも、娯楽や「遊び半分」といった印象につながり、真剣に向き合うべき対象とは思えないかもしれない。以下では、林貴啓が、「問い」と「答え」という二つの軸で「スピリチュアリティ」を考えた論を参考に、この言葉をもう少し丁寧に見ていこう。

　林の区分に従えば、スピリチュアリティには、自分がなぜ存在するのかや、生きること・死ぬことへの問い、大切な存在を失った際の悲嘆への向き合い方等、人生の根源的な関心事に向かう「問い」の次元がある。また一方で、スピリチュアリティには、感覚的な世界を超えた超越的な次元、非日常的な世界を肯定し、そこに何らかの意味を見出す「答え」の次元がある。ここには、神仏を信仰することや、死後の魂や前世を想定して生活すること等も含まれる（林2011、30-31頁）。

　その上で、林は、この「問い」と「答え」の組み合わせについて、次の4つの象限で整理している。

第Ⅰ象限：「問い」も「答え」もスピリチュアリティの要件を満たしている。何らかの超越的な次元や存在を肯定し、そこから人生の意味や究極の価値などを問う立場。

第Ⅱ象限：人生の意味への問いや、大切な存在を失ったことへの苦悩を抱えつつも、その「答え」が見つからない状態。

第Ⅲ象限：「問い」も「答え」もスピリチュアルなものではない。このため、スピリチュアリティに関する議論を行う上では、この状態は対象とならない。

第Ⅳ象限：「答え」として、超越的なものの存在を肯定しているが、スピリチュアルな「問い」が伴っていないもの。単なる興味本位であったり、金銭運・恋愛運の向上など、現世利益ばかりを追求する等の立場。

図　スピリチュアリティの「問い／答え」の四つの象限
（林2011、32頁より）

　この４つの象限を使って検討することで、例えば「スピリチュアル・ブーム」のなかで取り上げられるようなスピリチュアリティが指すのは、第Ⅳ象限に関わる出来事のみであり、全体の一部に過ぎないことが分かる。また、「問い」の次元のスピリチュアリティとは、感覚的な世界を超えたもの、つまり「見えないもの」の次元を含んだ関わりや葛藤のなかにあるということであって、決して、何か特殊なことを言っているのではないことも分かる。信仰をもつことで生きる意味を見出せたり（第Ⅰ象限）、亡くなった人の供養をすることでその人との関係性を保ち、心が支えられたり（第Ⅰ象限）、あるいは、何のために生きているのかという問いが漠然と浮かんで不安になったり（第Ⅱ象限）――こうしたことは、私達が生きていく上で何度も生起する事柄であるだろう。また、日常生活のなかでこうした話題に触れることがないという人も、例えば誰かをケアし、誰かにケアされる際に、相互に

相手の内面を思いあって、関係を築こうとすることはあるのではないか（⇒第11章）。こうしたこともまた、目には「見えない」ことではあるが、「現実」である事柄の一例と言うことができる。

このように考えてみるとき、冒頭で述べた、シュタイナーが、「「見えないもの」を含めて教育を考えることこそが、むしろ「現実」の全体を見る上で必要だと考えた」ことの意味が見えてくる。私達はしばしば、「見えるもの」だけが「現実」だと考えてしまうが、自分達の生活経験を振り返ってみれば、実はさまざまな形で「見えないもの」に支えられ、それらと関わっているのである。

ただ、そうは言っても、教育のなかでスピリチュアリティを大切にするとはどのようなことなのだろうか。以下では、上述のように「新教育」の思想家の一人として数えられ、神智学とも関わりの深かったシュタイナーの教育思想・教育実践に着目し、そのことを考えてみたい。

3．シュタイナーの教育思想

シュタイナーは1861年、旧オーストリア＝ハンガリー帝国のクラリエヴェック（現クロアチア）に生まれた。およそ40歳頃まではアカデミックな領域を中心に活動していたが、神智学の関係者との縁を通じて、その頃から徐々に秘教的な内容を語るようになっていく。シュタイナーが教育について積極的に発言するようになるのも、シュタイナー学校を創設するのも、こうした、いわゆる「転回」と呼ばれる思想的な変化の後のことだった。

シュタイナーの教育思想にはさまざまな特徴があるが、それらに共通するのが、「見えないもの」を大切にする教育だという点である。シュタイナー教育では、人間を三層（肉体・**魂（心）・霊（精神）**）や四層（肉体・**エーテル体（生命体）・アストラル体（感情体）・自我**）の構造をもつ存在と捉えており、こうしたところに、その特徴が顕著に表れている。（ちなみに、後者の四層構造については、肉体以外はすべて、「見えない」層を指している。エーテル体とは、物質的な肉体が（死んだ後のように）崩れてしまわないよう維持したり、その他、もろもろの命の働きをつかさどったりする部分、ア

ストラル体とは、快や不快、感情など、心の働きを担う部分、自我は、自分を「私」であると言える精神的な主体のことを指している。）

シュタイナーは、こうした人間観を背景に、7年周期の発達論を唱えていた。まず、肉体が誕生する0歳から、歯が生え変わるおおむね7歳頃までの<u>第1・7年期</u>。この時期、肉体は母体から生まれ出ているが、エーテル体やアストラル体、自我は、まだ（肉体にとっての母体のような）目に見えない覆いに保護されている。この時期、子どものエーテル体は、7歳頃に誕生するタイミングを待ちながら覆いのなかで成熟していき、その間に、子ども自身の肉体の形成を手助けしていくと考えられる。そして、その作業の完了を知らせるのが、最初に与えられた歯（乳歯）に変わる自分自身の歯（永久歯）を作り出すことだとされる。

次に、エーテル体が誕生する7歳頃から、性的成熟期を迎える14歳頃までの<u>第2・7年期</u>。この時期、今度はアストラル体が覆いのなかで成熟しつつ、おもにエーテル体へと作用する。そして、アストラル体が誕生する14歳頃から21歳頃までが、<u>第3・7年期</u>。この時期を過ぎると自我が誕生し、人間は、ここで初めて「一人前」となる。

これら三つの発達の時期については、どの要素の成長がもっとも活発であるかによって、力を入れるべき課題がある。例えば、第1・7年期はとくに肉体の成長が著しい時期であるため、知性に働きかけるような教育は避け、もっぱら、周りの環境を整えることによって、肉体を形成することが目指される。これは、単に丈夫な肉体を作るというだけではない。シュタイナーは、この時期の教育では「**模倣**」を重視すべきだと言っていて、例えば、道徳性を育むことも、模倣を通じた肉体づくりの観点から考える。この時期の子どもに、「ありがとうと言いなさい」と、言葉で伝えてもあまり意味はなく、必要なのは、周りの大人達自身が、感謝の気持ちを言葉や態度で周囲の人に示す姿を見せることである。そこから子ども達が、そうした、環境の一つである大人の姿を模倣することで、自然に、必要に応じてお礼を言うことのできる肉体を作っていくのである（cf. シュタイナー1999、23-24頁）。

こうした時期ごとの課題は、他の二つの7年期にも存在する。第2・7年

期には、徐々に思考力は育ってくるものの、まだこの時期は、抽象的な思考をしたり、自分で判断をしたりすることには適さない。このため、子ども達は、学ぶべき事柄を、「概念」ではなく芸術的で美しい「象徴」や「比喩」を通して受け取るべきだとされる（シュタイナー 1999、76-77 頁）。また、シュタイナーは、この時期の教育では「**権威**」が重要な役割を果たすと言い、子ども達が、「強制的にではなく自然に生じるような権威」のもとで学ぶことの必要性を説いている（シュタイナー 1999、73-74 頁）。これは決して、無理やり子どもを従わせようとする横暴な権威ではない。子ども達はこの時期、尊敬の気持ちに支えられることで、後の自分自身の判断の基礎となるものを取り入れていくのである。

こうした二つの時期を過ぎ、アストラル体の誕生を迎えた第3・7年期からの子ども達は、ようやく抽象的な思考に適した状態になる。この時期、子ども達は、これまで権威としての教師から美しいイメージで受け取っていた象徴や比喩に改めて向き合い、それらを知的に捉えなおすことになる（シュタイナー 1999、77-78 頁）。このときに生じる驚きや感銘を、シュタイナーは、知的な学びの基盤として重視するのである[2]。

4.「見えないもの」を考慮する教育

さて、このように「見えないもの」を考慮するシュタイナーの教育思想のなかで、もっともその特徴が際立つのが「**再受肉論**」、いわゆる「生まれ変わり」についての論である。シュタイナーは、インドの伝統や、古代ギリシアのピュタゴラスやプラトンの思想等に基づきながら「再受肉」を論じており、この人間観は、彼の教育思想のなかでも重要な役割を果たしている。

ここで、冒頭で紹介したシュタイナーの引用に立ち戻ってみてほしい。この文章で述べられている「何か」――「私たちが、敬虔な尊敬の念をもって対さなければならない「何か」」――は、まさに、この「再受肉」の主体を指している。個人の名前と結びついた地上生を何度も貫く生まれ変わりの主体を、シュタイナーは「**真の自我**」と呼んでいる（河野 2021、77 頁）。

その上で、改めて先の引用文を見てみると、教育において、シュタイナー

がいかにこの「真の自我」の意志を尊重しようとしているかが読み取れる。目の前の子ども達は、確かに教師である自分よりも年齢が低く経験も少ないが、だからといって、自分と同じレベルに達すればそれでゴール、というような存在ではない。それぞれの子ども一人ひとりが、その奥に、自分などよりも何回も多く生まれ変わりを繰り返してきたかもしれない「真の自我」を宿しており、その「真の自我」としての意志や使命をもってこの世界に生まれてきた存在なのである。だからこそ、シュタイナーは、子ども達を自分達の思い通りにしようとするのではなく、その奥の、「真の自我」に対する「臆する畏敬の念」をもって教育にあたることを教師達に求めている（GA308, S.73.）。ここでは、子ども達の「真の自我」という「見えないもの」への畏敬の念が、目の前の子ども達への畏敬の念につながっているのである。

　では、こうした「真の自我」への畏敬の念は、シュタイナー学校の実践のなかではどのような形で表れているのだろうか。以下では、シュタイナー学校の実践を**マルティン・ブーバー**（Martin Buber, 1878-1965）の対話論で読み解いた、吉田敦彦の論を参照してみたい。

　ブーバーは、シュタイナーより少し後の1878年にウィーンで生まれた思想家であり、主著『我と汝』（1923年）をはじめとする、「**出会い**」と「**対話**」の哲学を生み出した。そのなかで「**確証**」という出来事が語られるが、それは、人と人とが「出会い」のなかで、呼びかけ、応答し、そうすることでお互いの存在を確かめあい、肯定しあうことを指している（吉田2022、89頁）。吉田は、シュタイナー学校の朝の始まりの時間に、教師が一人ひとりの子どもに挨拶をしながら「出会う」こと、また、「出席取り」の際、教師と子どもが時間をかけて丁寧に、互いに名前を呼びかけ応答しあうことを挙げ、その様子を次のように述べている。

　「自分が今日もここにいていいこと。自分が、いてもいなくてもいいような存在ではなく、ここにいることを歓迎されていること。先生も、今日、他ではない私たちのために、ここにいてくれること。ただそれを確

かめ合うために、毎朝の慌ただしい時間のなかでも、その静かな響き合いのひとときを大切に確保する」（吉田 2022、89頁）

この文章からは、先の「真の自我」への畏敬の念を感じ取ることができる。ただ、こうしたお互いの存在の確証は、決して、再受肉を想定しないとできないことではないだろう。第1章でコメニウスの思想を検討した際、子ども達の内奥の、目には見えない「内的自然」への畏敬の念をもつことに触れたが、確証は、こうした向き合い方にも通じるものである。

またここからは、第1章での問い――子ども達の「内的自然」への畏敬の念をもつ姿勢はどのように可能となるのか――を考える上での、一つの手がかりを得ることができる。子ども達は、感覚で捉えられる次元だけを問題とした場合、どうしても教師より未熟な存在と捉えられてしまう。しかし、それぞれの子どもの背景にあるスピリチュアリティの次元を、一人の教師には計り知れない「現実」として受け入れることで、感覚的世界の「できる／できない」、「知っている／知らない」を超えた、存在そのものに対する畏怖と敬意が自ずと生じてくるのではないだろうか。

5．学校教育におけるスピリチュアリティ

さて、ここまで、教育のなかでスピリチュアリティを大切にするということについて、シュタイナー教育を手がかりに、おもに教師が子ども達の内の「見えないもの」をどのように考慮しているかという観点から確認してきた。続いて以下では、教師が、子ども達に、「見えないもの」についての教育をどのように行うことができるのか（あるいは、そもそもそのような教育を行う必要があるのか）について考えてみたい。

林は、教育をスピリチュアリティの立場から見てみることで、特定の宗教に帰依していない子ども達とも、宗教が従来扱ってきたような、生や死や超越的な次元について、教育の場で話す可能性が開けてくると言う（林 2011、163-164頁）。しかし、日本では、憲法・教育基本法によって国公立学校での「**宗派教育**」（特定の宗派の教えを教育すること）が禁止されていること

もあって、いくらスピリチュアリティは特定の宗派に限定されるものではないと言っても、やはりそこには反発や批判が多く寄せられる。

　ただ、本章でも見た通り、スピリチュアリティに関わる出来事は、実は私達の日常のなかでもしばしば経験する「現実」の一側面である。にもかかわらず、そうした次元の話題を学校でまったく取り上げないとすれば、それはそれで、「見えないもの」を非現実的なものとみなす、「何らかの世界観」へと生徒を導こうとすることになってしまう（林2011、168頁）。そこで大事になるのが、先述の、「問い」のスピリチュアリティ——生や死や、超越的なものといった、「見えないもの」について、何か特定の「答え」の正しさを前提とすることなく、ともに問い、答えを探そうとすること——なのである。

　林は、こうした教育を「問いのスピリチュアル教育」と呼び、そのための科目を新たに創設することは難しくても、既存の教科を活用してそれを行う道があると述べている（林2011、173頁）。（⇒「さらに考えてみるために」❶）ここではとくに、**特別の教科　道徳**（道徳科）との関連で、そのことを考えてみたい。

　道徳科では、「教師と生徒が人間としてのよりよい生き方を求め、共に考え、共に語り合い、その実行に努めるための共通の課題」として、「**内容項目**」が設定されている。（内容項目は、小学校第1学年及び第2学年では19個、小学校第3学年及び第4学年では20個、小学校第5学年及び第6学年と中学校ではそれぞれ22個、用意されている。）また、各内容項目は、「A　主として自分自身に関すること」、「B　主として人との関わりに関すること」、「C　主として集団や社会との関わりに関すること」、「D　主として生命や自然、崇高なものとの関わりに関すること」の、4つの視点から分類されている。この、4つの視点のなかの視点D、とくにそのなかでも「生命の尊さ」や、「感動、畏敬の念」に関わる内容項目が、「問いのスピリチュアル教育」と比較的結びつけやすいものであると言うことができる。

　しかし、「生命の尊さ」や「感動、畏敬の念」についての教育を、具体的にどのように考えればよいのだろうか。その難しさについて、最後に、レイ

チェル・カーソンの著作『センス・オブ・ワンダー』を参照しながら検討してみたい。

6．おわりに――センス・オブ・ワンダーと教育？

『沈黙の春』の著者としても知られるカーソンは、農薬などの化学物質が地球環境に及ぼす影響を世界に先駆けて指摘した科学者であり、地球規模で環境問題を捉える見方を開いたとされる（森田 2024、50 頁）。『センス・オブ・ワンダー』でのカーソンは、姪の息子である幼いロジャーと、北アメリカの自然豊かな別荘で過ごし、森や海辺を散歩する。ロジャーとともに散歩するなかでカーソンは、さまざまな植物や小さな生き物に出会い、驚きと喜びをロジャーと分かち合う（カーソン 2024）。

散歩の美しい描写のなかでカーソンは、「驚きと不思議に開かれた感受性」を「**センス・オブ・ワンダー**」と呼び、世界中のすべての子ども達に、一生消えないほど確かな「センス・オブ・ワンダー」が授けられることを願う。なぜならそれは、「やがて人生に退屈し、幻滅していくこと、人工物ばかりに不毛に執着していくこと、あるいは、自分の力が本当に湧き出してくる場所から、人を遠ざけてしまうすべての物事に対して、強力な解毒剤となる」からである（カーソン 2024、21 頁）。

上に見た、道徳科の二つの内容項目、「生命の尊さ」と「感動、畏敬の念」は、この「センス・オブ・ワンダー」にとくに関わるものと言えるだろう。しかし、「センス・オブ・ワンダー」が授けられることや育まれることは、果たして教育に期待されるべきことなのだろうか。

確かに、カーソン自身、「妖精の力を借りずに、生まれ持ったセンス・オブ・ワンダーを保ち続けようとするなら、この感受性をともに分かち合い、生きる喜びと興奮、不思議を一緒に再発見していってくれる、少なくとも一人の大人の助けが必要です」（カーソン 2024、21 頁）と述べており、大人の役割に期待している。しかし、そこでカーソンが考えている「助け」は、何かを「教える」こととは違うようである。

「ロジャーがここにきて、二人で森を歩いているときに、私は植物や動物の名前を教えたり、説明したりしようとことさら意識したことはありません。「これを見て」「あれを見て」と、彼に呼びかけるときの私は、年上のだれかと発見を分かち合うときと同じで、一緒に見ているものに感じる自分の喜びを、ただ素直に表現するだけなのです」(カーソン 2024、15頁)

カーソンは、ロジャーと一緒に散歩を楽しむが、それは、センス・オブ・ワンダーを育む「ため」ではない。西平直は、センス・オブ・ワンダーを「伝える」とはどういうことか、という問いを立てながら、次のように述べる。

「おそらく「センス・オブ・ワンダー」は、伝えようとすると、伝わらない。では、伝えなければそれでよいのかと問われると困ってしまうのだが、少なくとも、一生懸命には伝えようとしない。あるいは、伝えることを目的としない。そう思ってみれば、「センス・オブ・ワンダーを育てるために散歩する」という発想は、幾重にも、滑稽である。そんな散歩は楽しくない。センス・オブ・ワンダーも育たない。そこで育つ感性はセンス・オブ・ワンダーとは似て非なるもの、むしろ、似ているだけ危険かもしれない。そうした発想はいずれ「センス・オブ・ワンダーがどれだけ育ったか」、その成果を測定しはじめる。そしてその効率的な育成プログラムを開発しようとする」(西平 2023、13頁)

ここで、「センス・オブ・ワンダー」に関わる教育の困難として描かれている事態は、「見えないもの」についての教育全般にとって、避けて通れないものである。だからこそ、林は、「答え」としてではなく「問い」として「スピリチュアリティ」に向き合うことを学校教育に提案したのだろう。(⇒「さらに考えてみるために」❷)

子どもの内の「見えないもの」に畏敬の念を払うことも、子ども達に「見えないもの」についての教育を行うことも、どちらも学校のなかでは、普段

あまり注意を向けられないところであるかもしれない。しかし、「見えないもの」も「現実」の大切な要素であるならば、それに関わる教育を、もっと柔軟に論じていくことが必要なのではないだろうか。

［河野桃子］

さらに考えてみるために
❶ 林貴啓は、原則的にすべての教科で「スピリチュアリティ」を「問う」授業は可能であると述べている。自分自身が免許を取得しようとしている教科でも、その他の教科でも、「スピリチュアリティ」を「問う」ことがどのようにして可能か、具体的な教材や発問を考えてみよう。
❷「センス・オブ・ワンダー」に関わって、学校教育のなかでできることは何かあるだろうか。

注
1）スウェーデンの思想家エレン・ケイは、こうした潮流のなかで『児童の世紀』（1900年）を著し、来たる20世紀は、（19世紀が「婦人」の世紀だったのに対して）「児童」の世紀になると述べた。
2）本節の内容について、詳細は、松浦1999を参照のこと。
3）ロジャーは、『センス・オブ・ワンダー』本文のなかでは「甥」と表現されている。

参考文献
カーソン（1974）『沈黙の春』青樹簗一訳、新潮社。
———．（2024）『センス・オブ・ワンダー』森田真生訳、筑摩書房。
林貴啓（2011）『問いとしてのスピリチュアリティ――「宗教なき時代」に生死を語る』京都大学学術出版会。
岩間浩（2008）『ユネスコ創設の源流を訪ねて――新教育連盟と神智学協会』学苑社。
神尾学編、岩間浩、今井重孝、金田卓也（2005）『シュタイナー・クリシュナムルティ・モンテッソーリ…――未来を開く教育者たち』コスモス・ライブラリー。
河野桃子（2021）『シュタイナーの思想とホリスティックな知』勁草書房。
松浦賢（1999）「解説 シュタイナー教育の基本事項について」シュタイナー『完全版 霊学の観点からの子どもの教育』松浦賢訳、イザラ書房。
森田真生（2024）「僕たちの「センス・オブ・ワンダー」」カーソン『センス・オブ・ワン

ダー』森田真生訳、筑摩書房。
西平直（2023）『内的経験　こころの記憶に語らせて』みすず書房。
Steiner, R. 1986（1924）: GA308, *Die Methodik des Lehrens und die Lebensbedingungen des Erziehens*. Rudolf Steiner Verlag.
シュタイナー（1989）『教育の基礎としての一般人間学─ルドルフ・シュタイナー教育講座Ⅰ』高橋巖訳、筑摩書房。
───．（1999）『完全版　霊学の観点からの子どもの教育』松浦賢訳、イザラ書房。
───．（2001）『オックスフォード教育講座─教育の根底を支える精神的心意的な諸力』新田義之訳、イザラ書房。
吉田敦彦、井藤元、水田真由、河野桃子、緘緗好子（2009）「シュタイナー教育を思想史的に研究するということ」『近代教育フォーラム』第18号。
吉田敦彦（2022）『教育のオルタナティブ─〈ホリスティック教育／ケア〉研究のために』せせらぎ出版。

column 9 「戦後教育」の変遷
——ポツダム宣言受託から「逆コース」まで

　1945年、日本はポツダム宣言の受託により連合国側に降伏し、連合国最高司令官総司令部（GHQ）の間接統治下に入る。GHQは、日本の非軍事化と民主化を標榜し、日本政府は、その指令及び勧告を受けつつ、社会の諸制度を改革していく。翌年、日本国憲法が公布され、国民主権・平和主義・基本的人権の尊重を原則とする民主主義国家が成立した。

　公教育をみると、1945年9月に文部省が発した「新日本建設ノ教育方針」を嚆矢とし、GHQによる「四大教育指令」、「アメリカ教育使節団報告書」等で、教育理念や教育制度、教育内容から教育実践に至るまでが改革の俎上に上げられた。特に「アメリカ教育使節団報告書」は改革の重要な指針となり、戦後日本の教育を方向づけた。とはいえ、日本側は「外からの改革」を全て受け入れたのではなく、日本教育家委員会、教育刷新委員会といった専門家組織を有して、米国側との折衷のなかで教育改革を進めていった。

　1947年、「教育基本法（旧教基）」の公布により、「日本国憲法の精神に」則った教育理念が掲げられ、国民を主体とする教育の在り方が示された。翌年には、戦前日本教育の絶対的理念であった教育勅語が、衆参両院での全会一致の失効決議でもって否定された。また「学校教育法」で公教育の制度的枠組みが出来、「学習指導要領一般編（試案）」により具体的な教育課程が提示された。

　国家における教育の在り方が変わりつつあるなかで、教育実践は、1946年頃から地域や学校レベルでその在り方を模索する運動がみられた。各地で発生した教育計画「（地名）プラン」、コアを主軸とする統合カリキュラム（コア・カリキュラム運動）、「山びこ学校」の生活綴方など内容は種々に及んだが、共通して、新学制の下で教育の中心に地域や学校、学習者を据え、

経験を重視する動きだった。1950年代前後には、そうした経験主義的教育によって「学力」低下が発生しているのでは、という指摘がなされる。計画的な専門知識・技能の教授を重視した系統主義的教育の立場からすると、経験に偏重して抽象化に至ることがない教育は「はいまわる経験主義」だと批判されたのである。以上のような指摘及び批判が、妥当なものであったのかは議論の余地があるが、教育実践はその後も「詰め込み教育」や「ゆとり教育」といった言葉を生み出しながら、模索されていく。

　1951年、サンフランシスコ講和条約の締結により日本は独立を果たす。当時の国際情勢は、冷戦を背景に各国間の緊張が高まり、日本国内は戦後改革中央集権化へと進む（逆コース）。教育についても旧教基の改正へと動き、行政、制度、実践の各方面で管理が強められた。旧教基は改正されなかったが、1958年「学習指導要領（試案）」の（試案）が削除されたことに象徴して現れたように、国家による教育統制（ex, 教育二法、地教行法、勤務評定）が強められた。しかし、戦前回帰を彷彿とさせる教育改革に対して、日本教職員組合（日教組）をはじめとして批判的立場の人々も現れ、公教育を巡る議論が激化していく。

　1945年終戦から1951年の講話独立に至るまで、10年にも満たない間に、国家における教育の在り方、実践の場での教育の在り方は激しく揺れ動いていった。その後も、社会の変動（ex, 高度経済成長、グローバル化）に影響を受けつつ、教育は変化（ex, 高校全入、新自由主義）してきた。より「良い」教育を試行錯誤した結果でもあるが、一方で「教育」を議論することが難しい要因でもある。「戦後教育」としても、どの時点のどの分野に関することなのか、議論の対象を精確に捉えなければ、的はずれな結論を導くことになるだろう。

［宮里崇生］

参考文献
・村井実『アメリカ教育使節団報告書』講談社学術文庫、1979。
・小玉重夫『学力幻想』ちくま新書、2013。

第10章 フーコー『監獄の誕生』
――近代教育批判について

監獄が工場や学校や兵営や病院に似かよい、こうしたすべてが監獄に似かよっても何にも不思議ではないのである。

フーコー『監獄の誕生』

1. はじめに ――近代教育を問いなおす

　教育と出会いなおす、という本書の趣旨からいえば、本章の試みはある種の荒療治になることだろう。どういうことか。

　ここまで本書で扱った思想家たちは、時に過去の教育に対する批判を行いつつも、新しい教育の構想を積極的に示していた。ラテン語の詰め込み教育を批判しながら、愉快に着実に学ぶ方法を考案するコメニウス、ロックら先人の教育を批判しつつ『エミール』を書き上げたルソー…。彼らは、自身の考えるよりよい教育を模索するなかで、過去の教育を批判していたのだった。

　だが、ここで皆さんは気づかないだろうか。これまでの章で扱ってきた人物を含め、偉大な先人たちが画期的で素晴らしい教育（法）について考え続けてきたにも関わらず、私たちの目の前にある教育現実は、決して胸を張って「よい」と言えるものになっていないのではないか（端的にいって、皆さんは、学校が楽しかっただろうか？息苦しいと感じたり、嫌な思いをしたりしたことはなかっただろうか？）。

　そこで登場するのが、近代教育批判である。そもそも学校や教育という事

象そのものに、なにか問題があったのではないだろうか。近代教育批判の思想家たちは、よりよい教育を提示することよりも、むしろ徹底的に批判をくわえることで教育を根本的に問い直している。

一般的に、近代教育批判の思想家としては、イリイチ、アリエス、フーコーらの名前が挙げられるが、彼らに共通していえるのは、学校や教育の自明性を問い直していることだ。すなわち、私たちの考える教育は、近代という時代と密接に結びついたものであり、普遍的なものではないのではないか。このような論点を読み取ることができる彼らの著作は、日本の教育学において、1970年代～1980年代以降、受験競争、校内暴力、管理主義など、学校教育が行き詰まりを見せるなかで論じられるようになった。

本章では、そのなかでも**ミシェル・フーコー**（Michel Foucault, 1926-1984）の著作『**監獄の誕生**』（1975年）を読みながら、近代と教育との結びつきについて考えていく。あらかじめ結論を述べておくと、近代以降の学校は、工場・軍隊・病院と同様に監獄と類似性を持つ近代の規律・訓練施設であり、自ら進んで服従する主体を生産する装置だということである。

つまり、学校は監獄に似ている、と。

このようなショッキングな話題を提供することで、本章が皆さんにとっての、教育と根本的に出会いなおすきっかけになればと考えている。

2．近代教育の特徴――提示と代表的提示

まずは、近代と教育（学）との結びつきについて考えてみよう。近代という時代を経ることで、私たちは教育という営みをどのように変化させたのか。

本書の第1章で扱ったコメニウスを思い出してほしい。ドイツの教育学者であるクラウス・モレンハウアーによれば、コメニウスの『世界図絵』こそが「近代教育学の誕生の時」を示す著作だという（モレンハウアー 1987, 77）。これはどういうことだろうか。

モレンハウアーによれば、近代以前の教育は「**提示**」を中心としていた。すなわち大人たちは、子どもと生活を共にするなかで、重要な事柄を直接的に提示するのである。例えば、徒弟奉公のようなものをイメージしてほしい。

169

労働について、大人たちは直接作業を行うなかで子どもたちに教育を行っていた。そもそも児童労働のようなものが当たり前のように存在し、多くの子どもたちは労働から遠ざけられていなかった。

それに対して、近代教育においては「**代表的提示**」（再提示）が行われることになる。難しい用語だが、代表的提示とは、直接的な提示と対になっていることからも分かるとおり、非‐直接的な世界の提示のあり方を示している。要するに、大人と子どもが世界の中で共に生活をし、重要な事柄を直接提示していくのではなく、教科書などの世界を切り取ったメディア——「中間にあって作用するもの」（今井 2004, 1）という意味での——を通して代表的に提示するのである。そこには、世界を切り取る大人の側による、何らかの教育的意図（取捨選択）が含まれることになる。

コメニウスの『世界図絵』は、彼自身それが「世界全体と言語のすべての概要」と考えていたにせよ（コメニウス 1995, 12）、重要だと思われる 150 の項目に世界を代表させて提示する試みだったといえる。モレンハウアーによれば、コメニウス以降の私たちは、何を学ぶことが重要なのか？重要な事柄をどのようにして伝達するのか？学ぶ動機をどうやって生み出すのか？といった教育学的な関心を抱くようになっている（モレンハウアー 1987, 77）。そのような意味で、『世界図絵』は「近代教育学の誕生の時」を示している。

この代表的提示によって、近代以降の子どもたちは、現実世界から隔離されたあるバーチャルな空間、すなわち学校を中心に、さまざまな教育的意図に基づいて構成されたメディアを通して学習を行うことになる。私たちがこのような学校という空間を必要とした背景には、市民革命によって社会における階級・職業の流動性が高まったことや、人口の増加、産業革命・資本主義社会の発展、あるいはナショナリズムの高まりにより「国民」の育成が必要になったことなど、さまざまな要因が関わっている。いずれにせよ、日本を含めたいくつかの国は、19 世紀後半以降、義務教育というかたちで全ての子どもたちに対して学校で学習させることを試みた。

近代教育は一方で、遍く人びとに知識を授け、すべての人が抽象的な「人

間」（第3章「ルソー『エミール』」を参照）として自由に生き、平等に扱われることを目指している。基本的人権の保護、子どもたちの労働からの隔離と発達の保障、識字率の上昇など…。近代のプロジェクトは、私たちに対して確実に大きな遺産を残している。そのことの尊さは決して忘れてはいけない。

だが他方で、それではなぜ、現実の私たちの学校教育に息苦しさが残るのかという問いが残る。近代の美しい理念には、同じコインの裏側が存在するのではないか。

以下に見るフーコーの仕事は、近代以降に起きた私たちの思考枠組みの大きな変化について、冷徹に分析を行うものである。

3. フーコー『監獄の誕生』を読む——身体刑の消滅から

再び、コメニウスの『世界図絵』を開いてみよう。この著作は300年以上前のものであり、現代の私たちとは文化的に異なる記述が散見されるが、そのなかでもここでは「125　犯罪者の身体刑」に注目する。この項目でコメニウスは、例えば盗人は絞首刑、強盗犯は「車裂きの刑車の上に足を砕かれて置かれ」、魔女は火炙り、そして「祖国の敵は四頭の馬で引き裂かれる」など、実に多様な身体刑について描写している（コメニウス 1995, 281-282)。

近代以前は、このようなギョッとする身体刑が見世物として、ある種ショーのようにして民衆の面前で行われていた。

そして、先述の「祖国の敵」に対する身体刑についての克明な描写から始まるのが、フーコーの『監獄の誕生』の冒頭である。主に教育学において『監獄の誕生』は、同書の第3章で扱われる規律・訓練やパノプティコンといった、教育に直接関わる重要な概念を中心として読まれている。だが、フーコーの著作の魅力は、ある種ミステリーのようにして読める部分や、読み手にショックを与える印象的な記述にもある。そのため、同書の冒頭部分からしばしお付き合いいただきたい。

第10章　フーコー『監獄の誕生』

　1757年3月2日、ダミアンにたいしてつぎの有罪判決が下された。「手に重さ2リーヴル［約1キロ］の熱した蝋製松明をもち、下着一枚の姿で、パリのノートルダム大寺院の正面大扉のまえに死刑囚護送車によって連れてこられ、公衆に謝罪すべし」、つぎに、「上記の護送車にてグレーヴ広場へはこびこまれたのち、そこへ設置される処刑台のうえで、胸、腕、腿、ふくらはぎを灼熱したヤットコで懲らしめ、その右手は、国王殺害を犯したさいの短刀を握らせたまま、硫黄の火で焼かれるべし、ついで、ヤットコで懲らしめた箇所へ、溶かした鉛、煮えたぎる油、焼けつく松脂、蝋と硫黄との溶解物を浴びせかけ、さらに、体は4頭の馬に四裂きにさせたうえ、手足と体は焼きつくして、その灰はまき散らすべし（PLDⅡ, 263 = 7）。

　フーコーは、このダミアンの処刑シーンについて長々と記述する。囚人を四つ裂きにするのに手こずり、処刑人は馬の数を6頭に増やしたり、それでも不十分なので市庁舎に馬以外の方法でバラバラにしていいか確認しにいく（そして断られる）など、その記述は現代の私たちから考えると不気味で、なおかつどこか可笑しくなってしまうようなものである。
　だが、わずか数十年後には、罪人に対する処罰のあり方が大きく変化する。

　4分の3世紀のちになると、たとえば、レオン・フォーシェの起草した「パリ少年感化院のための」規則はつぎのとおりである。
　第17条。在院者の日課は、冬期は午前6時、夏期は午前5時に始まるものとする。労働時間は季節を問わず1日9時間とする。1日2時間は教化にあてる。労働ならびに日課は、冬期は午後9時、夏期は午後8時に終了するものとする。
　第18条。起床。太鼓の第一の響きによって、在院者は静かに起床し着衣すべし（…）。
　第20条。労働。夏期には5時45分、冬期には6時45分に、在院者は中庭へおり、そこで手と顔を洗って第一回のパンの配付を受けとるべし。

ついでただちに、仕事場ごとに整列して労働に出かけるものとする。それは夏期は6時、冬期は7時に開始されるべし（…）」（PLDⅡ, 266-267 = 10）

　いかがだろうか。ここに描かれている罪人への刑罰は、現代の私たちにも容易に想像できるものになっているのではないか。近代以降を生きる私たちは、大衆への見せしめとしての派手な身体刑ではなく、人びとから隠れたところ、すなわち監獄において規則正しい生活に従わせることで、罪人に処罰を与えるようになった。
　だが、わずか数十年のうちに、人を処罰する手段としての身体刑が消滅したのはなぜなのか？　また、いつの間にか監獄が唯一の処罰の手段となり、誰も疑問に思わなくなったのはなぜなのか？
　その答えとしては、近代人が野蛮さを克服し、より人間らしい方法で処罰する方法を身につけたからだ、というものが考えられる。
　しかし、フーコーはそのような答えでは満足しない。私たちは、私たちが近代に入って生み出したものを、冷静に見つめなければならない。それは学校や教育について考える私たちにとって、決して無縁なものではない。

4．見せる権力／見せない権力

　近代以前の身体刑には、王の権威を見せつける政治的な祭式としての側面があった。そのため、処罰は観衆を必要とする。執行人がうまく処刑することができれば、観衆は喝采を送るが、失敗すると執行人が罰を受けることもあった（ダミアンの処刑はグダグダだったため、執行人たちが褒美にもらえるはずだった馬は民衆に授けられた）。
　民衆は時には囚人の勝利を応援し、蜂起が起きて死刑囚を救助することもあった。時には、死刑囚が英雄視されることもあった。「しばしば見かけられたように、死刑囚は死後には各種の聖人となったのであって、人々は彼らについての記憶を名誉とし、彼らの墓をあがめた」（PLDⅡ, 330 = 78）。
　そのような身体刑は、次第に人間性を欠いたものとして扱われるようにな

第10章　フーコー『監獄の誕生』

る。18世紀後半には、哲学者や法学者をはじめ、さまざまな論者が「人間性」の尊重を訴えた。

だが、同じく18世紀後半には、違法行為に対する人びとの視線の変化があったことを見逃してはいけない。人口の急増や富の一般的な増加によって、とりわけ財産に関する違法行為（盗みや税の支払い拒否など）は、確実に処罰されるべきものへと変化していく。ひとびとの関心は、財産に関する違法行為に集まっている。「違法行為の経済策は、資本主義社会の発達につれて再構造化されてきている」（PLDⅡ, 346 = 100）。

フーコーによれば、刑罰の改革について、一方で人間性を訴え君主の権力に対抗する人びとの戦いと、他方で違法行為の黙認に反対する人びとの戦いがあり、なおかつ改革者は後者を優先してきたという。

そのため、改革者は経済的で政治的な、費用のかからない、社会に一層広がっている標的に届くための戦略を必要とした。

そういった背景のなかで発展していったのが、矯正中心の刑罰制度の装置、すなわち矯正施設である。この矯正施設は、身体刑の場合のように彼らの身体を権力のシンボルとして扱うのではなく、そこに訓練を与えることになる。「たとえば、時刻表・時間割・義務としての運動・規則的な活動・ひとりひとりの瞑想・共同での労働・静粛・勤勉・尊敬・良い習慣である」（PLDⅡ, 395 = 149）。（ここまでくると、勘のよい方なら学校教育との関係に気づくかもしれない）。

このように処罰のあり方は、王の権力をあらわす見せる権力から、監獄を制度上の支えとし、強制権・身体・独房・秘密を中心とする、処罰権力のモデル——見せない権力へと変化していった。

だが、これでもまだ不十分である。なぜ監獄は処罰の方式として定着することができたのだろう。ここでいよいよ、私たちの関心である近代教育が、監獄（監視と処罰）の歴史と本格的に結びついていくことになる。

5．規律・訓練（discipline）

17世紀初頭、理想的な兵士とは、遠くから見分けのつく人物のことで

あった。要するに、体が大きいなど、持って生まれた素質に左右される部分が大きかったのである。

それに対して、18世紀後半には、兵士は訓練によって造り上げられるものへと変化する。つまり、兵士の身体は訓練することによって矯正可能なものと考えられるようになる。「農民の物腰」は、訓練による身体の服従によって、「兵士の態度」へと変貌する（PLDⅡ, 399 = 157）。

このような従順な身体をつくりあげる技法を、フーコーは**規律・訓練 (discipline)** と名づける。

> 身体の運用への綿密な取締りを可能にし、体力の恒常的な束縛をゆるぎないものとし、体力に従順＝効用の関係を強制するこうした方法こそが、〈規律・訓練 discipline〉と名づけうるものである。たしかに、ずっと以前から規律・訓練の方策は多数実在していた──修道院のなかに、軍隊のなかに、さらには仕事場のなかにも。だが規律・訓練が支配の一般方式になったのは、17世紀および18世紀である（PLDⅡ, 401 = 159）。

フーコーによれば、こういった規律・訓練の技術は、学校・病院・軍隊・工場などの施設において、相互的に影響を与えつつ、17世紀以降の社会に広がっていった。これらの施設は、時間や空間をうまく活用することで、人びとを効率的に訓練させる仕組みを発達させていく。すなわちその仕組みとは、時間割、序列化された（段階的な）学習、閉じ込めなどである。

そして規律・訓練は、**監視・制裁・試験**というメカニズムを活用することにより、うまく機能することになる。

軍の野営地で生まれたとされる監視のメカニズムは、とりわけ「労働者の住宅・病院・保護施設・監獄・学校などの建設計画」のなかに見出されるようになる（PLDⅡ, 446 = 200）。これらの建築は、監視を容易にする構造を持っているのだ。

くわえて、規律・訓練的な施設には、制裁つまり刑罰制度が存在する。工場・学校・軍隊では、時間（遅刻や欠席）、行状（不注意・怠慢）、態度（無

作法・反抗)、その他言葉づかいや身振りなどに対して処罰がくわえられる。

これらのメカニズムは、刑罰制度によって規格外のものを排除することを目指す（客体の規格化）。

そのため、重要になるのが試験である。「監視をおこなう階層秩序の諸技術と規格化をおこなう制裁の諸技術とを結び合わせるのが、試験である。それは規格化の視線であり、資格付与と分類と処罰とを可能にする監視である」（PLDⅡ, 463 = 213）。私たちは試験のおかげで、規格化が着実に行われているかどうかを把握するとともに、生徒についての知を手にいれ、彼らを測量可能な成績とともに可視化するのである。「規律・訓練における個人を服従強制（臣民化、主体化でもある）の状態に保つのは、実は、たえず見られているという事態、つねに見られる可能性があるという事態である」。そして試験は、着実に人びとを訓練するための「客体化の儀式」と化すのである（PLDⅡ, 466 = 216）。

これらの規律・訓練のメカニズム（監視・制裁・試験）は、排除・抑制・抑圧といったネガティブな言葉だけで語れるものではない。むしろ規律・訓練は、客体についての知を生み出し、生産的で従順な身体をつくりだすことに貢献する。近代以前の権力が殺す権力であったのに対し、近代の権力は生かす権力なのである。ポジティブな効果（経済の発展や治安の維持）を生み出すがために、そして私たちの身体があまりにも効率化された時間と空間の活用に慣れているがために、規律・訓練という権力は批判するのが難しいものである。

6. パノプティコン（一望監視施設）

そして規律・訓練に関する考察を完成させるのが、かの有名な**パノプティコン（一望監視施設）**である（次ページ図1）。

パノプティコンは、イギリスの法学者・哲学者であるジェレミー・ベンサムが考案した円形の建物である。この建物は、中央に監視塔があり、それを取り巻くように周囲に独房を配置する構造になっている。そのため、監視人を一名中央に配置し、各独房に狂人・病人・受刑者・労働者・生徒を閉じ込

めることで、彼ら／彼女らの監視が可能になる。

　ここで重要になるのは、監視者は監視塔から独房のなかを見ることができるが、反対に、独房の側からは決して監視塔のなかを覗くことができない、というパノプティコンの構造である。つまり、例え監視塔に誰もいなかったとしても、監視される側の人間はそれを把握することができず、そのため常に監視されていると考えて行動するしかないのである。

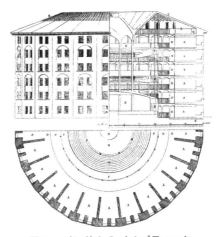

図1　ベンサムのパノプティコン
(*The Works of Jeremy Bentham* (1843), via Wikimedia Commons)

　〈一望監視装置〉は、見る＝見られるという一対の事態を切離す機械仕掛であって、その円周状の建物の内部では人は完全に見られるが、けっして見るわけにはいかず、中央部の塔のなかからは人はいっさいを見るが、けっして見られはしないのである。

　これは重要な装置だ、なぜならそれは権力を自動的なものにし、権力を没個人化するからである。（中略）したがって誰が権力を行使するかは重大ではない。偶然に採用された者でもかまわぬくらいの、なんらかの個人がこの機械装置を働かすことができる、したがって、その管理責任者が不在であれば、その家族でも側近の人でも友人でも来訪者でも召使でさえも代理がつとまるのだ（PLDⅡ, 482 = 233）。

　そのため監視される側は、自身のなかに内なる監視者をつくりあげることになる。私たちは、王や統治者の権威を恐れて正しい行動をとるのではない。私たちは、規律・訓練のメカニズムを持つさまざまな施設において訓練され、規範を内面化し、自ら進んで規律にしたがう身体をつくりあげたのだ。

　パノプティコンをモデルとする**規律権力**こそ、フーコーは近代社会におけ

る権力だと指摘する。この規律権力は、囚人だけでなく病人の看護や生徒の教育、労働者の監視等に応用可能であり、なおかつ社会に広がり一般化する性質を持つ。また、前項で触れた通り、この権力は「生産を増大し、経済を発展し、教育をひろげ、公衆道徳の水準を高める」ものであるため、近代資本主義に極めて適合的だった（PLDⅡ, 490 = 239）。

したがって、フーコーは述べている。「監獄が工場や学校や兵営や病院に似かよい、こうしたすべてが監獄に似かよっても何にも不思議ではないのである」（PLDⅡ, 511 = 260）。

7．おわりに――規律権力の終焉？

近代教育は、学校という現実から切り離されたヴァーチャルな空間において、世界を切り取って代表的に提示する試みであった。そして、その試みがヴァーチャルなものであるからこそ、現実の世界を変革することが可能になったともいえるのではないか。すなわち、不平等な現実（身分・階級）から離れて、遍く人びとに必要な知識を授けることで、誰もが普遍的な「人間」として自由に生き、平等に扱われる世界を目指すこと。そのような理想を夢見る近代のプロジェクトは、確実に現在の私たちに遺産を残しており、一方で非常に尊いものだといえる。

だが他方で、学校教育の発展は、近代の資本主義社会と結びついた規律権力の網の目のなかで展開してきたことにも注意が必要だ。私たちは監獄をモデルとする監視・制裁・試験などの技術を用いて、主体的に従属する（自ら進んで従う）規格化された身体を生産する。「自由〔の概念〕を発見した〈啓蒙時代〉は、規律・訓練をも考案したのだった」（PLDⅡ, 505 = 255）。

この規律権力は、生産的で社会秩序の維持に役立つ一方で、君主のような分かりやすい権威の代表者を持たないため、抵抗が難しい（フーコー自身、決して近代以前に戻るべきだとか、規律権力を廃止するべきなどと言っていたわけでない）。

とはいえ私たちは、まだ規律権力が相手であれば、抵抗とまでは呼べなくとも、国家や社会が求める画一化に嫌悪感を示すことができたのかもしれな

い。というのも、規律権力は福祉国家体制と密接に結びついたものであり、新自由主義（小さな政府・規制緩和など）が台頭するにつれ事情が変化する可能性があるからだ。要するに、熱心に人びとを監視し訓練してくれるだけ規律権力はまだマシで、現代の新自由主義社会は、そもそも経済の論理に適合できないものを、自己責任の名のもとに排除するというのである。

　紙幅の都合で詳しくは論じられないが、日本の教育においては1980年代以降、個性重視の原則や生きる力といった理念とともに、予測不能な社会の変化に自ら適合することが求められるようになっている。そこでは規範を内面化するよりも、純粋なホモ・エコノミクス（市場経済に適合する存在）として、個性を活かしてグローバル社会で活躍することが求められる。規律権力の生産する画一的な身体だけでは、もはや変化の大きい現代の市場経済では生き残れないというのだ。私たちの生存と密接に結びつくがゆえに、新自由主義の権力は規律権力以上に批判が困難なものとなる（もちろん、学校教育やその他の規律化施設がある限り、規律権力自体はなくならないと思うが）。

　近代の理想の裏には、規律・訓練という現実があった。フーコーは冷静にその矛盾を見つめている。だが、現代に生きる私たちの社会が純粋なホモ・エコノミクスを求めているのなら、もはやそこに近代的な「人間」の矛盾、すなわち同じコインの裏表すら存在しなくなるかもしれない。フーコーの『言葉と物』（1966年）における有名な一節を想起してもよい。「人間は波うち際の砂の表情のように消滅するであろう」（PLDⅠ, 1457 = 409）。

　私たちは何のために教育を必要とするのだろうか？皆さんが根本から教育と出会いなおすことの一助に、本章がなっていれば幸いである。

[堤優貴]

さらに考えてみるために
- 皆さんは学校教育に息苦しさを感じたことがあるだろうか。あるとすれば、どのような点において／なぜそれを息苦しいと感じるのかを分析してみよう。そしてそれが規律・訓練（監視・制裁・試験）やパノプティコンと関係するものなのかを考えてみよう。

第10章 フーコー『監獄の誕生』

● これからの学校教育はどうなっていくだろうか。やはり社会の秩序を維持するには画一化を目指す規律権力が必要であり、従順な身体の生産を行っていく必要があるのか、それとも、グローバル社会への適応を目指して人びとは個性化を進めていくべきなのだろうか。あるいは他の選択肢があるのか。あなたなりの教育のヴィジョンを考えてみてほしい。

注

1) もちろん、近代教育批判に括られる思想家たちも、何らかのよき教育に関するヴィジョンは持っていた。本章で扱ったフーコーも、決して教育を全否定しているわけではない。とりわけ、『監獄の誕生』以降の後期フーコーは、カントの啓蒙概念の検討と並行しつつ、古代思想における真理の伝達の問題について検討している(堤2018)。
2) イリイチの『脱学校の社会』(1971年)およびアリエスの『〈子供〉の誕生』(1960年)は教育学を学ぶ上で必須の文献といってよい。ここで解説しておこう。『脱学校の社会』は、「学校化」批判の書として知られている。私たちは何かを学ぶとき学校という制度を自明視し、依存している。イリイチは、自由な学習のネットワークをつくることで、学習という行為を学校教育の外にひらくべきだと提案した。『〈子供〉の誕生』は、中世の社会において「子ども期」という概念は存在しなかったという、いわゆるアリエス・テーゼで知られる著作である。中世において子どもは「小さな大人」として扱われ、共同体に参入していた。アリエスは、中世の人びとの「心性」(ものの感じ方・考え方)を歴史的に明らかにすることで、私たちの「子ども」観が近代につくられたものであり、普遍的なものではないことを示した。
3) 原著のタイトルでは「監獄の誕生」はサブタイトルであり、『監視と処罰——監獄の誕生』と表記する方が原著に即しているかもしれない。だが、教育学では広く『監獄の誕生』として流通しているので、本章でも慣例にしたがう。

参考文献

[フーコーの著作]

※フーコーの著作についてはプレイヤード版の全集を参照しつつ、訳を改めた箇所もある。

PLDⅠ:Foucault, Michel (2015) *Œuvres tome 1,* Gallimard : Paris. = (2020) 渡辺一民・佐々木明訳『言葉と物 人文科学の考古学(新装版)』新潮社。

PLDⅡ:Foucault, Michel (2015) *Œuvres tome 2,* Gallimard : Paris. = (2020) 田村俶訳『監視と処罰 監獄の誕生(新装版)』新潮社。

[その他の著作]

アリエス,フィリップ. 杉山光信・杉山恵美子訳 (1980)『〈子供〉の誕生 アンシャン・レ

ジーム期の子供と家族生活』みすず書房。
今井康雄（2004）『メディアの教育学』東京大学出版会。
イリイチ, イヴァン．東洋・小澤周三訳（1977）『脱学校の社会』東京創元社。
コメニウス, ヨハネス・アモウス．井ノ口淳三訳（1995）『世界図絵』平凡社。
堤優貴（2018）「後期フーコーの倫理的主体形成論における「教育的関係」：1980年代のプラトン読解を中心に」教育哲学会編『教育哲学研究』第118号、20-37頁。
モレンハウアー, クラウス, 今井康雄訳（1987）『忘れられた連関「教える－学ぶ」とは何か』みすず書房。

column 10　学校と教室の歴史

　近代以前の学校では、個別の指導や学習が行われていた。しかし、産業革命の進行によって、工場システムに対応できる規律と知識を、多数の児童に対して効率的に訓練するという課題が浮上した。この状況に対応するため、19世紀初頭にはモニトリアル・システム（ベル・ランカスター法）が普及した。これは教師によって選ばれた優秀な児童（モニター）が他の児童を指導するというもので、特に都市部で普及した。しかし、教授内容が限定的になることや教師と生徒の直接的な交流の乏しさなどの問題を抱えていた。その後、教師と対面する形で固定化された椅子や机に着席するといった一斉教授が開発され、19世紀後半に一般化していった。

　新教育運動期になると、学校空間と教育の改革を結びつけることに意識が向けられる。たとえば、デューイは、対面する座席と教授─聴講の原理を批判し、作業室における活動を重視した。ドイツの田園教育舎では、閉じた学校空間から自然環境へと子どもたちを解放することが教育の方針となった。

　1960年代になると、イギリスで学校建築の改革が試みられる。この試みは、学習集団や学習者の状況やニーズにあわせて多様な学習形式を導入するインフォーマルエデュケーションとともに展開された。閉鎖的な教室空間における一斉教授という形式から解放され、学校空間はワークスペース、小さなアルコーブ、多様な学習コーナー、図書館や視聴覚教材が配置されたメディアセンターにおける多様な学習形態が展開できる場となる。

　日本においても、1970年代後半から80年代にかけて、「オープンスクール」運動が展開される。代表的な学校として、愛知県の緒川小学校がある。この学校は、開かれた空間デザインという側面だけでなく、学習の個別化・個性化のためのモデルの開発を担う存在にもなっていった。また、子どもの身体を包み込む「デン」や「クワイエットルーム」といった小空間なども設

計され、子どもたちが安心して落ち着いて過ごせるような場所づくりも試みられてきた。さらには、学校空間を目的達成のための手段とみなし、標準化された人間の行為の問題と捉える「計画学」を批判し、ブリューゲルの「子供の遊戯」の絵のように、様々な出来事や行為が同時に起こることを許容し、「アクティビティ」を喚起する設計が探究されるようになっていった。

　学校の閉鎖性への問い直しは、地域社会の連続性を試みる「開かれた学校づくり」へとつながっていく。たとえば、生涯学習施設、高齢者福祉施設、保育施設などと学校施設の複合化によって、学校と地域社会の連携が試みられる。また、千葉市の打瀬小学校のように、校門やフェンスのない街に開かれた学校といった形態で、屋内外の連続性に配慮された設計もなされた。さらに、陸前高田市の高田東中学校では、東日本大震災により被災した3校が統合し、生徒・教員・地域住民とのワークショップと対話を重ねながら設計が進められた。そこでは、コミュニティの拠点や避難所としての「地域住民の居場所」となる学校づくりが試みられた。

　このように、学校空間は開かれる方向へと進展してきたといえる。しかし、ルソー、ペスタロッチやフレーベルなどの教育思想家たちは、村、庭園、共同体などの境界を有した閉じた空間で子どもを保護すること（庇護性）を重視してきた。閉鎖的な空間は、外部からの子どもへの影響を排除し、教師の振る舞いが子どもの人間形成に強く影響することも意味していたのである。また、教室空間における閉じた構造は、教師による教室内の秩序づくりを保護する機能も有してきた。それゆえに、学校や教室の空間をめぐっては、「開放性」と「閉鎖性」の両者の折り合いをどうつけるかという問題を議論し続け、今後も多様な空間デザインが生み出されることになるだろう。

〔柴山英樹〕

参考文献
辻本雅史編著『教育の社会史』放送大学教育振興会、2008
小笠原道雄編著『教育の哲学』放送大学教育振興会、2003
小嶋一浩編著『アクティビティを設計せよ！：学校空間を軸にしたスタディ』彰国社、2000
上野淳著『学校建築ルネサンス』鹿島出版会、2008

第11章 ノディングズによるケアの思想と教育
――看過されてきた価値から学校や社会を変える

私の国では、正義はよく、目隠しをして天秤を掲げた女性の絵姿で表されます。ケアリングは、この目隠しをはずして、人々が実際に何を乗り越えて進んでいるのかを、目の当たりにさせてくれるのです。

ノディングズ『ケアリング』

Wikimedia Commons, Jim Noddings, Nel Noddings 2011, CC BY-SA 4.0, https://commons.wikimedia.org/wiki/File:Nel_Noddings_2011_(cropped).jpg

1. はじめに

1980年代以降、さまざまな学問分野で「**ケア（ケアリング）**」が注目されてきた。「ケア」と聞くと一般には心優しい配慮とか、介護、世話、手入れ、といったイメージが抱かれるだろうが、単に「人に優しくしましょう」という話ではない。

たとえば政治学の分野では、ケアに注目した新しい民主主義の形が提起されている。家事・育児・介護といったケア労働は社会にとって必要不可欠であるにもかかわらず、しばしば過小評価され、女性や社会的に疎外されたグループに過重に割り当てられてきた。その状況を踏まえ、ケアが政治的課題であることを認識することで、ケアに相応の関心と資源が与えられ、公平で公正に分配されるべきだとトロント＆岡野（2022）は主張する。

これまで看過されてきたケアの観点から物事を再検討するこのような議論は、教育学においても展開されている。ここでは、ケアが注目されるに至った経緯を概観したうえで、米国の教育哲学者**ネル・ノディングズ**（Nel Noddings, 1929-2022）を主に取り上げて、ケアについて考えてみよう。[1]

2．女性の抑圧とケアへの注目

　近代は、あらゆる人に共通する人権が認識され、尊重される社会を目指す時代であったが、現代の人々がイメージする「あらゆる人」が当初からそこに含まれていたわけではなかった。たとえば米国独立宣言に"All Men Are Created Equal"という文言があるが、初代大統領トマス・ジェファソンは多数の黒人奴隷を所有していたことでも有名である。"All Men"といったとき黒人奴隷は明らかに想定されていなかった。そしてそこには女性（Women）という言葉もない。19世紀の運動家が問題視したように、女性は排除されており、女性の権利が看過されていたのである。

　教育に関する女性の権利も、歴史的に看過されたり軽視されたりする傾向にあった[2]。現代でも女性に対する基礎的な教育機会の不十分さは世界的な問題である。しかし、教育の機会だけが問題なのではない。別の根深い問題も指摘されてきた。伝統的に男性の領域とみなされてきたものに対して社会が価値を置き、女性の領域とされてきたものが低位に置かれているという問題である。ケア論はこのような文脈から生まれてきた。

　教育の分野でケアが注目されるきっかけとなったのが、**キャロル・ギリガン**（Carol Gilligan, 1936-）である。ギリガンは1982年の著作『もうひとつの声で』において、**ローレンス・コールバーグ**（Lawrence Kohlberg, 1927-1987）の**道徳性発達段階説**に異議を唱え、それとは別のアプローチとしてケアの倫理を提唱した。コールバーグによれば、人間の道徳性は、自己中心的なものから、対人的調和を求めるよい子志向、法や秩序の志向といった社会的なものへ、そしてより普遍的なものへという段階をとる。そしてこの段階に基づいて男女の道徳性の到達度を調査したところ、一般に女性は男性よりも道徳的成熟度が低かった。この点にギリガンは疑問を呈する。女性の道徳的成熟度が低いという結果は、コールバーグの枠組が男性的な道徳意識の発達を前提とした、男性優位の枠組であることに起因するというのである。さらに、コールバーグが法や秩序志向の下に位置づけたよい子志向には、実は法や秩序では割り切れないものを丁寧にとらえ、具体的な状況に即して考え続けようとする態度があり、それは必ずしも法や秩序志向よりも

低位のものだとは言えないのだとギリガンは主張する。

　ギリガンはこのようにして、これまで普遍的なものとして語られてきた倫理が、無意識のうちに男性的な目線で偏って構築されていたことを指摘した。そして、普遍的原理に基づく**正義**の倫理に対して、具体的な人間としてのつながりや責任、応答を重視するケアの倫理を提示した。そこで構想されたのは、自己のケアから、他者のケアへ、そして葛藤の中で自己と他者の間のバランスをとるという段階であった。ここでは、原理・原則に基づいて論理的に割り切っていこうとすることは、必ずしも上位に位置づくとは言えない。女性という「もうひとつの声で」語ることで、男性中心主義的な世界では構想されなかった、道徳性についての新たな捉え方が構想されたのである。

3．ノディングズによるケア

　ギリガンの提示したケアについて教育哲学の領域でさらに議論を展開したのがノディングズである。ノディングズは1984年の著書『ケアリング』で本章のエピグラフのように述べ、ギリガンの問題提起に同調した[3]。

　ノディングズがギリガンとは異なるのは、ケアを個人が備える徳や特性としてではなく、関係性概念としてとらえた点にある。そうすることによって、ケアする者・される者が入れ替わる複雑な状況を理解することができるほか、ケアの受容性や相互性、ケアされる者からケアする者への応答の重要性を捉えることができる。たとえば、どれだけ教師が子どもをケアしたつもりでいようとも、それが子どもによって受け容れられなければ、「先生はケアしてくれていない」と言われてしまうだろう。また、赤ちゃんをお風呂に入れたときにその子が喜んだしぐさを見せたり、学生と対話しているときに学生からの反応があったりすると、「与えている」という感覚と同時に「受け容れられている」という感覚を得ることができる。ケアを特性でなく関係性と捉えることで、こうした場面も言語化していくことができる。

　では、そもそもケアするとはどのようなことを言うのか。たとえば数学が苦手な生徒に対して「数学を好きになるよう、手助けしてやらなくては」と考えて行動するときにも、私たちは「ケア」という言葉を使うかもしれない。

しかし、これはその子どもを研究と操作の対象としてしまうことだとノディングズは指摘する。また、「そういう状況なら自分はどのように感じるのであろうか」という「投げ入れ」の態度もノディングズのいうケアとは異なる。むしろ重要なのは、「数学なんて気が滅入るよ。頭がごちゃごちゃしてしまう」といった、その子どもの感じるがままを感じようとする「受け容れ」の態度である。これをノディングズは**専心没頭**と呼ぶ[4]。このようにしてケアしようとするなら、自分が考える相手にとっての善や一般的な善を押し付けることはなくなる。そして専心没頭すると、彼女が**動機の転移**と呼ぶようなことが起こる。つまり、他者の実相(リアリティ)を受け止めたことで、私はそれに従って行動しなければならないと感じるのである。ケアの関係は、こうした受容状態を出発点としている。

ノディングズのケア論では、自分自身のために効用を最大化しようとする功利主義的な存在ではなく、他者との日常的な対面関係にある社会的存在が基本となっている（Noddings 2013a）。第2章で扱ったロックをはじめとして、近代教育学には「他律から**自律**へ」という前提があった。しかし、このケアの倫理をもとに考えると、この自律的な主体という前提自体が問い直されることになる（尾崎 2015）。人間的な出会いと感情的な応答が倫理の基礎を形成し、道徳的な関係は伝統的な自由の概念ではなく、つながりの観点から組織されるのである（Verducci 2018）。

4．ケアに基づく学校教育の可能性

では、ケア論に基づくと学校教育はどのように再構想できるのだろうか。

4－1．学習の前提としてのケア

まず指摘できるのは、学校での知的な学習の前提としてケアの関係を置くことである。子どもたちは学校で様々なことを教えられている。しかしながら、「ケアしてもらっていない」と子どもが感じていれば、どれだけ教えられていても子どもは学ばないだろう。「本質的に、教科内容はそれ自体では伝わらない」とノディングズは言う。「本当に稀な場合を除いて、教科内容

へのいかなる取り組みであっても、その前に関係がくる。すべての種類の経験と教科内容の最初の受け入れを子ども達に準備できるのは、ケアリングの関係なのである」(Noddings 2007, 80)。

　また、教師はそうしたケアの関係を築くだけでなく、自らがケアする者の模範となることが期待される。「教師は、ケアするひととして、生徒を支えるためには、自分がケアするひとであると示さねばならない」(Noddings 1984 = 1997, 275)。そして、そのことを通して、子ども同士がケアし合う関係へと導いていくのである。これに対して、「そうは言っても教師の仕事は今でさえ大変なのに、さらに仕事を増やすのは無理だ」、とか「私たちこそケアされていないのではないか」といった懸念もあるだろう。では、それについてノディングズだったらどうこたえるだろうか。

　先に述べた通りノディングズは、教師は子どもたちにとってのケアの模範となるべきだと主張する。そしてそのケアには自分自身のケアも入る。であれば、教師が自分自身をケアできていない学校の仕組みは、それ自体組み直されなければならないということになるだろう。

　たとえば、昼食について考えてみよう。ノディングズ (2007) はケアの観点から、教師が子どもと一緒に昼食をとることを提案している。一方でその取り組みは、日本においては教師の休憩時間の少なさの原因として批判されてもいる。では、教師のケアを犠牲にして子どものケアを優先すべきなのか。おそらくそうではない。日本の学校給食は時間の短さが指摘されることがあるが、その状況では子どものケアも教師自身のケアも十分ではないだろう。ならば、子どもも教師もケアされるよう、ゆったりとした時間を確保するべきだ。ノディングズであればこう言ったのではないだろうか。

4-2．同一内容や同一基準の問題

　また、ケアの観点から学校教育を考えると、同一の内容や方法、基準を適用することが問題として浮かび上がってくる。ノディングズは17年にわたって初等・中等教育の現場に関わった経験もふまえて、すべての子どもに同じ内容を学ばせようとすることが無理のあることだと考える。また、すべ

ての子どもに適用できる同じ方法を求めようとすることにも警鐘を鳴らす。個別具体性を重視するケアの観点からすれば、同じ方法や同じ内容を子どもに押し付けることは疑わしい。子ども一人ひとりの違いを無視して全員に同じ方法や内容を課すなら、教師は強制力に頼ることになり、ケアの関係は損なわれてしまう（Noddings 2007）。

　さらにノディングズは、説明責任（アカウンタビリティ）が強く求められる現在の学校教育を強く批判している。現代の教育システムでは、利害関係者や社会一般に向けて数値的に達成度を示すような、説明責任が求められることが多い。そこでは同一の基準やテスト、外部評価が重視される。ノディングズによれば、このような説明責任は、批判を回避し、権力者に背を向けないような自己防衛的な行動を奨励しがちであり、それを過度に強調すると教師と子どもの間のケアの関係を損なってしまう。ノディングズは、ケアとは外的な要求ではなく、ケアされる側の実相とニーズに専心没頭して動機づけられるものだと考えている。そのため彼女は、子どもが表現するニーズへの応答責任を、官僚的な説明責任の尺度よりも優先している（Noddings 2013b）。

4-3. 生きることを総合的に考える

　さらに、ケアの観点からは、学校教育の内容をより総合的に見ることができる。従来の学校教育は、文学・哲学・歴史・科学といった科目を学ぶことで知的能力を伸ばすことに重きを置いてきた。しかし、そのようにして精神的な生活を過度に強調すると、そこで成功した人たちは肉体を使う生活をする人たちよりも優れているのだという思い込みを生んでしまう。また、伝統的なカリキュラムのその大部分は男性的な生活を賞揚しており、歴史的に女性と関連付けられてきた価値や態度や行為は無視されてしまっている。これに対して、ノディングズは、自分自身の感情を理解し、他者と関わり、現実の状況において賢明な選択をすることや、民主社会に積極的に関与する市民としての資質といった、人間の生活に必要な多様な賢さを見直そうとする。

　そこで必要なのは、新たな科目ではなく、科目横断的な学びである。たとえば現在の学校教育において、身体というテーマは、体育、健康、衛生、性

教育、薬物教育、栄養というばらばらの教科や時間に分割されており、統合されていない。この状況では、人生や幸福のために各教科の内容がどうつながっているのか理解することは難しい。また、数学教師は数学だけを教えて歴史を語れず、歴史教師は歴史だけを教えて数学を語れないといった、科目の縦割りの状況も問題である。そうではなくて、特に中学校・高校の教師は、かつて「ルネサンス人」と呼ばれたものであるべきだとノディングズ（2020）は主張する。中学校・高校で教えられている教科の大半について多くを知り、関連する題材について広範に慣れ親しんでいれば、実存的問いを探究するという人間的な責任を引き受けることができるようになる。

　その具体的な問いは、その著書『人生の意味を問う教室』、及び公立学校教師である娘のローリー・ブルックスとの共著『批判的思考と道徳性を育む教室』で示されている。対話のテーマは、信仰、性、殺人、愛情、恐怖、希望、憎しみなど、多岐にわたる。子どもたちはそうした対話や議論を通して、自分がケアされていることを学び、子ども同士でケアすることを学び、そしてまた世界の事物や理念をケアしていくことを学んでいく。「**探究**」が重視される今日、教師や教職志望者がこれらの著作から学ぶことも多いだろう。

　このようにしてノディングズは、ケアの観点から学校教育の様々な面に疑問を投げかけ、従来の学校教育を根本的に問い直している。

4－4．ケアに基づく学校教育の展開

　ケアに基づく学校教育の構想は、ノディングズの提案にとどまらず、様々な形で展開している。有名なのはジェーン・ローランド・マーティン（Jane Roland Martin, 1929-）の『スクールホーム』である。マーティンは、教育的な営みにおいて家庭的事柄(ドメスティシティ)が軽視されていることを指摘した。そして学校をホームとして再構成することを提案する。そこでは、従来の学校では軽視されていた、ケア、関心(コンサーン)、結びつき(コネクション)という三つのCや、家庭的事柄が正当な位置を占めている。

　また、日本においてもケアに基づく学校教育が構想されたり、具体的な実践をケアの観点から評価したりすることが行われている。たとえば、小学校

教師中野譲による実践（竹内 2016）からは、子ども同士のケアや、事物へのケアを垣間見ることができる。かつて中野は、子どもたちが遊ぶ地元七山の川で総合学習を行っていた。しかしある時から防災のために川岸や川床がコンクリートで打ち付けられ、遊び場、生活の場としての川から子どもは隔離されてしまう。そこで中野は、川遊びをとおして子どもと子ども、そして子どもと川とを出会わせることを試みた。子どもたちは自分のからだを通して川とふれあい、他の子どもとふれあい、相互に反応し合うなかで、水害防止のために整備された無機質な川とは異なる、「自分たちを幸せにする川」があることを感知する。それによって子どもたちは、なぜ川が魚の棲めない川になったのか疑問を抱き、聞き取り調査や文献調査を行うことになった。そして、護岸工事の経緯を知り、雇用を生み出す側面もあったことや、海外にはコンクリート護岸とは別の形の水害対策があることなども明らかにしたうえで、より健全な解決策がないか探っていく。川遊びは、単に楽しいという一時の体験を越え、反省的な経験へと発展していく。ノディングズの言葉を借りれば、子ども同士がケアの関係を構築するとともに、川も子どもにとってケアの対象となったのである。

このように、ケアに基づく学校教育の構想は、単にノディングズの論や米国にとどまるものではなく、日本においても大きな可能性を持っている。

5．ケア論を生み出したノディングズの経験

ノディングズはこのようなケア論が生まれた2つの基盤として、家族および教師としての最初の経験があったと語っている（Noddings 2010; 2016）。

ノディングズは米国ニュージャージー州の労働者階級の家庭に生まれた。ノディングズが育ったのは大恐慌と第二次世界大戦の時期であったが、健やかな学校生活を送ったようである。高校では卒業生総代となるほど優秀で、奨学金を得て地元のティーチャーズ・カレッジに進学した。そこで高校の数学教師としてのトレーニングを受け、数学と物理学の学士号を得て卒業した。

しかし、彼女の最初の勤務先は小学校だった。ノディングズは卒業の3日

後に結婚したのだが、夫ジムが大学に通える範囲で住む場所と職を探すこととなった。それが9月に新学期が始まるころだったため、たまたま見つかった仕事として、小学校で6年生を教えることになったのである。さらに翌年、翌々年と、学校の事情で同じ子どもたちを8年生まで担当することになった。この間ノディングズは、演劇や美術、文学など様々な分野を横断的に教えていた。中流以下の階層の家庭が多く、単親家庭の子どもも複数いたため、放課後や土曜日にはジムも交えて子どもと遊ぶこともあった。自分の専門の教科・学年を、子どもの生活とは切り離して教えればよいという環境にはなかった。ノディングズはこの3年間、教室の内外で子どもたちとの人間関係を築きながら、彼女の専門である数学に限定されない教育を行っていった。

では、家族はどうだったか。ノディングズは1952年以降、合計5人の子どもを授かっている。働きながらの子育てとなったわけであるが、さらに5人の孤児を養子に迎え育てた。10人の子どもたちは興味も能力も実にさまざまであり、「子どもたちがいなかったら私はインテリ気取りになっていたかもしれない」とノディングズは語っている（Noddings 2010）。

ノディングズは『ケアリング』のなかで、日常生活上の葛藤として、「夫と演奏会に行く約束をしていたが、当日、子どもが急に病気になった」（Noddings 1984=1997, 83）例を挙げているが、これはまさに彼女が経験した類のことなのだろう。スローガンや原理原則ではどうにもならない葛藤を、彼女は日々経験していた。さらに彼女の人生には、子どもとの間だけでなく夫との間の葛藤もあった。ノディングズは小学校教師時代から勤務先がいくつか変わっているが、夫ジムも勤務地が何度か変わっている。そのためにノディングズがアカデミックな仕事を離れることもあった。ケア論では、自分と他者の状況を踏まえて熟考し、他者と交渉し、その中でお互いに納得できるような回答を探ることが重視されている。ノディングズとその家族は、自らがそれを実践していたのである。

6．ケアに関する誤解や、ケア論に対する批判

ノディングズらが提示したケア論は、従来の学問に対して大きな疑問を突

き付けた。だからこそ、そのようなケア論に対しては批判も集まっているし、そこには一般的に生じやすい誤解もある。この点について補足しておこう。

6-1. 遠くの人はどうでもいいのか

そのうちの一つが、caring-forとcaring-aboutの区別に関するものである。邦訳では、前者は「ケアする」、後者は「気にかける」と表現されているように、両者の違いは主体との距離にある。ノディングズは両者を区別したうえで、あらゆる人に対して同等のケアを行うことは不可能だと主張する。つまり、近くの人は直接的にケアすることができるが、離れた人にはそれができないため、気にかけるということになる。

これに対しては、近くの人と遠くにいる人を区別して良いのか、とか、身近な人の利益を赤の他人の利益よりも優先するのは不公平なのではないか、といった批判が考えられる。しかし、ノディングズはそこで前提とされている普遍性に疑問を投げかけている。無批判に普遍性を前提としてしまうと、ケアする側が考える「本当に必要なもの」や「すべきこと」を、ケアされる側に対して押し付けてしまう可能性がある。そのため、ノディングズはあらゆる人を直接的にケアするのではなく、caring-forが花開くような環境や組織の確立に向けて努力することを、学校や社会に求めている。

ここには、20世紀後半以降、西洋の普遍的な理性に対して疑念が提示されたことも影響している。グローバル化した社会において、「あらゆる人」に適用できる普遍的な原則が求められることが多いが、それとは異なるグローバル化の在り方も、ケアの論理からは展望することができるだろう。

6-2. ケア論は女性に限った議論なのか

また、ノディングズは女性に限った議論をしているわけではないし、女性を男性的にしようとしているわけでもない。女性を家事から解放しようと主張されることがあるが、それでは家庭との結びつきを望ましくないものや制限として扱っていることになる。それとは対照的にノディングズは、家庭との結びつきは道徳的な向上の根拠であると主張した。単純に男性の享受して

きたものへのアクセスを求めて、伝統的に女性と結び付けられて考えられてきた要素を否定するではなく、その中に社会の問題を乗り越える可能性を見出すのである。ケアの倫理は女性の経験を考慮することから生まれ、一般にフェミニスト倫理学の中に位置づけられるが、ノディングズは一貫して、ケアは女性に限ったものではないと主張している。『ケアリング』の初版のサブタイトルは「道徳と教育に対する女性的アプローチ」だったが、その2013年版では「女性的（feminine）」という言葉を「関係的（relational）」に書き換えている（Noddings 2013a）。ケアの倫理は女性の経験を考慮することから生まれ発展してきたが、それは女性特有のものではなく、人間一般の倫理なのである。「子どもや年寄りや病人のケアは、女性だけでなく、すべての能力のある大人によって共有されなければならないし、これらの活動が負担と同時に特殊な愉しみをもたらすことをすべての人が理解すべきである」とノディングズ（2007, 105）は言う。これまで女性と結び付けられて考えられてきたケアに焦点を当てて学校や社会を見ることによって、女性の地位向上ということではなく、むしろ社会全体の向上、あるいは生きづらさの克服につながるということを、ノディングズは考えているのである。

6-3．ケアによって知性が軽視されるのではないか

情緒的な要素を重視するケアの倫理では、場当たり的な対応になってしまって、ルールや原則が無視されたり、科学的・客観的な事実が無視されたりするのではないか、という心配もあるかもしれない。しかし、ノディングズは、原則や知的なものを軽視しているわけではない。たとえば嘘をつくことを禁じる原則が日常生活を円滑に送るのに役立っていることを認識しているが、実際に対立が生じた場合原則はほとんど役に立たない。私たちは、「その原則の背後にある、その原則を生み出したより深い価値を探らなければならない」のだとノディングズは言う（Noddings 2013a, xi）。

ノディングズによれば、私たちの他者への応答は、「他者と「ともに感じる」能力だけでなく、共感の正確さを達成する能力にも依存する」(Noddings 2013a, 193)。そのため、共感を重視したとしてもそれは認知

的側面が無視されるわけではない。ノディングズは「知性や理性ではなく感情や情緒を」と言っているのではなく、「知性や理性は感情や情緒と切り離せない」と考え、そこから近代の思想を組み替えようとしているのである。

　また、ノディングズは、現実の複雑さを理由に理論を否定するのではなく、可能な限り知的に考え抜くことを主張している。物事を決めて先に進めようとすると、「はい、これについてはこれでおしまい」ときれいに結論を出すことが、知的なことだと考えられることが少なくない。結論が出た後にそれについて何か言おうものなら、蒸し返すこととして問題視される。しかし、物事を割り切って進めていこうとするそのような文化は、実は男性的なもので、別の世界を無視したものだったのかもしれない。結論を出して片づけていくこと、割り切っていくことによって、切り捨てられてしまうものがある。それを具に見ようとするのである。

7．おわりに──複雑さを引き受けて考え続けるということ

　本章で扱ったケア論は、無意識のうちに男性的な価値が優位となってきた社会の中で看過されてきた価値を、きちんと評価しようとするものであった。それによって単に女性の地位を向上させるということでなく、あらゆる人にとっての幸せを目指している。ケアの観点からの検討は、学校教育や社会の可能性を広げてくれるだろう。

　もちろん、ノディングズの提示したケアに基づく学校や社会の在り方は、時間やコストの問題で困難だと反論されることもあるだろう。ノディングズ自身、そのことを認識している（Noddings 1984）。しかし、それでも困難を引き受け、複雑なものを単純化せず複雑なものとして受け取り、それでもなお建設的に考え続けていこうというのがノディングズの態度である。

　ただ、この時気を付けるべきは、「考え続けるしかない」という言葉で片付けようとしないことであろう。「「考え続けるしかない」と言っておけばそれですむだろう」と考えるのであれば、それは思考停止である。葛藤や複雑さを引き受けて応答し続ける態度とは異なる。

　ノディングズ自身も葛藤を簡単に引き受けていたわけではない。ノディン

グズは好きな映画について聞かれた際、「善と悪がはっきりしている古い西部劇を見ると、道徳的に清々しい気持ちになるんです」と述べている（Noddings 2010）。ケアの論理を提示し、葛藤の中で交渉することの重要性を訴えるノディングズの中にさえ、すっきりさせる爽快感を求めるところがあったのである。それでもなお、原則によってきれいに切り分けるのでなく、単純化して看過してしまうものを作るのでなく、世界を複雑なまま引き受けていた。そこにはしんどさもあるかもしれない。しかし、彼女のオーラル・ヒストリーには、「大好きだった」「楽しかった」といった前向きな言葉が多くみられる。葛藤や複雑さの中で大好きなものを見つけ、楽しんでいくことのなかで、自然に考え続けていくことができるのかもしれない。

[間篠剛留]

さらに考えてみるために
- 子どもが子ども同士ケアの関係を築き、学習内容をケアできるようにするために、どのようなことが可能だろうか。授業場面を考えてもいいし、授業外の生活を考えてもいい。教室や学校の環境、学校と社会との関係を考えてみてもいい。「思いやりをもって接する」等の単なる意気込みだけでなく、制度や工夫も含めて、さまざまに検討してみてほしい。
- 本章を読めば、ケアの重要性は感じ取れたことと思う。では、ケアを理念と捉え、それを社会の中に一貫させればあらゆる問題が解決する、と考えたとしたら、そこに何か問題はあるだろうか。

注
1）Noddings のカタカナ表記には書籍によって「ノディングズ」と「ノディングス」の揺れがあるが、本章では「ノディングズ」に統一した。また、参考文献では、邦訳を含むすべての著作の著者名を原著者名（Noddings）に統一した。
2）日本においても、明治時代に近代的な学校制度が始まったとき、女性の就学率はなかなか伸びなかった（文部省 1972）。
3）「正義かケアか」が議論されることもあるが、ノディングズは両者を対立関係で捉えるのではなく、正義の精神はケアから生まれると考えている（Verducci 2018）。

4）原語は engrossment で、単に「専心」と訳されることもある。

参考文献

ギリガン，C．（2022）『もうひとつの声で——心理学の理論とケアの倫理』川本隆史・山辺恵理子・米典子訳、風行社。（原著は 1982 年）

マーティン，J．R．（2007）『スクールホーム——〈ケア〉する学校』生田久美子監訳、東京大学出版会。

文部省（1972）『学制百年史』ぎょうせい。

Noddings, N.（1984）. *Caring: A Feminine Approach to Ethics and Moral Education*. University of California Press. 立山善康ほか訳（1997）『ケアリング——倫理と道徳の教育 女性の観点から』晃洋書房。

———．（2007）『学校におけるケアの挑戦——もう一つの教育を求めて』佐藤学監訳、ゆみる出版。

———．（2010）. Inside the Academy: An Interview with National Academy of Education Member Dr. Nel Noddings. Retrieved from https://ita.education.asu.edu/honoree/nel-noddings#videos/

———．（2013a）. *Caring: A Relational Approach to Ethics and Moral Education*. University of California Press.

———．（2013b）. *Education and democracy in the 21st century*. Teachers College Press.

———．（2016）. *Nel Noddings: An Oral History*. Stanford Historical Society. Retrieved from https://purl.stanford.edu/cz325sg5394

———．（2020）『人生の意味を問う教室——知性的な信仰あるいは不信仰のための教育』井藤元・小木曽由佳訳、春風社。

Noddings, N., & Brooks, L.（2023）『批判的思考と道徳性を育む教室—「論争問題」がひらく共生への対話—』山辺恵理子監訳、学文社。

尾崎博美（2015）「「ケア」は「自律」を超えるか？——教育目的論からの検討」下司晶編『「甘え」と「自律」の教育学——ケア・道徳・関係性』世織書房、184-208 頁。

竹内常一（2016）『ケアと自治 新・生活指導の理論 学びと参加』高文研。

トロント，J．C．＆岡野八代（2020）『ケアするのは誰か？——新しい民主主義のかたちへ』岡野八代訳、白澤社。

Verducci, S.（2018）. Noddings: A Voice from the Present and Past. In Smeyers, P.（Ed.）.（2018）. *International handbook of philosophy of education*. Springer, 305-312.

現職教員はこう読んだ④

担任の仕事を再考する
──ケア論にふれて

横田美月（東京電機大学中学校・高等学校教諭）

　今回ノディングズのケア論にふれたことは、私にとって学校現場でのできごとや日々感じている課題を言語化し、捉えなおすよい機会でした。
　私は国語科の教員ですが、教科指導はもちろん、HRにおける生活指導も大変重要だと日々感じています。
　子どもにとってのHRは、ケア論に即して言えば家庭の外で自分をケアしようとしてくれる人（担任）がいる場所です。核家族化し、地域の結びつきの薄れた環境に暮らす子どもたちにとって、自分をケアしようとする大人の存在は貴重です。HRでは担任からのケアだけでなく、やがて子ども同士でのケアが生まれ（トラブルも同じくらい多く起きますが）、さらには長い付き合いのなかでは「担任がケアされる」ということさえ出てくるように思われます。特に行事などの普段と異なる動きをするときに、そうした関係性が見えやすくなります。
　例えば体育祭での競技を苦手とする子どもに対して、得意な子どもがどのように話せば一緒に頑張れるかを考える必要が出てきます。大人を介さずに互いの気持ちや考えをやりとりし、励まされた子どもばかりでなく励ました側の子どもも、自分の言葉が受容された充足感を持てるというようなとき、HRは網の目状にケアする─されるの関係が生まれる場になります。ぶつかり合いも含めてそうした人間関係の経験は子どもの成長にとって貴重な機会です。
　教科に関して言うと、私のクラスの子どもたちは国語科の私に数学の問題を解かせ、私が手こずるのを喜びます。半分は面白がっているのに違いないのですが、半分は「計算の勉強をし続けることがいかに疲れるか」「解法を思いついたときどんなに嬉しいか」ということに共感してほしいようです。

勉強に気持ちが向かない子どもでも、できないままでよいと思っている子どもはいません。「できないことをできるようにする」ために、まず「できないと思っている子どもの気持ちをわかろうとする」ステップがあるとよいと感じます。

　とはいえ、子どもに対する個別具体的なケアを実際に行うことは、重要ですが困難です。例えば複数の不登校の子どもに対して同じ対応が正解とはいえませんが、学校では限られた時間のなか、そうした子どもについてある程度パターン化してとらえ、効率よく対応することも求められます。ただ、保健室やカウンセリングとの連携、使用教室など、ハード面ではパターン化の有効性はあるものの、やはり最後は担任との個別具体の関わりが決め手になります。経験による知恵をフルに使いながら、しかし目の前の子どもがどのような事情を背景に持ち、何を思っているか、どうしたいと思っているかということに耳をすませることを忘れずにいたいものです。

　話が逸れますが、複雑さを複雑なままに引き受けるということについて、私は文学にふれることが大変有効だと思います。パターン化することのできない個別具体の人の内面をこれでもかと見せられ、すっきりしない終わり方にモヤモヤしたまま本を閉じるような、そうした頭と心の働きが「ケアする」ということの心の器を大きくしてくれるのではないかと経験的に感じます。これは子どもにとっても同じです。だからこそ、複雑なものを単純化し収束させない物語を提示して読ませる文学の授業には意義があるのだと私は思います。

　さて、日々学校現場で起きていること、課題だと感じていることを、ノディングズのケア論に即して書いてきました。第11章第7節にあるように、現代の学校教育システムのなかで、こうしたケアの実践をきちんとした形で行うのは困難です。しかし、理想とする教育の形の一つとしていつも心に留め、一つでも多く良いケアを実践することができるように試行錯誤していくことはできそうです。子どもたちをケアし、また彼らが互いにケアし合う縦横無尽の関係性のなかに自らも身を投じつつ、日々教育にあたっていきたいと思っています。

第12章 ベル・フックスの関与の教育学
——中立と安全に隠れた抑圧の構造への挑戦

教室という場はひとつの共同体であるから、「わくわく」を生み出す能力は、わたしたちがお互いに関心をもちあうこと、相互の声に耳を傾け合うこと、他者の存在を認め合うことと、深く関わりあっている。

ベル・フックス『学ぶことは、とびこえること』

1．はじめに

あなたはどのような立場で教育に臨んでいますか。そこにはどのような偏りがあると思いますか。あなたの考える教育は、誰にとって都合のいいものだと思いますか。それは誰かを抑圧してしまっていませんか。

こうした問いに、皆さんはどうこたえるでしょうか。筆者がこれまで教職課程で教えてきた経験からすると、「教育というのは中立の立場で行うべきだ」とか、「自分の考えはまだ偏っている気がするので、自分や誰かに都合よいものにならないように子どものためになる教育を行いたい」といったこたえが多く聞こえるように思います。そこにある共通の関心は、「偏らないように」というものです。しかし、その「中立」とか「子どものため」が、特定の人たちを疎外したり、抑圧したりすることはないでしょうか。

本章ではこのことについて、米国の作家、**フェミニズム**の理論家、文化批評家である**ベル・フックス**（bell hooks, 1952-2021）を取り上げて考えていこうと思います。彼女の教育論は大学に関するものが多いのですが、初等中等教育を考えるうえでも大いに示唆的です。

2．ベル・フックスの生い立ちと教育への関心

　この章を読んでいていくつか違和感を覚えた方もいるだろうと思います。一つはベル・フックスの英語表記です。bell hooks は全て小文字で綴られています。これはペンネームで、小文字で綴ることには、著者自身ではなく著作の内容に注目してほしいという考えがありました。また、この名前は母方の曾祖母ベル・ブレア・フックスに由来しています。人に言い返すことを厭わなかった曾祖母にあやかってつけられたペンネームは、ベル・フックス自身もそうあろうという思いを示すものであり、「従順であれ」という黒人女性に対する暗黙の圧力に対抗しようとするものでもありました。

　もう一つはこの章の文体です。フックスにあやかって、あえて常体でなく口語的な敬体で書いてみています。フックスの著作はエッセイやインタビュー、対話、自己対話など多様な形式がとられていて、いわゆるアカデミックな書き方は避けられています。それは、エリート主義や因襲的なアカデミズムに反対し、より多くの人とコミュニケーションをとろうとしたことの表れでした（hooks 2003; フックス 2023）。そしてそれは、自分自身の生い立ちや経験に根ざした政治的な決断でもあったのです。

　ベル・フックスは1952年、米国南部ケンタッキー州の労働者階級の家庭に生まれました。当時は「分離すれども平等」と言われた人種隔離の時代で、白人専用の食堂やトイレや学校があっても、黒人用の食堂やトイレや学校が用意されていれば差別には当たらないと考えられていました。1954年には米国連邦最高裁のブラウン判決において、公立学校における人種隔離教育は違憲であると宣言されましたが、すぐに状況が変わるわけではありませんでした。ベル・フックスが最初に通ったのは黒人学校で、人種統合された学校に通い始めたのは1960年代後半になってからでした。

　さて、このような話をすると、人種統合によって問題が解消されたということになりそうですが、話はそう単純ではありません（フックス 2023）。フックスにとって自由や解放の教育が行われていたのは、むしろ人種隔離時代の黒人学校でした。そこで彼女は、学ぶことによって自分が変わることを経験したといいます。彼女の父親は伝統的な男らしさを体現していて、暴力

によって彼女を従わせようとすることもありました。母親は優しい人でしたが、父親に従順で、彼の暴力を暗に肯定していました。家庭ではフックスに知性は求められておらず、従順な黒人女性という理想像を演じることが求められていたのです。それに対して黒人学校の先生たちは、子どもたちのそうした状況もよく理解しうえで、押し付けられた虚像に対抗し、学びを通して精神と人生を変革させるような場を提供していたといいます。

ところが、彼女が人種統合された学校に入学すると、生活は一変します。フックスによると、白人教師たちの授業は、白人優位の人種差別的な固定観念を強化するものでした。社会の中心に位置する白人からすれば何の問題もない内容と方法がそこでは採用されていたのでしょう。しかし、それは知らず知らずのうちに白人の支配や優位性を正当化し、**周縁**に位置する人々を疎外するもの、つまり人間らしさを奪うものになっていたのです。

フックスはこの作用を「**ヘゲモニー**」という言葉で理解しています。ヘゲモニーとは、イタリアの思想家、**アントニオ・グラムシ**（Antonio Gramsci, 1891-1937）が用いた言葉で、ある人々が他の人々に対して持つ支配的な立場や影響力を指します。特に、支配者側の考え方や価値観を被支配者に強硬に押しつけるのではなく、みんなが自然に「それが普通だよね」と受け入れてしまう状況を創り出す力を指しています。フックスによれば、黒人学校はそうしたヘゲモニーに対抗する場だった一方で、人種統合後の学校はヘゲモニーを維持するような場だったのです。

米国に生きる黒人女性として、ベル・フックスは差別や不平等のまさに当事者でした。フックスは数多くの著作を残していますが、いずれも人種、ジェンダー、資本主義の交差するところに焦点を当てています。それらがどのように絡み合い、抑圧と支配の構造を生み出しているのかを問うたのです。

3．現代社会の抑圧の構造

ベル・フックスはそうした複雑な抑圧の構造を、「帝国主義的で白人至上主義的で資本主義的な家父長制」と表現しています（hooks 2003）。

かつて西洋諸国は、他国を植民地化し、自国の文化や価値観を押し付ける

とともに資源を搾取する、帝国主義を推進しました。第二次世界大戦後に多くの国が独立した後も支配と搾取の構造は存続し、グローバルな不平等と抑圧の基盤となっています。白人至上主義も同様に、歴史的には奴隷制や人種隔離政策として現れてきましたが、いまだに様々な形で見られます。そしてこれらは、資本主義と結びついていきます。資本主義は、利益を優先する経済システムを強調し、搾取や不平等を生み出すからです。

さらにフックスは、労働者階級や有色人種、女性などが家父長制的な文化のもとで搾取の対象となっていると指摘しています。家父長制とは、「男性が本質的に支配的であり、特に女性など弱者とみなされるすべてのものよりも優れており、弱者を支配し、統治する権利が与えられており、さまざまな形の心理的脅迫や暴力によってその支配を維持する権利を有している、と主張する政治的・社会的システム」です（hooks 2004, 18）。単に男女の関係だけでなく、弱者の支配や、支配の維持のための暴力が問題となります。

このような構造を覆そうとする運動は、1970年代ころ、第二派フェミニズムという形で起こっていました。しかし、その運動のリーダーとなった白人フェミニストには、有色人種やその他の周縁グループの経験を軽視する傾向があったといいます。階級的に優位な白人女性たちにとっては、女性の社会進出が認められれば既存のシステム内での昇進が可能となるため、家父長制の価値観や仕組みを根本的に変えなくてもよかったのです。その結果、第二派フェミニズムは既存の権力構造を維持する形で家父長主義的で資本主義的な主流文化に吸収されてしまったと、フックス（2020）は分析しています。

そこでフックスは、第二派フェミニズムを克服する、新たなフェミニズムを提起しました。それは、「性差別をなくし、性差別的な搾取や抑圧をなくす運動」です（フックス 2020, 13）。フェミニズムと聞くと、男性を敵視する運動と思われがちですが、フックスはそれを否定します。なぜなら、男性も家父長制によって苦しんでいるからです。男性は伝統的な男らしさに縛られることで、自分の感情や弱さを表現すること、愛し愛されることが難しくなっているとフックスは言います（hooks 2004）。そのため、抑圧されている個々人をすくい上げるのではなく、抑圧の構造それ自体に挑もうとする

のです。

　フックスが問題とした抑圧の構造は、教室にも反映されています。特に問題視されるのは、白人の特権です（hooks 2003, フックス 2023）。教室の中心に位置する白人の声や経験が不当に優先され、マイノリティの声や経験が疎外されたり無視されたりする階層構造が生み出されていると彼女は指摘します。さらに、その特権は認識されていないことが多く、特権的な白人は自分たちにとって有利な構造を認めることに抵抗があるといいます。マイノリティを気にかけることはあっても、分析の目はマイノリティにしか向かず、自分たちについて省察することが難しいのです。一方の周縁グループの学生は、自分たちが何を言っても傾聴されず歓迎もされないことを学んでいきます。周縁グループの意見や成果が取り上げられることもありますが、ただうわべだけとりあげられることも多く、根本的な解決には至らないのです。

　私たちの社会にも教室にも、はっきりとは目に見えない形で、しかし強固に、抑圧の構造ができているわけです。被抑圧者を個別に救済しても、特権をもった白人男性を引きずりおろしても、問題は解決しません。構造そのものに挑まなければ、根本的な問題は解決しないわけです。

4．教育を再構築する手掛かり

　では、そのような問題意識の下で、どのように新たな教育を構想したらよいのでしょうか。フックスは彼女に大きな影響を与えたものとして、**パウロ・フレイレ**（Paulo Freire, 1921-1997）と**批判教育学**、そして**ティク・ナット・ハン**（Thích Nhất Hạnh, 釈一行, 1926-2022）を挙げています。

4－1．パウロ・フレイレ

　パウロ・フレイレはブラジル出身の教育者で、識字教育運動に携わるなど、貧困層や被抑圧者に対する教育の革新に尽力しました。そして『被抑圧者の教育学』で、教育が社会変革の手段として機能するべきだと論じています。

　フレイレは、伝統的な教育を「**銀行型教育**」（**表1**）として批判しました。銀行型教育とは、教師が知識を一方的に生徒に預け入れるような方法で、受

動的な学びを強調する教育モデルです。このモデルに対して、フレイレは学習者の主体性と能動的な参加、非判定思考力や創造性を重視する「対話型教育」を提唱しました。そこでは教師と学習者が共に学び合う関係性のなかで、対話を通じて知識を共同で構築していきます。さらにフレイレは、「意識化」と呼ばれるプロセスを重視しました。意識化とは、学習者が自分の置かれた社会的・政治的状況や権力構造を理解し、その中でどのように行動するかを考えるプロセスです。学習者はこの意識化を通じて、個人が自らの世界を変革する積極的な参加者となることが可能となるわけです。

表1. フレイレ（1979）が指摘した「銀行型教育」の特徴

1 教師が教え、生徒は教えられる。
2 教師がすべてを知り、生徒は何も知らない。
3 教師が考え、生徒は考えられる対象である。
4 教師が語り、生徒は耳を傾ける―おとなしく。
5 教師がしつけ、生徒はしつけられる。
6 教師が選択し、その選択を押しつけ、生徒はそれにしたがう。
7 教師が行動し、生徒は教師の行動をとおして行動したという幻想を抱く。
8 教師が教育内容を選択し、生徒は（相談されることもなく）それに適合する。
9 教師は知識の権威をかれの職業上の権威と混同し、それによって生徒の自由を圧迫する立場に立つ。
10 教師が学習過程の主体であり、一方生徒はたんなる客体にすぎない。

　読み書き能力のことを**リテラシー**と言いますが、世界を批判的に読み解くこのような力を、後の研究者は「**批判的リテラシー**」と呼んでいます。こうした批判的リテラシーの重要性を、フックスも認識していました。

　さらにフックスは、支援者と被支援者の関係の問い直しも学んでいました。彼女は、フレイレの『ギニア・ビサウへの手紙』を引用して、「本当の援助とは、それに関わるすべての者が、相互に助け合う援助なのだ」と述べてい

ます。つまりそれは「現実を理解し、現実を変えようとする共通の努力のなかで、一緒に成長する」ということです。助ける者と助けられる者が同時に助け合うことによってのみ、「援助という行為は、援助者が被援助者を支配するという歪みから自由になれる」のです（フックス 2023, 97）。

　教育に関心のある人は、「〜してあげる」ことに意欲を持っていることが多いでしょう。しかし、そこに無自覚の特権が潜んではいないでしょうか。社会の周縁には否定的な意味が担わされ、排除の対象ともなってきました。「〜してあげる」というのは、中心の特権に無自覚なまま、周縁の人々に向かう態度かもしれません。それに対してフックスは、周縁を「異質な思考と認識の場」として肯定的に捉えます。ヒエラルキーや搾取の関係に囚われている自分たちを認識し、抑圧の構造を変革していく関係を求めたのです。

4－2．批判的教育学

　1920年代ドイツの批判理論に起源をもち、フレイレの理論の影響を受けて発展した批判的教育学も、フックスに大きな影響を与えました。批判的教育学とは、社会や教育における抑圧の構造を認識し変革しようとする、教育理論や教育実践のアプローチです。その特徴は、支配的な権力が、多くの場合隠された形で機能していると理解することにあります。教育機関で学ぶべき内容や活動の計画・構成をカリキュラムと言いますが、批判的教育学は「**かくれたカリキュラム**」に注目して抑圧の構造を暴いていきます。私たちは、たとえ明示的には伝えられていなかったとしても、学校生活を通してある特定の価値観や態度、行動様式を学んでいきます。これがかくれたカリキュラムです。たとえば、歴史の授業のなかで、白人の業績や視点が強調され、黒人などの視点が軽視されたとします。このような授業では、白人の文化や歴史が「標準」であり、「正統」だという考えが刷り込まれていきます。学校教育は白人優位のヘゲモニーを形成しているわけです。

　問題は教えられる内容だけではありません。クラス担任は誰か、教科書は何か、教えるための言語は何か。これらはすべて政治的な意味を持っています。ある特定の人々を優遇すると同時に、そこから外れた人々の利益を損な

うことになるからです。「教育とは中立でなければならないし、政治的であってもならない」というスローガンは、政治性を隠し中立を装っている可能性があります。そこで批判的教育学は、教育は中立ではなく、本質的に政治的であると捉えます。教育や社会の隠された政治性に意識的になり、抑圧の構造に挑戦する学習者を育てようとするのです（Kincheloe 2008）。

　学習者が自分の未来を創り出していく積極的な参加者になるのを支援することを、**エンパワーメント**と呼びます。エンパワーメントは必ずしも批判的教育学だけの言葉ではありませんが、批判的教育学の文脈では、抑圧的な体制に異議を唱え、自分の権利を主張する力を与えることを強調し、それによって個人や集団の行動力と社会変革を促すものとして重視されています。フックスはこうした批判的教育学の研究や実践も踏まえて自分自身の実践を構築し、批判的教育学をさらに前進させていきました。

4−3．全体性の思想と世界への関与

　その際、フックスが問題視したことの一つが、教室においては精神ばかりが強調され、身体や感情や生き方が軽視されているということでした。私たちは教室に入ると、身体のことを忘れて精神だけの存在になることを求められます。感情を表に出すことも歓迎されません。こうした態度は、歴史的に白人、男性、ヨーロッパ中心主義の理想と結びついた知識や存在のあり方を特権化しているものであり、白人至上主義的思考を反映し強化しているとフックスは考えます。さらに、身体を見てはいけないと考えることによって、身体に関連した特権性に目が向けられにくくなり、特定の階級的価値観の特権化やエリート主義の再生産が隠蔽されていくのだといいます。

　これに対してフックスが重視するのは、人間としての全体性であり、この世界をどう生きるかを知ろうとする「まるごと」の人間としてお互いを見ようとすることでした。その手掛かりの一つとなったのが、ティク・ナット・ハンの思想や著作でした。彼の強調した「**全体性**（ホールネス）」とは、「精神（マインド）と身体（ボディ）そして霊性（スピリット）の結合」です。それを手掛かりにフックスは、もし教師が学生をエンパワーするようなやり方で教えようとするならば、まずは教師自身が己の心

身のありようを高めていかなければならないと考えます（フックス 2023, 35）。学生だけでなく教師も、合理的な知を示す精神だけの存在ではなく、精神と霊性を備えた存在でなければならないということです。

さらに、全体性を見ることは世界への向かい方をも変えていきます。ティク・ナット・ハンは「関与の仏教」を展開した人物の一人として知られています。関与の仏教というのは、オーソドックスな仏教とは違って世俗社会への参加を重要視する仏教徒運動のことです。彼らは世界とより密接につながるような方法で行動し、世界を変えていこうとしました。フックスは彼の思想を手掛かりに、「自分自身とより密接につながるような方法で学習を実践すれば、教室は一変する」と考えるようになったのです（hooks 2003）。

5．教育の可能性——関与の教育学

これまでのような思想や研究、実践を手掛かりに、フックスは「関与の教育学」（engaged pedagogy）を構想しました。関与の教育学とは、「アイデアの創造に全面的に参加できる、自主的な学習者、教師、学生を生み出す」ものであり、そこで教師は「学生を批判的思考という冒険」に連れて行くものとされています（hooks 2010, 43）。それは銀行型教育のそれとは全くの別物です。異なる文化や生活を背負った人々が互いの差異に向き合おうとするならば、葛藤は恐れるべきものでなく、新しい思考と成長の刺激剤として活用することが期待されます。また、批判的思考も単に与えられた課題を批判的に検討しようとするのではありません。「批判的思考の原動力は知りたい、生の仕組みを理解したいという切望である」とフックスは言います（hooks 2010, 7）。生と関わっていてこそ、批判的思考なのです。

このような関与の教育学は、教室の空間を、「全体性を歓迎し、学生が正直でいることができ、果敢に心をオープンにでき」、「自分の不安を口にしたり、思考することへの抵抗を表明したり、声を上げたりすることができる」空間に変えていくことを求めました（hooks 2010, 10）。そのとき問題になったのが、「安全な教室」という認識です。多くの人は、教室は安全なものであるべきだと思っていることでしょう。しかしその安全な教室とは、マ

ジョリティであり社会の中心にいる人々、つまり米国社会では中産階級以上の白人男性にとっての安全でしかないとフックスは考えます。貧困層出身の学生や、有色人種や女性の学生は、中心的な振る舞いを身に付けるか、疎外されて沈黙を強いられるかのどちらかであり、一見中立的で安全に見える従来の教室は、周縁グループの学生の犠牲のもとに成り立っていたわけです。そこでフックスは、一般的な「安全」よりも、「わたしたちをひとつに結びつける共通の価値」を信じて、学びのコミュニティを形成することを目指しました。その共通の価値とは、「学びの欲求」、つまり、「わたしたちの知的な発達をうながし、もっと十全にこの世界を生きる、その力となる知識を積極的に自分のものにしたいという思い」です（フックス 2023, 75）。

　しかし、フックスの挑戦は強い抵抗に遭います。学生たちは新しい実践に乗り気ではなく、差異に向き合うことにも、自分たちの感情を視界に入れて省察することにも、消極的でした。フックスは、学生たちが自分たちを発言する価値のある主体とみなすことができるような対話の空間をつくり出したいと考えましたが、それこそ学生たちがそれまでに学び内面化してきた価値観が、それを阻んだのです。この難問にどう向き合えばよいのか。簡単な答えはありません。しかし、フックスはヒントを提示してくれています。

　それは、教師のあり方です。教師が「安全な場所が大事だ」と言うとき、それはたいてい、教師が一方的に講義を行い、学生が何か話すのは何か尋ねられた時だけ、という教室を意味します（フックス 2023）。それは教師にとっても「安全」で都合のいい教室でした。教師に対して疑問を投げかける生徒や学生に対して、教師は防衛的な反応をとることもできます。しかし、学生たちにリスクを負わせておいて教師が危険に身をさらすことを拒否していたら、エンパワーメントが起こるはずないとフックスは考えます。教師自身が葛藤や変化を恐れていては、学生は葛藤や変化を受け入れることはできないでしょう。「教授陣が勇気を持って、課題の題材を照らし出すような形で個人的な経験を共有するとき、本物の学びのコミュニティを構築する土台を築く手助けができる。自分自身を傷つきやすい存在としてさらけ出すことで、リスクを冒してもいいこと、傷つきやすい存在でもいいこと、自分の

思考やアイデアが適切に考慮され尊重されるという自信を持つことができることを、学生たちに示すことができる」とフックスは言っています（hooks 2010, 56-57）。弱さを見せてはならないという家父長制的な態度を、教師は克服する必要があるのです。こうしたことからフックスは、学生に意見を書かせる課題を出すときには、自分自身も文章を書いたと言います。学びのコミュニティ形成のために、不要なヒエラルキーを崩そうとしたのです。

　学習者に対して「安心して発言してほしい」といったことを伝える教師は多いでしょう。しかしその言葉が教師の態度や教室の空間と一致していなければ、既に安心して発言できているマジョリティが発言できない人たちを蔑むことを許し、発言できていない人たちが自分自身を責め、低い地位や評価を飲み込ませる結果を導いてしまいます。フックスはそうしたことも見越して、教室に集った人たちが安心できるために必要なことを考えたのでしょう。それによって教師の権力が失われるということはありません。重要なのは、エンパワーする形で権力を行使するべきだ、ということです。

　こうした学びのコミュニティが成立するならば、階級的矛盾を建設的に活用することもできるはずです。なぜそうなっているのか、自分たちがいかに誰かを抑圧してしまっているのか、お互いの経験をもとに、より深く考えていくことができるでしょう（フックス2023）。それはいわゆる安全な場でも安定した場でもありません。生徒や学生、教師が互いに変化することを恐れず、影響を与え合っていく場なのです。

　異なる文化や生活を背負う人たちが自分たちの経験をもとに対話するとなると、そこで行われるコミュニケーションはたどたどしいものになるかもしれません。しかし、「言われたことを、一から十まで完全に聞き取り、理解しなくても、語られたことをまるごと自分のものとして「所有」し、征服などしなくても、それはそれでよいのだ」とフックスは言います（フックス 2023, 290）。「コミュニケーション能力」が称揚される現代において、一般的に求められるのは淀みないスムーズなコミュニケーションです。しかしそれも、マジョリティによる抑圧の構造に寄与しているかもしれません。沈黙の空間から学ぶとか、聞きなれない言葉に辛抱強く耳を傾けるといったこと

6. 教室外の可能性

ベル・フックスは教室の外の教育的な力にどう対抗するかも考えていました。その具体的な取り組みの一つが絵本です。フックスの絵本は、自己愛、家族愛、共同体愛という肯定的な価値を示すことで、黒人の精神に日々襲いかかる否定的なイメージに抵抗しようとしています。

その代表作が『ナッピーで幸せ』(hooks & Raschka 2017) です。「ナッピー」とはくせっ毛や縮れ毛を表す言葉で、黒人女性の象徴として否定的に語られることが多いものでした。「ナッピー」という言葉は差別語だから使うべきでないと言われることさえあります。これに対してフックスは、髪を触ったり髪で遊んだりする楽しさ、髪をとかしてもらったり編んでもらったりする他者とのつながり、そしてコミュニティの中で自分らしくあることにただただ幸せを感じることを表現しながら、ナッピーの少女が尊重され、愛され、受け入れられる社会を描き出しています（**図1**、**図2**）。

絵本であるということには、これまで否定的なメッセージに囲まれて育ってきたグループの子どもたちに対して肯定的なメッセージを発していくという意図があります。また、絵本は大人が子どもに読み聞かせすることもあります。そのため、肯定的なメッセージは大人の読者に対しても伝えることができます。こうした二重の意図を、フックスはこの絵本に込めたのでしょう。抑圧されてきた人々をエンパワーメントする可能性が示されています。

図1．髪を編んでもらう様子　　**図2．様々な髪の子が遊ぶ様子**

7．おわりに

　最後に、ベル・フックスを手掛かりに日本を考えてみましょう。「彼女が論じたのは米国独特のものであって、日本には関係ないはず」と思う人もいるかもしれません。もしそう思ったとしたら、「そう思った自分は、特権を享受しながら搾取や抑圧の構造を認識できずにいた米国の白人男性と同じ状況に陥っているのではないか」とか、「その構造のなかで少しでも優位に立とうとした周縁グループと同じなのではないか」、と考えてみてください。フックスが指摘したように、抑圧の構造は直視しにくいものです。

　アクティブラーニングや探究学習について考えてみるのも面白いと思います。一見するとそれらは、フレイレが批判した銀行型教育を解決するものかもしれません。しかし、もしも教員の望む能動的学習や探究を学習者に強いるのであれば、それは従来の方法と根本的には変わりません。むしろ、許容できる範囲を厳しく制限したうえで自由な思考を推奨するとしたら、極めて巧妙な形で、学習者を従順な状態に置くことになるでしょう。ドイツの批判理論を発展させたホルクハイマーとアドルノ（2007）は、理性が本来持つべき批判的・解放的な役割が、効率や管理を重視する道具的な側面に偏ることで、理性自体が抑圧的な力になってしまうことを問題視しました。丸ごとの人間を考えることは、こうした理性の道具化に対抗する手がかりとなるかもしれません。フックスは能動的な関与や批判的思考を重視しましたが、それらはまるごとの人間、人生や生き方に関わってこそのものでした。だからこそ、現代社会の抑圧の構造から目を背けるわけにはいかなかったのです。

　フックスの著作を読んでいると「それで、あなたはどうするの？」と問われているような気がします。「世の中がこうなっているから、新しく考えるのは難しいし、政治的決定は避けたい」と考える人もいるでしょう。それに対してフックスなら、そう考えるならそれも一つの政治的決定だと言うでしょう。フェミニズムに基づく教育の問い直しは日本でも進められています（虎岩2023）。では、あなたはどのような態度や行動をとるでしょうか。

［間篠剛留］

さらに考えてみるために

- 筆者（でありこの本の編者）はできるだけバランスをとって、この章を書き、この本を編集しようとしました。しかし、それも中立的なものではないでしょう。では、そこにはどのような偏りがあるでしょうか。この章が敬体で書かれていることについて批判的に検討するのも面白いと思います。
- 日本では、どんな人がどのように抑圧されているでしょうか。どんな人がどのような特権を持っているでしょうか。その状況を乗り越えて子どもたちをエンパワーするには、どのような取り組みが考えられるでしょうか。

参考文献

フレイレ，P．（1979）『被抑圧者の教育学』小沢有作、楠原彰、柿沼秀雄、伊藤周訳、亜紀書房。

ホルクハイマー，M．＆アドルノ，T．（2007）『啓蒙の弁証法――哲学的断想』徳永恂訳、岩波書店。

hooks, b. (2003). *Teaching community: A pedagogy to hope*. Routledge.

hooks, b. (2004). The will to change: Men, masculinity and love. New York: Atria Books.

hooks, b. (2010). *Teaching critical thinking: Practical wisdom*. Routledge.

フックス，b．（2020）『フェミニズムはみんなのもの――情熱の政治学』堀田碧訳、エトセトラブックス。

フックス，b．（2023）『学ぶことは、とびこえること――自由のためのフェミニズム教育』里見実監訳、朴和美、堀田碧、吉原令子訳、筑摩書房。

hooks, b. & Raschka, C. (2017). *Happy to be nappy* (2nd Board Book Ed.). Little, Brown and Company.

Kincheloe, J. L. (2008). *Critical pedagogy primer* (2nd Ed.). Peter Lang.

虎岩朋加（2023）『教室から編みだすフェミニズム――フェミニスト・ペダゴジーの挑戦』大月書店。

column 12 戦後の日本における学力観の変遷

　学力とは多義的な言葉であり、時代や社会によってその中身は大きく変容する。ここでは、学習指導要領（文部科学省が示す教育課程の基準）の変遷を軸に戦後日本における学力観の変遷を整理し、学力について考えてみよう。
　戦争直後の1947年に初めて発行された学習指導要領（試案）は、アメリカの影響を強く受けた経験主義的なものであった。そこでは知識の蓄積よりも生活や実体験に根ざした学びが重視されており、学力は子どもの成長を中心に捉えられていたといえる。1951年の改訂においても経験主義や「試案」という形式は維持された。しかし、1950年代後半から高度経済成長期に入ると産業界からの人材育成の要請が高まった。また、ソ連の人工衛星打ち上げ成功（スプートニクショック）は、科学技術教育の重要性を強く認識させた。その結果、1958年の改訂では「試案」が外れて系統主義が導入され、知識を体系的に教えることが追求された。さらに1968年の改訂では「教育内容の現代化」が図られ、学習内容は過去最大のものとなった。
　1970年代に入り、校内暴力や落ちこぼれといった社会問題が顕在化すると、詰め込み教育へ批判の声が高まった。そこで1977年の改訂では、「ゆとりある充実した学校生活」を目指した。続く1989年の改訂では、従来の「知識・理解・技能」という〈見える学力〉だけでなく、「関心・意欲・態度」、「思考力・判断力・表現力」といった〈見えにくい学力〉も重視した「新しい学力観」が提唱された。さらに、21世紀を目前にした1996年の中央教育審議会の答申では、社会で活躍できる実践的な力を育成するために、「ゆとり」の中で子どもたちに「生きる力」を育むことが強調された。これを受けた1998年の改訂では、現代まで続く「生きる力」が提示された。教科の枠を超えた横断的・総合的な学習をねらいとする「総合的な学習の時間」が新設された。

しかし2000年代に入ると、OECD（経済協力開発機構）のPISA学力調査の結果から「学力低下」論争が巻き起こった。ただし、PISAで重視されていたのは、従来の基礎学力とは異なり、解決の道筋が明確ではない現実の問題に対処し解決する能力であった。こうした中、2008年の改訂では、「生きる力」に加えて、知識・技能の習得とともに「思考力・判断力・表現力」をバランスよく育てることを重視するような「確かな学力観」が示された。

さらに近年では、非認知能力の重要性が認識されるようになっている。非認知能力とは、試験などで測られる認知能力とは異なる、社会性や意欲、粘り強さなどの、個人の成長や社会生活において重要な資質を指す。いわば〈見えない学力〉である。2000年代初頭に、OECDが現代社会で求められる能力「キー・コンピテンシー」を発表したが、ここには自己効力感、忍耐力、持続力などの非認知能力的な要素が含まれていた。こうした流れを受け、2017年の改訂では「知識・技能」「思考力・判断力・表現力」「学びに向かう力・人間性」の3つの柱が学びの目標として再編された。3つ目の柱はまさに非認知能力に該当する。さらに、2021年の中央教育審議会答申では、「個別最適な学びと、協働的な学び」を目指した「令和の日本型学校教育」が打ち出され、認知・非認知能力の両方を育成することが推進されている。

さて、ここまで戦後の学力観の変遷を概観してきたが、興味深いのは、従来の学力概念が職業的労働力や経済成長への貢献に重きを置いていることである。しかし、経済成長ばかりを追求すると、個人が競争の中で孤立し、他者や広い世界とのつながりを失う可能性がある。たとえば、哲学者マーサ・ヌスバウムは『経済成長がすべてか？』の中で、経済成長のみを目指す教育が芸術や人文学を軽視し、市民社会や民主主義を脅かす恐れがあると警告している。これまでの歴史を踏まえ、今後私たちは学力をどのように捉えていけばよいだろうか。本書で学んだ思想（たとえばシュタイナーやノディングズなど）も、学力を批判的に検討する手がかりとなるだろう。

［廖穎彤］

参考文献
松下佳代編（2010）『〈新しい能力〉は教育を変えるか』ミネルヴァ書房．

おわりに

本書の企画について

　本書を順に読んできた読者は第12章からの差に驚くかもしれないが、第12章を目立たせるためにも、「おわりに」は常体で書こうと思う。

　2年がかりで編集・執筆作業を行ってきた本書の企画も、いよいよ大詰めとなり、原稿が次々と集まってきた。これまで何度もミーティングを行い、取り上げるべき問いは何かとか、初学者向けのテキストはどうあるべきかといったことについて議論を行ってきた。その成果が具体化し、しかもそれぞれの原稿がとても面白いので、非常に楽しい。ここまで読んでいただいた読者の皆様には、その楽しさを実感していただけているだろうか。

　人物に焦点を当てた教育学のテキストは、実はそれほど多くない。もちろん、「教育原論」とか「教育の理念と歴史」といった、教職課程において「教育の理念並びに教育に関する歴史及び思想」を扱う科目のために編纂されたテキストは数多く出版されている。しかしその多くはトピックベースの記述のなかに必要に応じて人物が取り上げられるという形になっている。このようなスタイルは、現代的な関心から思考を深めることができるので、初学者にとって読みやすいものでもあるだろう。そう考えると、人物ベースで章を立てるテキストというのは、時代遅れなのかもしれない。しかし、人物ベースのテキストが少ない今だからこそ、本書の意味があると、編者は考えている。人物に焦点を当てることによって、彼らの生きた時代や思い、問いを描写でき、現代においてその問いがどう継承されているのかを考えることにつながるのではないか。上記のミーティングにおいて著者間で一致したのは、そうした認識だった。なお、各章冒頭に掲げた人物画や写真は、第11章のものを除いてすべてパブリック・コモンズのものである。インターネットで調べればすぐにアクセスできる情報ではあるのだが、こうした顔が見えていると、それだけでその人物に親しめるのではないかと考えている。

現職教員によるコラムについて

　本書のもう一つの特徴は、現職教員によるコラムを置いたことにある。ただ、このコラムを本書の中に位置づけることは、思っていた以上に難しかったし、楽しく面白いことでもあった。

　当初は、現職教員によるコラムを置けば、それだけで読者の思考の手掛かりになるだろうと考えていた。しかし、編集作業を進めていくうちに、各章を読んで現職教員が考えたことを置くだけでよいのかという思いが生じてきた。それへの応答があってしかるべきなのではないか、と。中には編者や章の著者の意図したことと、コラムの著者の関心とのズレが見えたコラムもあった。わずか２ページに収めて書いてもらったため、語りつくせなかった著者の思いもあった。編者や章の著者がコラムを読んで触発されたこともある。これらすべてを書き記したくなるのだが、紙幅の関係でそれは厳しい。そこで、簡単にではあるが、コラムに対する編者のコメントを簡単にまとめておくことにしたい。本書を大学の授業のテキストにする場合には、これが授業内の議論のテーマとなりうるし、一人で読んでいる場合にも、コラム版の「さらに考えてみるために」として読んでいただけると思う。

　コラム３は、放っておいても自由に考え動くことが難しい生徒に対して、普段とは異なる活動が可能な自由な場を与えたうえで、あえてそこに制限を設けることによって、生徒の自律を促そうとする試みが描かれている。著者はこれをロックやルソーに評価してもらえるのではないかと書いているが、もちろん全てが肯定されるわけではないだろう。ロックやルソーのそれぞれで立場も違うから、評価の観点も異なるだろう。著者がどのような点を意識してそう書いたのかが気になるかもしれないが、紙幅の関係で割愛せざるを得なかった。編者がここでこたえることも考えられるが、あえてそれはしない。著者はロックやルソーの枠組みでどのような点を評価したのだろうか。それに対して読者はどう評価するだろうか。ぜひ考えてみてほしい。

　コラム６は、キャリア３年目の小学校教師の語りから、教室の空間づくりと、話し合いを通した市民形成の可能性がまとめられている。当初は執筆をお願いする予定だったが、初めての１年生の担任で予想以上に多忙だとい

217

おわりに

うことで、編者が聞き取りを行い構成する形となった。お話は非常に濃厚で、2ページに収まりきらなかった内容も多々ある。さて、本コラムでは管理・訓練と教授の重なりのほか、知育と訓育の重なりが示唆されていた。これは、知育と訓育を相互に浸透させることによって、教育的意図を一貫させ、より効果的にしようとしていると考えることができる。それも単に両方をということでなく、場面によって訓育が強く発揮されることや、知育が強く発揮されることがあるのだろう。では、これは、教育の在り方が進歩したことで人類を道徳的に高め、幸福にする方向に向かっているということなのだろうか。それとも、国民全体に対する意見や考え方の強制が、よりマイルドに巧妙になっているということなのだろうか。コラムを読んだ後で改めて第6章を読むと、また違った考えを抱くことができるかもしれない。

コラム7は、第7章を手がかりに教師の専門性に注目しつつ、第7章で提示されたのとは異なる専門性対民主性の枠組みを提示している。それは第7章の著者が意図したものそのものではないが、現代的に重要な問題である。枠組みのズレが気になる読者もいるかもしれない。書籍としての一貫性を考えるのであれば、同じ枠組みのもとにコラム7と第7章の記述を調整するという選択肢もありえた。しかし、それを行うと読者が目にするのは著者同士の対話の結果（完成品）であり、どこか予定調和的なもののように感じてしまうことが懸念される。そのため、あえてズレはそのまま残すことにした。歴史的なものと現代的なもののズレや、研究者と現職教員の関心のズレ。それらは単なるエラーではなくて、新たな対話や思考の契機ともなる。このズレにどんな意味や可能性があるのか、ぜひ考えてみてほしい。

コラム11は、教師が日々考えていたことを「ケア」を通して言語化している。実は最初の原稿では、「『……わかろうとする』ステップ」（p.199）には、「分かろうとする」という漢字が使われていた。「分かる」は分析的な印象を伴うのではないかと編者は疑問に思い、そのことをコラムの著者に伝えた。ノディングズの言葉そのものを使うなら「受け容れる」と書き換えればよいのだが、やり取りの結果、「わかろうとする」に書き換えることとなった。この「わかろうとする」は、ノディングズのいう「投げ入れ」と

「受け容れ」の両方を含みうる言葉なのだろう。それが現役教師としての著者の日常的な感覚だったのである。この表現を残すことによって「わかる」という日本語の広さを実感することもできるだろうし、この感覚をもとにノディングズのケア論を日本の文脈で再検討することもできるかもしれない。

思考や議論を楽しむこと

　ああ、なんと楽しいのだろう。なんとありがたいのだろう。自分たちの書いたものを読んでくれる人がいる。それをもとに考え、意見を発してくれる人がいる。いただいた意見に刺激を受けて、さらに思考は展開していく。自分の受け持つ学生のレポート指導では、「読者を考えよう」といつも言っているのに、その編者自身が読者を置いてけぼりにしそうになる。それほどに楽しい。日々忙しくされているなかで、コラムを執筆してくださったり、インタビューにこたえてくださったりした先生方に、改めて御礼申し上げたい。

　教育思想の入門テキストとして編まれた本書においては、よりよい教育のためにということも確かに考えられている。しかし、より根本的なところでは、この学びの楽しみを、私たちは（少なくとも私は）分かち合いたいのかもしれない。ぜひ、読者の皆様にも、こうした思いを味わってもらいたい。必ずしもレポートや論文、本を書けというわけではない。本書を読んで考えたことを、ぜひ他の人と共有してもらいたい。

　架空の会話も面白いかもしれない。本書の表紙には、様々な人が交流している姿が描かれている。フーコーとマンが、ノディングズとヘルバルトが、現代の人と話し合ってもいる。「この思想家とこの思想家が話し合ったらどんなことになるだろうか」とか「現代のこんな立場の人からの疑問に、この思想家はどうこたえるだろうか」と考えてみるのも面白い。

　さて、このように本書は、暗記すべき知の体系をまとめたものではない。それを手がかりにして先に進むためのものである。「はじめに」に書いたことと重なるが、授業を行っていると、「きちんと理解してから先に進みたい」という学生からの意見が少なくない。しかし、編者や著者も、完全にわかり切ったことを教えたり考えたりしているわけではない。すわりの悪いと

ころで考えている。しかしそれは辛いだけでなくて、楽しくもあるのだ。

謝辞

　さて、最後に、お世話になった方々に感謝を述べたい。

　本書の企画のきっかけとなったのは、日本大学の北野秋男先生からのご提案だった。同学科の初年次必修科目で使っていたテキスト『教育思想のルーツを求めて——近代教育論の展開と課題』（関川悦雄・北野秋男著、啓明出版、2001年）が絶版になるため、新たなテキストを作ってはどうかとお誘いいただいたのである。別科目のテキストの編纂に携わるために北野先生は本書の企画からは退かれたが、初回の企画会議にもご参加いただき、たくさんのアドバイスと励ましの言葉をいただいた。その後、『教育思想のルーツを求めて』のもう一人の著者である関川悦雄先生に本書の企画についてご報告したところ、「若い力でぜひ良いものを作ってほしい」と、（物理的にも）力強く背中を押していただいた。編者は本書を『教育思想のルーツを求めて』の半公認の続編と考えている。前著の著者お二方のおかげで、この本は世に出ることができた。ありがとうございました。

　研究者だけで執筆するのでなく現職教員とのやり取りを活かそうという試みに関しては、中央大学の下司晶先生に御礼申し上げたい。本書の企画を進めていることをお話したところ、『道徳教育』（下司晶編著、学文社、2023年）で同様の（というよりも、本書よりもさらに現職教員と研究者の関係が密である）試みを行っているというお話を伺った。先を越されていたかと内心悔しい思いもあったのだが、同書に大いに勉強させていただいた。

　さらに、「現代教育哲学の社会的レリバンス研究会」の皆様には、編者の執筆した章とテキストの企画全体についてご検討いただき、学部学生に教育思想史を教えることについて研究会で議論させていただいた。研究会当日に様々なコメントをくださった先生方に御礼申し上げる。

　また、本書の草稿は学生と検討会を行ったうえで改稿を行っている。検討会に参加してくれた、廖穎彤さん（やがてコラムの執筆者として加わってもらった）、鈴木泰樹さん、闇淑寧さん、山中惇哉さんに御礼申し上げたい。

書籍や論文の執筆というのはページ数の制約を意識するあまり情報を詰め込んだり説明を簡略化したりしがちなのだが、「単なる情報の詰め込みではわかりにくい」、「重要な用語にはわかりやすい丁寧な説明がほしい」、といった厳しいコメントによって、各章の著者は大いに叱咤された。

　そのほか、執筆者が各章を執筆するにあたって相談させていただいた方もいる。ここでお名前をすべて挙げることはできないが、感謝申し上げたい。

　なお、本書は特定の研究費の直接的な成果物ではなく、出版経費に研究費を使用したものではないが、各章・各コラムには間接的に研究費の支援を受けて執筆されたものがある。記して感謝申し上げたい。一覧を以下に記す。

　　はじめに、第2章、第11章、第12章、コラム1、おわりに：JP23K25632
　　第1章、第9章：JP21K02205, JP22K02254
　　第4章：JP23K02348
　　第5章：JP21K02205
　　第6章：JP23H00922, JP24K05606
　　第7章、第8章：JP21K02205, JP23K25632
　　コラム2：JP23K12725
　　コラム5：JP21J13359

　最後に、本書の企画を受けいれてくださった教育開発研究所編集部の岡本淳之さん、担当として丁寧にご対応くださった尾方篤さんに感謝申し上げたい。特に尾方さんには、執筆スケジュール調整に柔軟に応じていただいた。その労に報いることができるように、本書を手掛かりとして、教育に関する議論をさらに進めていきたい。

　　2025年1月　お昼時を過ぎた学食にて　語り合う学生を眺めながら

　　　　　　　　　　　　　　　　　　　　　　　　　編者　間篠剛留

文献案内

　この本を読み終えた皆さんは、多くの教育思想家たちの考えに触れ、教育というテーマの深さや広さ、複雑さを感じ取れたのではないだろうか。しかし、本書を読み終えた後も、さらに学びたいと感じる場面が訪れるだろう。各章の参考文献をたどるのもよいのだが、何を読むべきかの手掛かりがもう少しあってもよいだろう。そこで、文献案内を用意した。これからの学びの旅路が充実したものとなることを心から願っている。なお、文献案内は各章の著者によるものである。

第1章　コメニウスの教育思想――「近代教育思想」の始まりと「内的自然」

★相馬伸一（2020）『オンライン教育熟議　オン・コメニウス』晃洋書房
　架空のコメニウス研究者が、同じく架空の2人の人物とオンラインで対話を繰り広げつつ、コメニウスの思想を紐解いていく。生きいきとした語り口調で、現代の教育問題ともつなげながら議論されるコメニウス論には踏み込んだ内容も多く、300年以上も前の思想であることを忘れるほどアクチュアリティに富んだものとなっている。

★コメニウス, J. A.（1995）『世界図絵』井ノ口淳三訳、平凡社
　ゲーテも少年時代に読んだことで知られる『世界図絵』を、各項目の版画とともに訳出した著。初めて「子どものため」を意識して作られた本書は、17世紀当時の人々にとってセンセーショナルなものであったようである。現代の目から見て「なぜその項目を選んだのだろう」と不思議に思われる項目を見つけ、それに照らしながら、自分なら何を選ぶかを考えるのも楽しい。

★コメニウス, J. A.（2022）『大教授学』太田光一訳、東信堂
　子育てや教育を「人類の堕落の治療薬」と捉え、さまざまな教授術を詳述した著作の新訳。自然界の様子を例に比喩を多用しながら進む叙述は、具体的なイメージに満ちている。子どもを急かしすぎる教育や詰め込み教育の問題点など、現代の視点からも考えさせられる数多くの内容が論じられる。

第2章　ロックの自由主義教育——市民社会における理性的な人間の形成

★ロック，J.（2011）『ジョン・ロック「子どもの教育」』北本正章訳、原書房

　本章に関心を持ったなら、ロックの言葉を直に読んでみてほしい。岩波文庫の『教育に関する考察』（服部知文）は初版が1967年であり、やや読みにくいかもしれない。最も新しい訳の本書は、現代的で読みやすい文体が意識されている。

★フロム，E.（1965）『自由からの逃走』新版、日高六郎訳、東京創元社

　近代における「個人の自由」の拡大が、逆に孤立や不安を生み出し、人々が権威主義や全体主義に依存する心理、つまり自由から「逃走」するメカニズムを解明し、ナチズムの台頭など、現代社会の病理を批判的に考察している。

★宮寺晃夫（2014）『教育の正義論——平等・公共性・統合』勁草書房

　教育における平等、公共性、統合という観点から、正義に適った教育のあり方を探求し、自由化と市場化が進む現代社会における教育の理念を「正義」のもとで再考することを目指す。タイトルに「自由」という言葉は入っていないものの、本書には「自由のなかでの平等」への関心が貫かれている。同著者の『リベラリズムの教育哲学』（勁草書房、2000年）とあわせて読んでおきたい。

第3章　ルソー『エミール』——自然と社会の葛藤

★桑瀬章二郎（2023）『ジャン=ジャック・ルソー ——「いま、ここ」を問いなおす』講談社

　いきなり『エミール』を読むのもよい。けれども、まずは本書でルソーの業績全体の概要を把握しておくと、さらに理解が深まるだろう。とりわけ、本章では立ち入って解説ができなかった『社会契約論』や『新エロイーズ』などの著作は、『エミール』を読み解く上でも重要になる。

★坂倉裕治（2018）『〈期待という病〉はいかにして不幸を招くのか——ルソー「エミール」を読み直す』現代書館

　ルソーの専門家による『エミール』の丁寧な解説。『エミール』を読み解く上での前提や、これまでの研究史について学べる上に、ルソーにおける「幸福」の観点から、現代的な問題として「魅力を磨く競争」の是非について考えることができる。『エミール』をしっかり学ぼうと思うなら、お勧めしたい。

★ジャン=ジャック・ルソー著、桑原武夫訳（1965）『告白（上）』岩波文庫
　教育学のテキストでは、ルソー自身が極めて面白い（変わった）人物だということが伝わりにくいのが残念だ。本章で「ひねくれ」という言葉を使ったのも、彼自身の一風変わった性格も含めての事だったが、紙幅の都合上、おもしろの部分をカットせざるを得なかった。赤裸々な『告白』を、是非。

第4章　ペスタロッチとフレーベル――世界を認識するための教育

★ペスタロッチー（1993）『隠者の夕暮・シュタンツだより（改訂版）』長田新訳、岩波文庫
　ペスタロッチの文筆家としてのデビュー作「隠者の夕暮」とシュタンツの孤児院での教育実践記録である「シュタンツだより」が収録された本である。「シュタンツだより」では、貴重な教育実践の報告を読むことができるだけでなく、彼の教育思想についても把握することができる。

★浜田栄夫編著（2009）『ペスタロッチー・フレーベルと日本の近代教育』玉川大学出版部
　ペスタロッチとフレーベルの教育思想が日本における近代学校の草創期にどのように受容されたのか、その多様な受容のあり方や学術的研究の展開について論じられた本である。また、基本文献の紹介や年表なども記載されているので、入門者のヒントにもなる。

★矢野智司（2006）『意味が躍動する生とは何か――遊ぶ子どもの人間学』世織書房
　遊びが「子ども」という人間の生の特別な在り方にいかに関わるのかを論じている。第4章では、フレーベルの「幼稚園」をバーネットの『秘密の花園』といった児童文学と関連づけながら論じられる。このように文学作品を手がかりとして、意味が躍動する生をとらえた厚い記述を試みている。

第5章　ヘルバルトの教育思想――「学問としての教育学」と教員養成

★ヘルバルト，J. F.（1972）『世界の美的表現』高久清吉訳、明治図書
　梅根悟責任編集『世界教育学名著選』の第14巻に所収。『ペスタロッチの直観のABCの理念』第2版の付論として公刊された論考「教育の中心任務としての世界の美的表現について」、ベルン市の貴族シュタイガー家の3人の息子たちを教育

したときの「家庭教師時代の教育報告」、1802年に始まったゲッティンゲン大学での「最初の教育学講義」など、ヘルバルト初期の重要な諸著作の日本語訳が収められている。訳者の高久清吉による脚注や解説も詳しく、参考になる。

★ヘルバルト，J. F.（1960）『一般教育学』三枝孝弘訳、明治図書

彼の教育学上の主著の一つ。初学者にとってけっして読みやすい著作ではないが、ヘルバルトの教育学を特徴づける諸種の有名な概念と出会うことができる。なお、『一般教育学』には、是常正美による別訳（玉川大学出版部、1968年）も存在するので、両者を照らし合わせながら読み進めると良いだろう。加えて、是常正美は、ヘルバルト教育学のもう一つの主著である『教育学講義綱要』などの日本語訳も手掛けている（協同出版、1974年）ので、合わせて参照してほしい。

第6章　コンドルセの公教育論──人権と進歩のための教育

★神代健彦編（2021）『民主主義の育てかた──現代の理論としての戦後教育学』かもがわ出版

戦後日本では、戦前の国家主義的な教育体制への反省をふまえ、民主主義的な教育のあり方を探求する教育学の立場（「戦後教育学」）が力をもった。その牽引役の一人、堀尾輝久は戦後の公教育再建のための有力な理論を展開したが、その支えとなったのがコンドルセの公教育論だった。戦後教育学は90年代以降の時代状況のなかで求心力を失ったと言われるが、まだそこから学ぶことは多い。戦後教育学を知るための有用な入門書として、まずはこの本を読んでみよう。令和の日本で戦後教育学の考え方を復権する試みである。

★ハーバーマス，J.（1994）『公共性の構造転換──市民社会の一カテゴリーについての探究』第二版、細谷貞雄、山田正行訳、未來社

「公共性」が人文・社会科学の主要トピックとなるきっかけを与えた本の一つ。民主主義世界では、市民一人ひとりが自由に思考し、討議しあい、連帯することで、政治的な力が生まれる。国家の公的な活動とは異なる、こうした公共的な討議の領域（「市民的公共性」）が近代世界でどのように登場し、その力を発揮したのかを教えてくれる本である。コンドルセもまた、ハーバーマスが描く公共性の歴史のなかに位置づいている。

第7章　ホーレス・マンと公教育制度の展開――教育における「民主性」と「専門性」を問いなおすために

★渡部晶（1981）『ホーレス・マン教育思想の研究』学芸図書

　マンについてのオーソドックスな理解を得るためには、現在日本語で読める文献のなかでは本書をまず推薦する。彼の生涯や教育思想の背景、教育観や公立学校論など基本的なところから、彼の教育課程論や教授論、教師論、さらには政治教育論や女子教育論、女教師論、大学論までを体系的に整理している。

★リース，ウイリアム・J.（2016）『アメリカ公立学校の社会史――コモンスクールからNCLB法まで』小川佳万・浅沼茂監訳、東信堂

　マンと言えばまずは公立学校論だが、アメリカ合衆国における公立学校の実際上の展開については、本書がきわめて充実している。マンについてはもちろん、それ以外の教育改革者の主張や動き、さまざまな利害関係者の思惑などを幅広く知ることができる。

★和田光弘（2019）『植民地から建国へ――19世紀初頭まで［シリーズ　アメリカ合衆国史①］』岩波書店

　マンの思想や実践を理解するためには、本章でもその一端を示したように、当時の時代状況を知る必要がある。本書は、比較的近年書かれたアメリカ合衆国史の新書シリーズ（全4巻）の第1巻で、本書から第2巻（貴堂嘉之『南北戦争の時代――19世紀』）の第1章までを通読すれば、マンが登場するおおよその歴史的文脈を学ぶことができる。

第8章　教育思想家としてのジョン・デューイ――連動する「個人」と「社会」のダイナミズムを支える教育

★ラトナー＝ローゼンハーゲン，J.（2021）『アメリカを作った思想――五〇〇年の歴史』入江哲朗訳、筑摩書房

　哲学史ではなく「思想史」というのがポイント。アメリカ思想史の入門書として書かれ、その分野への導入を意図して翻訳された本書を読めば、デューイの思想についても文学、宗教、政治、経済……という広い視野から眺めることができるようになる。

★ククリック，B.（2020）『アメリカ哲学史――一七二〇年から二〇〇〇年まで』

大厩諒・入江哲朗・岩下弘史・岸本智典訳、勁草書房
　こちらも思想史的な叙述を含むが、それぞれの思想家の哲学の内実やその相互関係についても踏み込んで詳細に論じている。デューイを含む古典的プラグマティズムを学びたい場合はもちろん、それ以外の比較的マイナーなアメリカ哲学者を知りたい場合にもぜひ参照したい。

★デューイ，J.（2023）『デューイ著作集2 哲学2 論理学理論の研究、ほか──デモクラシー／プラグマティズム論文集』古屋恵太訳者代表、東京大学出版会
　本章ではオーソドックスなデューイ教育思想を紹介することに努めたが、彼の思想に関心をもった方はその初期の独特な心理学や論理学にも挑戦してみてほしい。本書を読めば、その内容だけでなく、馴染みある文体ではない、彼の意外なもうひとつの姿を見ることができるだろう。

第9章　シュタイナーの教育思想──スピリチュアリティと教育

★西平直（1999）『シュタイナー入門』講談社現代新書
　秘教的なシュタイナー思想への疑問や違和感も共有しながら、外からの、「入門以前」の視点を意識しつつ書かれた書。「その学校は歓迎されその思想は敬遠される」という西平の言葉は、シュタイナー教育を巡る状況を的確に言い当てたものとして、その後、数々のシュタイナー研究書で引用された。

★子安美知子（1975）『ミュンヘンの小学生』中央公論社
　1971年から1973年までの2年間、当時の西ドイツ・ミュンヘンに暮らした筆者と娘、夫によるシュタイナー学校体験記。当時の日本では、生徒の問題行動に対する管理主義的な学校教育が問題視されていたこともあり、大きな反響を呼んだ。およそ半世紀前の著作だが、そこで描かれている教室の様子は瑞々しく、シュタイナー教育のエッセンスを伝えてくれる。

★シュタイナー，R.（1999）『完全版　霊学の観点からの子どもの教育』松浦賢訳、イザラ書房
　シュタイナーによる教育についての論文と、その基となった講演の速記録をあわせて収録したもの。どちらも語りかけるような語調で書かれており読みやすい。訳者による詳しい解説も付されているため、シュタイナー教育に初めて触れる読者も、基本事項を確認しながら読み進めることができる。

第10章 フーコー『監獄の誕生』——近代教育批判について

★慎改康之（2019）『ミシェル・フーコー——自己から脱け出すための哲学』岩波書店

フーコー思想の全体像を見渡すにはまずこの一冊から。フーコーは、教育学に限らず、人文社会系の学問全体に幅広く影響を与えている。「近代」という問題を考え続けながらも、さまざまに思考を変化させていったフーコーの哲学を、ぜひ学んでみてほしい。

★下司晶（2016）『教育思想のポストモダン——戦後教育学を超えて』勁草書房

本章で扱ったフーコーを含めた、日本の教育学におけるポストモダニズム受容について検討した一冊。近代批判を経て、私たちはどのようにこれからの教育を構想していくのか。本章の記述を読んだあとで、この本の終章（特にフーコーが出てくる啓蒙に関する議論）を読んでみてほしい。

★ミシェル・フーコー著、渡辺一民、佐々木明訳（2020）『言葉と物〈新装版〉——人文科学の考古学』新潮社

とても難解な一冊。とはいえ、「分からない」ことも含めてポストモダン思想の魅力である。背伸びして読んでみよう。まずは第1章の絵画分析、そして第9章「人間とその分身」が特に面白い。近代とは何かを考える上で必読。

第11章 ノディングズによるケアの思想と教育——看過されてきた価値から学校や社会を変える

★マーティン, J. R.（2007）『スクールホーム——〈ケア〉する学校』生田久美子監訳・解説、東京大学出版会

教育の役割を家庭の延長として捉え直す試みを描いた一冊。学校は知識の伝達だけでなく、社会的価値や実践を共有する場であるべきとし、多様性と連帯の中で育まれる学びの重要性を強調する。2024年末時点で品切れ・重版未定なのだが、図書館に所蔵されていることが多いので、ぜひ探してみてほしい。

★トロント, J. C. 著、岡野八代訳・著（2020）『ケアするのは誰か？——新しい民主主義のかたちへ』白澤社

ケアは社会にとって必須であるにもかかわらず、ケアする人は歴史的に社会の周縁に追いやられてきた。英文タイトル "Who Cares?" は、「私の知ったことか」を

意味する反語表現。この反語表現を反転させ、「誰がケアを担うのか」、「ケアの不平等をどう是正するのか」といった問いを社会に突きつけ、ケアの倫理が示す新しい社会像を考察し、より公正な民主主義の可能性を探る。

第12章　ベル・フックスの関与の教育学——中立と安全に隠れた抑圧の構造への挑戦

★フレイレ，P.（2018）『被抑圧者の教育学——50周年記念版』三砂ちづる訳、亜紀書房

批判的教育学の祖と呼ばれるフレイレによる名著。抑圧と不平等を再生産する従来の教育を批判し、対話を通じた主体的な学びを提唱する。教育を社会変革の力と捉え、被抑圧者が自己の解放を目指す方途を探る。

★アップル，M. W.（1986）『学校幻想とカリキュラム』門倉正美、宮崎充保、植村高久訳、日本エディタースクール出版部

学校教育が「中立的」な場であるという幻想を批判し、カリキュラムがいかに特定の価値観や権力関係を反映しているかを明らかにする。教育を通じて社会的な不平等が再生産される構造を分析し、教育の役割を問い直す批判的教育学の代表的な一冊。国立国会図書館の個人送信サービス（無料）でも閲覧可能。

★フックス，B.（2023）『学ぶことは、とびこえること——自由のためのフェミニズム教育』里見実監訳、ちくま学芸文庫

フックスの著作は多数邦訳されているが、彼女の教育思想に興味をもったなら、ここから読み始めてみるのをお勧めする。教育の場を抑圧から解放する場とし、知識を共有しながら社会を変革する力を育むことの重要性を説く。凝り固まった教育のイメージを問い直し、学びの喜びを取り戻す視点を提供してくれる。

索引

あ

アストラル体（感情体）…156-158
遊び…43-45, 67, 74-75, 77, 79, 140, 224
あわれみ…59-60
生きる力…108, 179, 214-215
一斉授業…23-24, 26-27, 29
エーテル体（生命体）…156-157
エンパワーメント…207, 209, 211
オキュペーション…140
おそれとつつしみ…28
恩物…66, 74-80

か

カウンツ（George Sylvester Counts）…144
学習指導要領…49, 112, 130, 166-167, 214
確証…159-160
学制…150
学力…94, 108, 167, 214-215
かくれたカリキュラム…206
数・形・語…66, 69-71, 79
学校設置義務…120
『学校と社会』…136, 140, 146
神の似姿…20, 25, 82
カリキュラム…80, 131, 137, 139-140, 142, 166, 189, 206, 229

感官…53
『監獄の誕生』…168-169, 171, 180
監視・制裁・試験…175-176, 178-179
観念連合…39, 96
管理、訓練、教授…90-91, 114, 218
官僚制…126-127
義務教育…105, 113, 117, 120, 151, 170
球体法則…73-76, 79
教育委員会…121, 126, 128, 130
教育印刷術（discographia）…24-25, 27, 29
教育科学…127-128
教育学…48, 82, 84, 87-90, 92-96, 138-139, 147, 153, 169-171, 180, 184, 225, 228
教育基本法…100, 160, 166
教育勅語…99, 151, 166
教育投資論…126
『教育に関する考察』…40, 44, 47, 223
教員養成…72, 92, 126-127
教科書…18-19, 21, 24, 136-137, 170, 206
ギリガン（Carol Gilligan）…185-186
規律・訓練（discipline）…169,

171, 174-179
規律権力…177-180
キルパトリック（William Heard Kilpatrick）…143
銀行型教育…204-205, 208, 212
禁酒運動…123
金ぴか時代…143
倉橋惣三…78
グラムシ（Antonio Gramsci）…202
訓育…107-109, 115, 218
ケア（ケアリング）…155, 184-197, 198-199, 218-219, 228-229
経験主義…142, 167, 214
『経験と教育』…142
啓蒙…35, 101-102, 109-111, 125-126, 178, 180, 228
『ゲルトルートはいかにその子を教えるか』…66, 69, 71
権威…35, 55, 109-111, 113, 147, 151, 158, 173, 177-178, 205
好奇心…43, 56-57
公教育…18, 100-102, 104-113, 116-119, 121, 123-124, 126, 128, 146, 150-151, 166-167, 225
公共性…101, 107, 110-113, 223, 225
コールバーグ（Lawrence Kohlberg）…185
国民国家…18, 48, 82, 93
子どもから…153
子供中心主義（子ども中心主義、児童中心主義）…50, 136-137, 141-142
『子供とカリキュラム』…141-142
子どもの発見…53
個別最適な学び…26, 29, 30, 215
コメニウス（Johannes Amos Comenius）…12, 18-31, 160, 168-171, 222
コモン・スクール運動…123, 125-126
コンドルセ（Marie Jean Antoine Nicolas de Caritat, marquis de Condorcet）…100-113, 116-117, 121, 124-125, 144, 151, 225

さ

再受肉論…158
産業革命…23, 170, 182
ジェファソン（Thomas Jefferson）…117-118, 145-146, 185
自我…156-160
シカゴ大学…139, 143
自己保存…53, 59
実験室学校（ラボラトリー・スクール）…140-143
市民性（シティズンシップ）…95, 113
社会改良主義者（メリオリスト）…144
ジャクソニアン・デモクラシー…122
周縁…202-204, 206, 209, 212
習慣形成…40-41, 45

索引

自由主義（リベラリズム）…36, 38, 44-45, 92, 144, 146
十人組長…23, 28, 30
宗派教育…160
儒学…98-99
シュタイナー（Rudolf Steiner）…152-165, 215, 227
シュタイナー学校…152, 156, 159, 227
『シュタンツだより』…68, 224
消極教育…55-59
消極的自由…35-36, 42, 46, 65, 95
自律…11, 44-46, 82, 89, 106, 187, 217
自律性…93-96
新教育…136-139, 141-142, 152-154, 156
新教育運動…48, 137, 152-153, 182
新教育連盟…153, 154
人権…11, 62, 102-104, 107, 109-112, 125, 127, 166, 171, 185
新自由主義…100, 113, 167, 179
神智学…152-154, 156
真の自我…158-159
進歩…101-104, 108-109, 111-112, 134
進歩主義（プログレッシヴ）教育運動…137, 142
『人類の発展における自然の歩みについてのわたしの探究』…68-69
スピリチュアリティ…154-156, 160-161, 163-164
すべての人に、すべての事を、すべての面にわたって…20
正義…104, 184, 186, 196, 223
生得説…25, 30
『世界図絵』…21-22, 169-171, 222
積極的自由…35-36, 42, 46, 64, 95
説明責任（アカウンタビリティ）…189
専心没頭…187, 189
センス・オブ・ワンダー…162-164
全体性…82-83, 207
ソクラテス…8, 32

た

第1・7年期、第2・7年期、第3・7年期…157-158
大正自由教育…137
代表的提示…170
対話…32, 79, 115, 159, 183, 186, 190, 201, 205, 209, 210, 218, 222, 229
高嶺秀夫…72
他者性…26, 28-29
タブラ・ラサ（tabula rasa）…39
魂（心）…156
探究（探究学習、探究活動）…79-80, 140, 190, 212
知育…107-109, 112, 115, 151, 218
知識・徳行・敬神…20, 25
『知性の正しい導き方』…34, 40
地方分権…121, 126
中央集権…125, 167
超絶主義者（トランセンデンタリスト）…134-136

直観…66, 69, 71-72, 75, 79, 86-88
提示…169-170, 178
デューイ（John Dewey）…12, 134-149, 153, 182, 226-227
デューイ・スクール…140, 142-143
寺子屋…98, 150
動機の転移…187
道徳性発達段階説…185
陶冶…13, 71-72, 80, 82-83, 85, 95-96, 144
特別の教科　道徳（道徳科）…161-162

な

内的自然…19, 25-29, 160
内容項目…161-162
南北戦争…123, 139, 143, 226
日本国憲法（憲法）…105, 151, 160, 166
ニュー・イングランド…119
『人間知性論』…39
『人間の教育』…74, 78
ネイティヴィズム運動…123
ノディングズ（Nel Noddings）…184-197, 198-199, 215, 218-219

は

『白鳥の歌』…72
発達…13, 32, 41, 48-49, 56, 62, 68-72, 77, 80, 145, 153, 157, 171, 185, 209
パノプティコン（一望監視施設）…171, 176-177, 179

ハン（Thích Nhất Hạnh）…204, 207-208
藩校…98, 150
パンソフィア（汎知学）…21
PISA…94, 130, 215
批判的教育学…206-207, 229
批判的リテラシー…205
ピルグリム・ファーザーズ…118
フーコー（Michel Foucault）…168-181, 219, 228
ブーバー（Martin Buber）…159
フェミニズム…200, 203, 212, 229
不確実性…26, 29
仏教…33, 80, 98-99, 208
フックス（bell hooks）…200-212, 229
プラトン…8, 11, 32, 158
フレイレ（Paulo Freire）…8, 204-206, 212, 229
フレーベル（Friedrich Wilhelm August Fröbel）…66-67, 72-81, 140, 153, 183, 224
ヘゲモニー…202, 206
ペスタロッチ（Johann Heinrich Pestalozzi）…66-73, 75, 79-81, 85-88, 138-139, 153, 183, 224
ヘルバルト（Johann Friedrich Herbart）…84-97, 114, 138, 144, 219, 224-225
ホイッグ党…121-125

ま

マン（Horace Mann）…116-129,

索引

130-131, 145-146, 219, 226
民主主義…51, 122, 125, 127, 145-146, 166, 184, 215, 225
『民主主義と教育』…141
民主的な教育…145-146
メディア…91, 98, 120, 154, 170
メトーデ…66, 69, 73, 74, 87
模倣…41-42, 70, 82, 157
モニトリアル・システム…23-24, 182
森有礼…151

や

有用性…49, 56-57, 83
幼稚園…66, 77-78, 80, 114, 224
四段階教授…91

ら

『リーンハルトとゲルトルート』…68, 72
理性…11, 18, 21, 33, 38, 41-46, 82-83, 101, 106, 109-110, 135, 193, 195, 212
リテラシー…205
ルソー（Jean-Jacques Rousseau）…44, 50-63, 65, 66-67, 138, 153, 168, 171, 183, 217, 223-224
霊（精神）…156
ロック（John Locke）…30, 34-47, 54, 64-65, 96, 119, 144, 168, 187, 217, 223

わ

「私の教育学的信条」…142, 147

編著者・著者紹介（執筆順、2025年3月時点）

【編著者】

間篠 剛留（ましの たける）〔はじめに、第2章、第11章、第12章、コラム1、おわりに〕

　慶應義塾大学大学院社会学研究科後期博士課程単位取得退学。博士（教育学）。現在、日本大学文理学部准教授。主著に、『ポップカルチャーの教育思想――アカデミック・ファンが読み解く現代社会』（共著、晃洋書房、2023年）、「高等教育とデモクラシー――アメリカにおけるラーニング・コミュニティ論の歴史的検討から」『近代教育フォーラム』（第29号、2020年）など。

【著者】

河野 桃子（こうの ももこ）〔第1章、第9章〕

　東京大学大学院教育学研究科博士課程単位取得退学。博士（教育学）。現在、日本大学文理学部准教授。主著に、『教育とケアへのホリスティック・アプローチ――共生／癒し／全体性』（共編著、勁草書房、2024年）、「資本主義でも社会主義でもない社会構想と教育――シュタイナー「社会有機体三分節化」論のインパクト」『近代教育フォーラム』（共著、第33号、2024年）、『シュタイナーの思想とホリスティックな知』（勁草書房、2021年）など。

桑嶋 晋平（くわじま しんぺい）〔コラム2〕

　東京大学大学院教育学研究科博士課程修了。博士（教育学）。現在、日本女子大学人間社会学部准教授。主著に、『勝田守一と京都学派』（単著、東京大学出版会、2021年）、『道徳教育の地図を描く』（共著、教育評論社、2022年）、「「まことの倫理」というアポリア」『近代教育フォーラム』（第30号、2021年）など。

堤 優貴（つつみ ゆうき）〔第3章、第10章〕

　日本大学大学院文学研究科博士後期課程満期退学。博士（教育学）。現在、日本大学文理学部助手。主著に、「後期フーコーの倫理的主体形成論における「教育的関係」――1980年代のプラトン読解を中心に」『教育哲学研究』（第118号、2018年、第17回教育思想史学会奨励賞受賞）、「近代教育批判以後の主体性――後期フーコーにおける「プラトニズムのパラドックス」を中心に」『近代教育フォー

ラム』（第31号、2022年）など。

秋野 遼太郎（あきの りょうたろう）〔コラム3〕
　大学卒業後、東京の総合商社に勤務。働きながら大学に通い直して教職課程で学び、埼玉県の私立中学校・高校の教員に転職。その後結婚を機に北海道へ移住し、現在、私立高校の教員として社会科を教える。新規イベントの企画を行ったり、コロナ禍以前から授業動画の作成を行ったりと、教育実践をアップデートすることを意識的に行っている。

柴山 英樹（しばやま ひでき）〔第4章、コラム10〕
　日本大学大学院文学研究科博士後期課程教育学専攻満期退学。博士（教育学）。現在、日本大学理工学部教授。主著に、『言語とアートをつなぐ教育思想』（共著、晃洋書房、2019年）、『言語と教育をめぐる思想史』（共著、勁草書房、2013年）、『シュタイナーの教育思想――その人間観と芸術論』（単著、勁草書房、2011年）。

鈴木 優（すずき ゆう）〔コラム4〕
　慶應義塾大学大学院社会学研究科後期博士課程単位取得退学。博士（教育学）。現在、日本大学芸術学部助教。主著に、『フリードリヒ・シラー 自由の美学――仮象と遊戯の人間形成論』（単著、慶應義塾大学出版会、2024年）など。訳書に、ハンス－リューディガー・ミュラー著『ヘルダー人間学 その前史と展開――陶冶の感性論理学的探究』（共訳、福村出版、2023年）、フリードリヒ・フケー著『魔法の指輪――ある騎士物語』（共訳、幻戯書房、2022年）など。

小山 裕樹（おやま ゆうき）〔第5章〕
　東京大学大学院教育学研究科総合教育科学専攻博士課程単位取得退学。博士（教育学）。現在、聖心女子大学現代教養学部准教授。主著に、『ポップカルチャーの教育思想――アカデミック・ファンが読み解く現代社会』（共著、晃洋書房、2023年）、『道徳教育』（共著、学文社、2023年）、『哲学の変換と知の越境――伝統的思考法を問い直すための手引き』（共著、法政大学出版局、2019年）など。

深田 愛乃（ふかだ あいの）〔コラム5〕
　慶應義塾大学大学院社会学研究科後期博士課程単位取得退学。博士（教育学）。現在、慶應義塾大学・千葉大学・立教大学非常勤講師。主著に、『「自省録（宮澤ト

シ）」宮澤賢治妹 百年の贈り物』（共著、桜出版、2024 年）、「宮沢賢治の日蓮主義「受容」――『摂折御文／僧俗御判』の分析を通して」『近代仏教』（第 29 号、2022 年）、「近代日本における仏教と教育への視座――教師・宮沢賢治による「大谷光瑞」批判を手がかりに」『近代教育フォーラム』（第 29 号、2020 年）など。

吉野 敦（よしの あつし）［第 6 章］
　早稲田大学大学院教育学研究科博士後期課程単位取得退学。修士（教育学）。現在、大分大学教育学部准教授。主著に、「マルク＝アントワーヌ・ジュリアンのペスタロッチ受容――ジャコバン派から自由主義者へ？」『近代教育フォーラム』（第 32 号、2023 年）、「フランスにおける最初期ペスタロッチ受容の思想的基盤――マルク＝アントワーヌ・ジュリアン以前の動向に着目して」『教育哲学研究』（第 121 号、2020 年）など。

小野 仁美（おの ひとみ）［コラム 6］
　中学校社会科、高校地理・歴史科、高校公民科の教員免許を取得して大学を卒業後、大学職員として働きながら別の大学の教職課程で学び、小学校教員の免許を取得。現在、東京都大田区立大森第四小学校教諭。初めての 1 年生担任に苦戦しながらも、先輩や同僚、保護者や地域の方々の協力を得ながら、子どもたちに学校を楽しんでもらえるように努めている。

岸本 智典（きしもと とものり）［第 7 章、第 8 章］
　慶應義塾大学大学院社会学研究科後期博士課程単位取得退学。現在、鶴見大学文学部准教授。主著に、『道徳教育の地図を描く――理論・制度・歴史から方法・実践まで』（編著、教育評論社、2022 年）、『デューイ著作集 2 哲学 2 論理学理論の研究、ほか――デモクラシー／プラグマティズム論文集』（共訳、東京大学出版会、2023 年）、B. ククリック著『アメリカ哲学史――一七二〇年から二〇〇〇年まで』（共訳、勁草書房、2020 年）など。

髙木 俊輔（たかぎ しゅんすけ）［コラム 7］
　大学卒業後、鎌倉学園中学校・高等学校で英語科教員として 13 年勤務。その後オーストラリアに留学し、メルボルン大学教育学大学院教育評価専攻修了。教育 DX 関連会社への勤務を経て、現在は聖光学院中学校高等学校教諭。教育関連セミナーに多数登壇するほか、「英語教員のための ChatGPT プロンプト集」（https://

sites.google.com/office-shunsuke.com/prompts-for-english-teachers/）を作成して一般に公開するなど、先進的な学びの在り方について広く発信している。

宮里 崇生（みやざと たかお）［コラム 8、コラム 9］
　日本大学大学院文学研究科教育学専攻（教育学コース）博士前期課程修了。修士（教育学）。現在、同大学博士後期課程、法政大学沖縄文化研究所奨励研究員。主著は、「【史料紹介】志喜屋孝信文書――成立過程と全体像について」『琉球沖縄歴史』（第 6 号、琉球沖縄歴史学会、2024 年）。

横田 美月（よこた みづき）［コラム 11］
　大学院修士課程修了後、東京電機大学中学校・高等学校で国語科教員として 15 年勤務し、現在国語科主任。学生時代は谷崎潤一郎研究に耽るも、今は刺激的な話はほぼ封印して真面目に国語を教えている。また中学校「探究」立ち上げに関わったことをきっかけに、科を超えた言語活動のあり方に関心を持つ。

廖 穎彤（りょう えいとう）［コラム 12］
　日本大学大学院文学研究科教育学専攻（教育学コース）博士後期課程。主著に、「渡部淳の教育思想の成立背景―シティズンシップ育成とドラマ教育の交錯―」『教育學雜誌』（第 61 号、近刊）、「非認知能力の育成とドラマ教育――ドラマ教育の事例分析を通して」北野秋男編集代表『地方学力テストの歴史的構造研究～研究成果報告書（2021 年―2023 年）』など。

教育と出会いなおすための教育思想

2025 年 3 月 31 日　第 1 刷発行

編著者	間篠　剛留
発行者	福山　孝弘
発行所	株式会社 教育開発研究所
	〒 113-0033 東京都文京区本郷 2-15-13
	TEL.03-3815-7041／FAX.03-3816-2488
	https://www.kyouiku-kaihatu.co.jp
表紙・本文デザイン	shi to fu design
表紙イラスト	里内　良
印刷・製本	中央精版印刷株式会社

ISBN978-4-86560-609-6 C3037
落丁・乱丁本はお取り替えいたします。定価はカバーに表示してあります。
本書の無断転載・複製を禁じます。